史上最強

一般常識

＋時事

オフィス海著

一問一答問題集

ナツメ社

一般常識試験を勝ち抜く史上最強の問題集！

「一般常識問題」「時事問題」が日本一わかりやすくムダなく学習できる4つのポイント

厳選86テーマ!

過去の入社試験問題を分析し、選び抜かれた**86テーマ**です。特に頻出度の高いものには、★3つをつけています。

問題数約3000問、重要語句約7500項目

一問一答でサクサク解ける

頻出の重要語句を**赤字・太字**で差別化してあります。赤シートを使った点検、復習、拾い読みに最適です。

3ステップでムダのない学習!

- **常識チェック** ➡ あなたの常識度を測るクイズ
- **ランクA** ➡ 必ず覚える! 常識問題
- **ランクB** ➡ ココで差をつける! 必修問題

別冊で総チェック! 最新時事問題

主要国の首脳の名前は? 最近話題になったニュースは?など、**試験や面接、グループディスカッション**で役立つ最新時事情報が満載!

※問題の中には、解答・解き方が1つでない場合もあります。本書では、代表的なものに絞って掲載しています。

CONTENTS [目次]

◆本書の特長と取り組み方

一般常識問題
[一問一答]

● 社会全般の諸問題への興味・感心が問われる「政治・法律／経済／社会・環境／国際情勢」ジャンル。解説も読んで知識を広げておきましょう。

● 「文化」「スポーツ」には、普段、新聞やニュースで見聞きする言葉が盛りだくさんです。「ビジネス」での社会人の基礎知識・マナー問題とともに、あなたの常識度の底上げに役立ててください。

● 語学問題や「数学」「理科」は中学・高校受験レベル。ランクAから取り組んで、忘れていた知識を一気に蘇らせましょう。

2026 最新時事
問題&重要項目

● 「最新時事問題」で最新のニュースや時事問題にトライしましょう。

● 「重要項目」では、時事に関連した必須ワードを一覧や地図にしました。赤シートを使った、試験前のチェックに最適です。

　ベーシックなクイズであなたの常識度をチェック！

ランクA　これだけは必ず覚えて就職試験に挑みましょう。
中学・高校1年レベルの社会常識問題！

ランクB　就職試験で出題される可能性大。
解説も丸ごと覚えておきたい必修問題！

意味　解法に役立ったり、知識を広げる付加情報マークです。
ヒント　特に語学ジャンル（国語・英語）の問題を解くときに
関連　大いに役立てましょう。

一般常識問題
［一問一答］

01 日本国憲法

出題率 ★★★

常識チェック！ ●次の空欄に入る語句は？ 　解答は右ページ下▶

☐ 1. 憲法の三大原則とは、国民主権、平和主義と ☐ 。

☐ 2. 国民の三大義務とは、納税、勤労と ☐ 義務。

ランクA 必ず覚える！常識問題 　解答・解説

●次の空欄に適する語句を答えなさい。

1 平和主義の三大原則とは、**戦力の不保持**、**戦争の放棄**、☐ の否認の3つである。

交戦権
第9条2項で「国の交戦権は、これを認めない」と書かれている。

2 戦力の不保持や戦争の放棄は、**憲法第☐条**に定められている。

9
憲法における「自衛隊」の位置付けに関しては、様々な解釈がされている。

3 天皇は**日本国と日本国民統合**の☐であり、形式的な国事行為を行う。

象徴
「象徴天皇制」と呼ばれている。

4 天皇が国事行為を行う際には、☐の助言と承認が必要である。

内閣
第3条。その責任は天皇ではなく、内閣が負う。

5 天皇が行う主な国事行為には、**国会の召集**、**衆議院の解散**、☐の任命がある。

内閣総理大臣
天皇は、国会の指名に基づいて、内閣総理大臣を任命する。

6 憲法で保障される5つの基本的人権とは、自由権、社会権、平等権、請求権、☐権である。

参政
国民が直接・間接に国政に参加する権利。

7 憲法改正を承認するかどうかは、有権者による☐で決められる。

国民投票
第96条で定めている。

ランク B ココで差をつける！ 必修問題　　　解答・解説

●次の空欄に適する語句を答えなさい。

1 国民が「**健康で文化的**な最低限度の生活を営む**権利**」を □ **権**という。

生存
「教育を受ける権利」と共に、社会権の中の1つ（第25条）。

2 **思想**及び □ **の自由**は、これを侵してはならないと規定されている。

良心
第19条。自由権の1つ。

3 **政治**と**宗教**は分けて考えるべきとする憲法上の原則を □ **の原則**という。

政教分離
自由権の1つ。国及びその機関による宗教的活動をすべて禁止している（第20条）。

4 **集会・結社・言論・出版**などの**表現の自由**を侵す行為として、□ が禁止されている。

検閲
第21条。

5 第22条より、□ に反しない限り、**居住・移転の自由**、**職業選択の自由**が認められている。

公共の福祉
社会一般に共通する幸福や利益のこと。

6 新たに認められた人権の1つで、私事をみだりに公開されない権利を □ **権**という。

プライバシー
環境権、「知る権利」などと共に、「新しい人権」とされる。

7 労働者に保障されている3つの権利とは、**団結権**、□ **権**、**団体行動権**である。

団体交渉
労働基本権（労働三権）は、社会権の1つ。

8 **憲法改正**の原案を討議するため、衆参両院内に設けられた機関が □ である。

憲法審査会
「憲法改正原案」や「憲法改正の発議」を審議する機関。

9 **憲法改正の発議**には、衆参両院それぞれの**総議員**の □ 以上の**賛成**が必要である。

3分の2
憲法改正には、国民投票での過半数の賛成が必要（第96条）。

10 2021年6月、**憲法改正**の手続きを定める改正 □ が成立。国会での論議推進を目指す。

国民投票法
共通投票所の設置など、投票環境を改善。投票の宣伝活動を規制する付則付きで成立。

常識チェック！ 解答　**1.** 基本的人権の尊重　**2.** 教育を受けさせる

02 国会

出題率 ★★★

常識チェック！ ●次の空欄に入る数字は？　解答は右ページ下▶

☐ **1.** 衆議院議員の任期は ☐ 年、定数は ☐ 人。

☐ **2.** 参議院議員の任期は ☐ 年、定数は ☐ 人。

ランク **A** 必ず覚える！常識問題　　　　　解答・解説

●次の空欄に適する語句を答えなさい。

☐ **1** 三権分立において、**国会**は ☐ を、**内閣**は行政を、**裁判所**は**司法**を司る。

立法
権力の濫用を防ぐために三権が互いにチェックする仕組み。

☐ **2** 日本の国会のように、**2つの議会(議院)**からなる制度を ☐ という。

二院制(両院制)
日本、イギリス、アメリカなどで採用されている。

☐ **3** 衆議院の**小選挙区**選出議員は ☐ 人、**比例代表**選出議員は**176人**である。

289
小選挙区の区割りは、国勢調査による人口を基に行われる。

☐ **4** 衆議院と違い、**参議院には解散はなく**、議員は ☐ 年ごとに**半数**が改選される。

3
定数の内訳は小選挙区から148人、比例代表から100人。

☐ **5** 衆議院議員の被選挙権は**25歳**以上、参議院議員は ☐ **歳**以上である。

30
「良識の府」と呼ばれる参議院は、被選挙権の年齢が衆議院より上。

☐ **6** 通常国会(常会)は**毎年1回**、1月に召集され、会期は ☐ 日間で予算審議などを行う。

150
国会は3種類あり、このほか臨時国会(臨時会)と特別国会(特別会)がある。

☐ **7** 国会の主な仕事には、**法律の制定**、内閣総理大臣の**指名**、条約の ☐ などがある。

承認
その他、予算の議決、裁判官の弾劾、憲法改正の発議など。

☐ **8** 衆議院の解散・総選挙後30日以内に召集される ☐ で、**内閣総理大臣**が指名される。

特別国会（特別会）
内閣総理大臣の指名は国会が、任命は天皇が行う。

☐ **9** **衆議院議員**の任期満了に伴う総選挙、または**参議院議員通常選挙後**には ☐ が開かれる。

臨時国会（臨時会）
内閣、または衆参の要請で臨時に召集される国会。

☐ **10** 臨時国会の召集の決定には、衆参どちらかの**総議員の** ☐ 分の1以上の要求、または**内閣の決定**が必要である。

4
会期は国会が決定するが、延長は2回まで可能。

☐ **11** **衆議院**が解散中に必要が生じた際、**参議院**では、☐ が開かれる。

緊急集会
議決は、次の国会開会後10日以内に**衆議院**の同意が得られない場合に無効。

☐ **12** 両院の議決が異なる場合、その**不一致を調整する**ため、☐ で協議が行われる。

両院協議会
さらに意見不一致なら、**衆議院**の決議を優先。

☐ **13** **国会**による**内閣**へのチェック機能として、☐ の決議案提出がある。

内閣不信任
衆議院のみの権能。

☐ **14** 法案には、**内閣**による提出によるものと ☐ **発議**がある。

議員
議員発議によるものを一般に「議員立法」と呼ぶ。

☐ **15** 法案の発議には、衆議院で ☐ **人以上**、参議院で**10人以上**の賛成が必要である。

20
予算を伴う法案の場合、衆議院50人以上、参議院20人以上の賛成が必要。

☐ **16** 国会の本会議での審議前に、あらかじめ案件を審議する場として**特別委員会**と ☐ がある。

常任委員会
内閣委員会、議院運営委員会、法務委員会、予算委員会など。

☐ **17** 衆議院で可決された法律案を参議院が受け取った後、☐ **日以内**に議決しない場合、衆議院は参議院が**否決**したものとみなすことができる。

60
「みなし否決」という。60日には国会休会期間は含まれない。

●次の空欄に適する語句を答えなさい。

1 **法律案審議**は主に □ で行われ、本会議では採決が行われる。

委員会
常任委員会と特別委員会がある。国会議員は最低１つの常任委員となる。

2 予算審議について、参議院より先に、**衆議院が行う権利**を □ という。

予算先議権
国家予算は国民の関心事なので、直接的に民意を反映している衆議院に先議権が認められている。

3 法案が衆議院で可決、参議院で**否決**された場合、衆議院で**出席議員の** □ **以上の再可決**によって成立する。

3分の2
重要事項を決議する場合に過半数より多い数で採否を決めることを、「特別多数決」という。

4 国会による裁判所に対するチェック機能として、**裁判官** □ **の設置**が挙げられる。

弾劾裁判所
罷免の場合は3分の2以上の賛成で決する。

5 国会での投票の結果において、**賛否が同数**であった場合、□ が決定する。

議長
議決は過半数の賛成をもって可決される。

6 委員会審議において、学識経験者などの意見を求めて開かれるものを □ という。

公聴会
他に利害関係者の意見も求められる。

7 本会議を開くには、**総議員の** □ **以上の出席**が必要である。

3分の1
採決に必要な出席数を「定足数」という。

8 特別国会や臨時国会の会期延長は、□ 回まで認められている。

2
通常国会は1回まで。

9 参議院が衆議院の可決した予算案を受け取った後、国会休会中の期間を除いて <u>30</u> 日以内に議決しないときは、□ の議決を国会の議決とする。

衆議院
「衆議院の優越」という。本来は衆参両議院の一致が原則。

10 国会議員には、原則として国会の会期中は<u>逮捕されない</u>という ▢ がある。

不逮捕特権
ただし院外での現行犯または、院の許諾があった場合は除外される。

11 国会の会期前に<u>逮捕された議員</u>は、国会の開会に伴って**所属議院の要求**があれば ▢ される。

釈放
ただし現憲法下では要求されたことはない。

12 国会議員が、国会での演説、討論や表決の内容について、**院外ではその責任を<u>問われない</u>** という権利を ▢ という。

免責特権
自由な活動を保障するために認められている。

13 事件に関する証人を喚問するなど、国政に関して<u>国会が要求できる権利</u>を ▢ という。

国政調査権
捜索や押収までの強制権はない。

14 会期中に議決されなかった議題は、次の会期に<u>継続</u>できないという決まりを ▢ **の原則** という。

会期不継続
決議された事案を同一会期中に再び審議できない原則を「一事不再議の原則」という。

15 衆議院が会期中に解散を受けた場合、参議院も**同時に<u>閉会</u>** となることを ▢ **の原則**という。

同時活動
例外として、参議院の緊急集会が開かれることがある。

16 **衆参両議院**の議事は、<u>出席議員</u>の ▢ **以上** で可否を決する。

2分の1
両議院で異なる議決をした場合は**両院協議会**を開く。

17 特定の政策分野において、政策決定に強力な**影響力を持つ議員**を一般に ▢ という。

族議員
官庁を単位とすることが多い。

18 不正疑惑解明などで、<u>国会</u>に証人を呼び出して**事実を問いただす**ことを ▢ という。

証人喚問
衆参両院に認められた「国政調査権」によるもので、虚偽の証言は偽証罪に問われる。

19 **首相や閣僚に対して責任**を問う決議を ▢ といい、議案は<u>参議院</u>に提出される。

問責決議
主に野党が発議する。参議院のみで扱い、法的拘束力はない。

13

03 内閣・行政

出題率 ★★★

✏️ 常識チェック！ ●次の空欄に入る語句は？ 解答は右ページ下▶

☐ 1. 内閣は ☐ と ☐ で組織される機関。

☐ 2. 内閣は三権のうち、☐ を司る。

ランク **A** 必ず覚える！常識問題 　　　　解答・解説

●次の空欄に適する語句を答えなさい。

☐ **①** 内閣が**国会**の**信任**で成り立ち、内閣は**国会**に対して責任を負う制度を ☐ という。

議院内閣制
イギリスを起源とする制度。一般に、内閣は国会で多数を占める政党で組織される。

☐ **②** 内閣の主な仕事に、☐ の執行、**条約の締結**、**国務の総理**、**予算の作成**などがある。

法律
その他、最高裁判所長官の指名、裁判官の任命、政令の制定、恩赦の決定など。

☐ **③** **内閣**は、天皇の国事行為に**助言**と ☐ を与える。

承認
その責任は内閣が負う。

☐ **④** **内閣総理大臣**は、**国会議員**の中から国会の議決で**指名**され、☐ が**任命**する。

天皇
衆議院議員でなくともよい。憲法上の内閣の首長が内閣総理大臣。

☐ **⑤** 内閣の意思決定機関であり、内閣総理大臣が**議長**となって行う**内閣の会議**を ☐ という。

閣議
閣議の構成員は閣僚。

☐ **⑥** **内閣総理大臣**には、☐ の任免、各省庁の**指揮監督**、法律・政令への**連署**などの権限がある。

国務大臣
「内閣の権能」と混同しない。国家公安委員長、内閣官房長官も国務大臣に数える。

☐ **⑦** 内閣を組織する**国務大臣**のうち、**過半数**は ☐ の中から選ばなければならない。

国会議員
首相が閣僚を選任し、内閣を組織することを組閣という。

☐ **⑧** 複数の省庁にまたがる重要政策に関する議論を行う、<u>内閣府の機関</u>を一般に ☐ という。

重要政策会議
正式名称は「重要政策に関する会議」。

☐ **⑨** 内閣府や各省に直属するが、<u>内局の外</u>にあって**特殊な任務**を所管する行政機関を ☐ という。

外局
合議制の委員会と独任制の庁の2つに大別される。デジタル庁は内閣府の外局。

☐ **⑩** 現在、内閣の指揮下には、<u>1府</u>、☐ **省庁**と**各外局**がある。

13
13省庁＝11省とデジタル庁、復興庁。1府＝内閣府。

☐ **⑪** <u>内閣総理大臣</u>は、自らの国政における方針や重点などを ☐ **演説**において明らかにする。

所信表明
総理大臣に指名された後や臨時国会冒頭で行う。

☐ **⑫** 議会が<u>内閣</u>を**信任できない**と意思表明する決議案を ☐ という。

内閣不信任案
衆議院が決議する。

☐ **⑬** 衆議院が問12を可決した場合、内閣は ☐ **日以内**に**衆議院を解散**するか、<u>総辞職</u>しなければならない。

10
いずれを選んでも、内閣は総辞職することになる。

☐ **⑭** <u>衆議院解散</u>後、<u>総選挙</u>は ☐ **日以内**に行われる。

40
総選挙後、特別国会が召集される。

☐ **⑮** <u>内閣</u>の事務を司る機関を ☐ という。

内閣官房
内閣官房長官が長。

☐ **⑯** **首相**が死亡、または行方不明になった場合、**内閣**は ☐ しなければならない。

総辞職
その他、衆議院総選挙後の特別国会で総辞職する。

☐ **⑰** **国務大臣**は<u>文民</u>（職業軍人の経歴がない人）でなければならないという原則を ☐ という。

文民統制
「シビリアン・コントロール：Civilian Control」ともいう。軍の暴走を防ぎ、国民の利益を守るといった観点で重要な制度とされている。

●次の空欄に適する語句を答えなさい。

1 法律を執行する法令には、**内閣**が発する ☐ と**各省**が発する省令がある。

> **政令**
> 運用時の表題には、「施行令」「施行規則」などが法律名の後に加えられる。

2 内閣は**最高裁判所長官**を ☐ し、その他の**最高裁判所裁判官**を任命する。

> **指名**
> 司法権をチェックする三権分立の考えの表れ。

3 閣議は通常、**週2回**、秘密会で行われ、**意思決定**は多数決でなく ☐ が原則である。

> **全会一致**
> 秘密会とは、公開が原則の会議を非公開で行うこと。

4 内閣府に設置されている外局には ☐ 庁、公正取引委員会、国家公安委員会などがある。

> **金融**
> 宮内庁も内閣府に置かれるが、外局ではない。

5 内閣府内に設置された重要政策会議の1つに ☐ 諮問会議がある。

> **経済財政**
> 有識者の意見を反映させつつ、首相のリーダーシップを十分に発揮させるのが目的。

6 問5は、☐ が議長を務め、**経済**や**財政**問題について調査審議し、**意見**や**答申**を行う。

> **首相**
> 関係閣僚と民間議員など10人以内で構成されている。

7 内閣府の重要政策会議の1つ、☐ **参画会議**の目的は、社会に男女平等等を根づかせること。

> **男女共同**
> 内閣官房長官、各省大臣等12人、担当大臣と学識経験者12人の計25人で構成。

8 **金融担当大臣**は特定の省の長ではなく、☐ に置かれた複数の特命担当大臣の1つである。

> **内閣府**
> 官僚主導から内閣府主導の政治への試み。

9 中央省庁から分離・独立させて、より**効率的**な行政サービスを行う**組織**を ☐ という。

> **独立行政法人**
> イギリスのエージェンシー制度がモデル。美術館、国立大学などが移行。

10 政府が**特別な事業**を行うために、法律によって設立する法人を ☐ という。

> **特殊法人**
> 日本放送協会、日本郵政株式会社など。

⑪ [　　] とは、<u>政府</u>と**民間**が**共同出資**のもとに設立する**事業体**をいう。

第三セクター
第一セクター＝公企業、第二セクター＝民間企業。

⑫ [　　] 庁は、主に**消費者の安全**という視点から、政策全般を監視する役割を持つ。

消費者
職員は約300人。内閣府内には、第三者機関として消費者委員会も設置された。

⑬ 観光産業の発展や観光立国の推進を行う<u>観光庁</u>は、[　　] の**外局**である。

国土交通省
2008年に設立。観光情報の発信、観光による地域経済の活性化などを目的とする。

⑭ [　　] **委員会**は、<u>労働争議</u>の調整、**不当労働行為事件**の審査、<u>労働組合</u>の**資格審査**などを担当する。

中央労働
厚生労働省内に属する委員会。内閣総理大臣が任命する、使用者・労働者・公益を代表する委員各15人で構成される。

⑮ **国務大臣**は、その在任中、[　　] の**同意**がなければ**起訴**されない。

内閣総理大臣
逮捕・拘留もできない。

⑯ 内閣総理大臣には、1度任命した<u>国務大臣</u>を**任意**に [　　] する**権限**がある。

罷免
罷免とは、公務員をその意に反して辞めさせること。

⑰ <u>内閣総理大臣</u>は [　　] の**最高指揮官**としての権限を持つ。

自衛隊
隊務を統轄するのは**防衛大臣**。

⑱ 経済分野を担当する省庁には、国の**財政を管理**する<u>財務省</u>、**産業の育成発展**を図る [　　] がある。

経済産業省
外局に、**資源エネルギー庁**・特許庁・中小企業庁がある。産業政策、通商政策、エネルギー政策に関する事務の多くを担っている。

⑲ **東日本大震災**からの<u>復興</u>を目的として、**内閣**に設置されている行政組織を [　　] という。

復興庁
2012年に発足。2031年3月末日まで設置期限を延長。

⑳ <u>デジタル社会形成の司令塔</u>として、2021年9月に創設された行政組織を [　　] という。

デジタル庁
内閣直属。担当大臣以下、特別職のデジタル監を置く。各省庁のデジタル化を推進。

04 選挙制度・政党

常識チェック！ ●次の空欄に入る語句・数字は？ 解答は右ページ下▶

☐ 1. 衆議院の選挙制度は ☐ 区 ☐ 並立制である。

☐ 2. 日本の選挙権年齢は ☐ 歳以上である。

ランク A 必ず覚える！常識問題　　　　　　　　解答・解説

●次の空欄に適する語句を答えなさい。

☐ **1** 日本の選挙制度の5つの原則とは<u>普通選挙</u>、<u>自由選挙</u>、<u>平等選挙</u>、<u>秘密選挙</u>、☐ である。

直接選挙
有権者が直接代表者を選ぶことができること。

☐ **2** 一定の年齢に達した国民に<u>選挙権</u>を与える原則を ☐ 選挙制度という。

普通
日本では1925年に25歳以上のすべての男子が選挙権を得たことにさかのぼる。

☐ **3** 1つの選挙区から<u>1</u>人を選ぶ選挙制度を ☐ といい、<u>二大政党制</u>になりやすいとされる。

小選挙区制
衆議院は定数289人（全国で289の選挙区）を選出する。

☐ **4** <u>政党</u>に投票し、その<u>得票率</u>によって議席を各政党に配分する選挙制度を ☐ という。

比例代表制
死票が出にくいという長所がある。

☐ **5** <u>衆議院</u>の被選挙権は ☐ 歳以上、<u>参議院</u>の被選挙権は ☐ 歳以上である。

25、30
被選挙権とは、立候補できる権利のこと。

☐ **6** <u>比例</u>代表選挙において、衆議院は全国を<u>11</u>ブロックに分け、定数 ☐ 人を選出する。

176
参議院は全国を1つのブロックとして定数100人（2022年7月26日以降）を選出。

☐ **7** <u>衆議院</u>では、同一候補者による小選挙区と比例代表区の ☐ 立候補が認められている。

重複
候補者が小選挙区で落選しても、比例区で復活当選する可能性がある。

ランク B ココで差をつける！必修問題

解答・解説

● 次の空欄に適する語句を答えなさい。

1 選挙前に公表する**選挙公約**を ☐ という。

マニュフェスト
イギリスの選挙で初めて登場。

2 比例代表制選挙において、政党の<u>比例候補者名簿の順位</u>を決めない方式を ☐ という。

非拘束名簿式
参議院の選挙で採用されている。

3 比例代表制選挙で、各政党の<u>得票数</u>を整数で割った値の大きい順に**議席を配分する方式**を ☐ という。

ドント式
計算上、大政党にやや有利に働く。

4 現在の衆議院選挙制度は、<u>小選挙区</u>と ☐ 名簿式比例代表区の**並立制**である。

拘束
比例代表区で投票する場合、政党名のみ記入。

5 現在の参議院選挙制度は、原則 ☐ **単位**の選挙区と<u>非拘束名簿式</u>**比例代表区**で行われる。

都道府県
全国45の選挙区から148人（2022年7月26日以降）を選出。比例代表は全国区1つ。

6 現在、参議院選挙において<u>合区</u>を導入されているのが「**徳島県・高知県**」と「 ☐ 」。

鳥取県・島根県
一票の格差の是正が目的。隣接する都道府県を合わせて1つの選挙区にする。

7 候補者の**関係者**が**選挙違反**をした場合にも、当選が無効となる制度を ☐ という。

連座制
その候補者は、その後5年間、同じ選挙区からの出馬禁止。

8 ☐ **法**では、政党や政治家に<u>政治献金</u>の収支報告を義務付けている。

政治資金規正
政治の腐敗防止が目的。

9 ☐ **法**では、各政党の**議員数・得票数**に応じて、<u>公費</u>を支給することを定めている。

政党助成
国会議員5人以上、前回または前々回の国政選挙で得票率が2%以上の政党が対象。

10 国会議員や地方公共団体の長などの<u>選挙</u>に関する**重要な事項**を定めた法律を ☐ という。

公職選挙法
選挙権、被選挙権、選挙区、選挙手続き、選挙運動などについて定めている。

常識チェック！ 解答 **1.** 小選挙、比例代表 **2.** 18

05 司法・裁判制度

出題率 ★★★

常識チェック！ ●次の空欄に入る語句は？ 解答は右ページ下▶

☐ 1. 最高裁判所長官は ☐ が指名し、☐ が任命する。

☐ 2. 裁判の種類は、刑事、☐、☐ の3つがある。

ランク A 必ず覚える！ 常識問題

解答・解説

●次の空欄に適する語句を答えなさい。

☐ **1** **刑事裁判**の起訴は**検察官**が行い、**民事裁判**は ☐ が行う。

原告
起訴とは、裁判所に訴訟を提起し、判定を求めること。

☐ **2** **最高裁判所裁判官**は ☐ 人で構成される。

15
長官1人を含む。

☐ **3** **最高裁判所裁判官**（14人）は ☐ が**任命**する。

内閣

☐ **4** 判決の正確さを期すために、１つの事件を3度まで**審議**する制度を ☐ という。

三審制（三審制度）
第一審、控訴審（第二審）、上告審（第三審）の3度。

☐ **5** 判決を不服として**上級裁判所**に再審を求めることを ☐ という。

上訴
第一審から第二審の上訴を「控訴」、第二審から第三審の上訴を「上告」という。

☐ **6** 下級裁判所には、**高等裁判所**、**地方裁判所**、**簡易裁判所**、☐ **裁判所**の４つがある。

家庭
夫婦間や親子間など、家庭に関する事件と少年事件を扱う。

☐ **7** 国会・内閣が定めた法律や政令を、**憲法**に照らして**裁判所が審査する権限**を ☐ という。

違憲立法審査権
下級裁判所にも認められている。

☐ **8** **最高裁判所**は、**憲法**の ☐ と呼ばれている。

番人

ランクB ココで差をつける！ 必修問題 　　解答・解説

● 次の空欄に適する語句を答えなさい。

❶ 下級裁判所裁判官の任期は □ **年**である。
10
最高裁判所裁判官の任期はない。

❷ 最高裁判所裁判官の**罷免**は、国会の**弾劾裁判**、または衆議院議員総選挙の際の □ によって行われる。
国民審査
任命後と10年経過後の初の衆議院議員総選挙の際に審査を受ける。満70歳で退官。

❸ □ とは、特定の**刑事事件**で、**国民から選ばれた裁判員**が裁判官と共に審理する制度。
裁判員制度
殺人、強盗致死傷、放火など、重大な犯罪で起訴された事件を対象とする。

❹ 裁判員裁判では、**裁判官3人**と**裁判員** □ **人**で審理し、判決を下す。
6
全員一致を目指して議論するが、全員一致に至らない場合は多数決となる。

❺ □ は、**衆議院選挙の有権者**から**無作為**に抽出され、指定された公判の審理に出席する。
裁判員
2022年4月から対象者は満18歳以上に（実際に選ばれるのは2023年から）。

❻ 和解の仲介(あっせん、調停)や**仲裁**など、裁判によらない解決方法を □ (**ADR**)という。
裁判外紛争解決手続
費用が安い、非公開であるなどの長所がある。

❼ 判決確定後、審理の過誤を理由として**裁判のやり直し**を求めることを □ という。
再審請求
有罪判決を受けた者の利益を守るために行われる。

❽ 公権力の行使の適法性を争い、**処分取り消し**などを求める**訴訟**を □ という。
行政訴訟
日本に専用の裁判所がないため、司法裁判所が扱う。

❾ 裁判官、**検察官**、**弁護人**が初公判前に協議し、証拠や争点を絞り込んで審理計画を立てることを □ という。
公判前整理手続
公開、非公開の規定はないが、非公開で行われることが慣例となっている。

❿ □ は、**法曹**に必要な学識と能力を培うことを目的とする**専門職大学院**である。
法科大学院
2004年創立。アメリカ合衆国のロー・スクールをモデルにした制度。

常識チェック！ 解答　1. 内閣、天皇　2. 民事、行政

出題率 ★★

06 地方自治

常識チェック！ ●次の空欄に入る語句は？ 解答は右ページ下▶

☐ 1. 重要事項の可否を問う住民投票のことを ⬚ ともいう。

☐ 2. ⬚ とは、地方公共団体が独自に制定する法規である。

ランク A 必ず覚える！ 常識問題　　　　　解答・解説

●次の空欄に適する語句を答えなさい。

☐ ❶ 地方自治の二大原則とは、<u>住民自治</u>と ⬚ **自治**である。

団体
団体自治は条例による立法権、警察、消防、学校、廃棄物処理など。

☐ ❷ ⬚ **自治**では、知事や議員の**選挙**、リコール、特別法の<u>住民投票</u>などを行う。

住民
地方自治において住民参加で行われる形式。

☐ ❸ 地方公共団体には、<u>普通地方公共団体</u>と ⬚ の２つの種類がある。

特別地方公共団体
地方住民の政治参加が原則。

☐ ❹ 特定の地方公共団体にだけ適用される**特別法の制定**には、⬚ による**過半数**の<u>賛成</u>が必要。

住民投票
憲法第95条。

☐ ❺ 地方自治は、⬚ **の学校**と呼ばれている。

民主主義
民主政治の原点とされる。

☐ ❻ 一般の市町村より大きい権限を許される**大都市**のうち、<u>行政区</u>の設置義務があるものを ⬚ という。

政令指定都市
大都市の特例には、他に中核市、施行時特例市がある。中核市は人口20万人以上となっている。

☐ ❼ 問6の都市の人口は、⬚ **人以上**である。

50万
横浜市、大阪市、名古屋市、札幌市など、20市ある（2022年時）。

ランク B ココで差をつける! 必修問題　　解答・解説

●次の空欄に適する語句を答えなさい。

❶ 都道府県知事、市町村長の任期は □ 年である。

4
地方議員の任期も4年。

❷ 住民が、議会や首長に働きかける権利を総称して □ という。

直接請求権
条例の制定・改廃や議会の解散、首長の解職などを請求できる。

❸ 議員や首長、役員の解職(リコール)には、地域住民(有権者)の □ 以上の署名が必要である。

3分の1
有権者数が40万人超80万人以下、80万人超の場合は、さらにそれぞれ所定の署名数を加算する必要がある。

❹ 地方自治体の財源には、地方税、国庫支出金、地方債、□ 交付金などがある。

地方交付税
地方公共団体間の格差是正が目的。

❺ 自治体行政に不正疑惑がある場合、議会が調査のために設置できる機関を □ という。

百条委員会
地方自治法100条の規定に基づくことから。

❻ 地方自治体の予算は □ が作成する。

首長
市長や町長などが予算を提案し、議会での議決を経て決定。

❼ 地方自治体の財政破綻を早期段階で防止する目的で作られた法律を □ 法という。

地方財政健全化
早期健全化基準を超えると、政府から財政健全化計画の策定が義務付けられる。

❽ 条例の制定・改廃を議会に要求する際、自治体の住民(有権者)の □ 以上の署名が必要。

50分の1
ほかに議会の解散、事務の監査が請求できる。

❾ 地方自治体の違法性のある財務についてチェックする権利を □ 権という。

住民監査請求
有権者でなくてもよく、1人でもできる。

❿ 基本原理や行政の基本ルールを定めた地方自治体の最高法規を □ という。

自治基本条例
「自治体の憲法」とも称される。

常識チェック! 解答　1. レファレンダム　2. 条例(地方条例)

23

07 戦後日本の政治史

出題率 ★★

常識チェック！ ●次の空欄に入る語句は？ 解答は右ページ下▶

☐ **1.** 吉田茂内閣時に発足した ☐ は現在の自衛隊の前身である。

☐ **2.** 消費税が導入されたときの首相は ☐ である。

ランク A 必ず覚える！ 常識問題

解答・解説

●次の空欄に適する語句を答えなさい。

☐ **①** 1951年、吉田茂首相は48カ国との平和条約である、☐ 講和（平和）条約に署名した。

> **サンフランシスコ**
> この条約の発効で日本は独立を回復した。

☐ **②** 1955年の保革二大政党誕生後、90年代まで自民党政権が続いた体制を ☐ という。

> **55年体制**
> 自民党と社会党が二大政党である体制。崩壊は1993年の非自民連立政権発足とされる。

☐ **③** 1956年、鳩山一郎首相は ☐ に調印。ソ連との戦争終結・国交の回復が宣言された。

> **日ソ共同宣言**
> 両国間の領土問題は残ったまま。同年、日本は国際連合に加盟した。

☐ **④** 1960年、日米新安保条約が締結されたときの首相は、☐ 氏である。

> **岸信介**
> 第56・57代。日米安全保障条約改定の国会承認を強行した。

☐ **⑤** 高度成長を目標として、池田勇人内閣が提唱したスローガンを ☐ という。

> **所得倍増計画**
> 1961年から10年間で国民総生産を26兆円に倍増させる経済計画。

☐ **⑥** 日本列島改造論を提唱した田中角栄首相は、1972年、☐ との国交を回復した。

> **中国（中華人民共和国）**
> 当時の中国首脳は周恩来首相。

☐ **⑦** ☐ 首相は核兵器不拡散条約に調印し、「非核三原則」を唱えて、ノーベル平和賞を受賞した。

> **佐藤栄作**
> 非核三原則とは、核兵器を「持たず、つくらず、持ち込ませず」。

●次の空欄に適する語句を答えなさい。

❶ □□□**首相**は、電電公社・専売公社や**国鉄の民営化**などの行財政改革に取り組んだ。

中曽根康弘
第71・72・73代。「戦後政治の総決算」を掲げて3公社（国鉄、電電公社、専売公社）の民営化に尽くした。

❷ **宮澤喜一内閣**のもとで、□□□**法**が成立し、文民・自衛隊の**海外派遣**が可能となった。

PKO協力
1992年成立。

❸ **宮澤内閣**不信任案可決後、政界再編が進んだ結果、□□□に所属する**細川護熙氏**は8党派連立政権の首班を務めた。

日本新党
1993年の第40回衆議院議員総選挙では、前原誠司氏、枝野幸男氏、野田佳彦氏らが当選を果たした。

❹ 1994年、**社会党の村山富市内閣**は、**自民党**と□□□の三党で連立を組んだ。

新党さきがけ
片山哲内閣以来の社会党政権が誕生した。新党さきがけの初代代表は武村正義氏。

❺ **日本版金融ビッグバン**といわれる金融制度改革を推進したのは、自民党□□□**首相**である。

橋本龍太郎
消費税を5％に引き上げた。その他、日米防衛協力も推進。

❻ 1999年、**自民党**が初めて**公明党**と連立を組んだときの首相は□□□**氏**である。

小渕恵三
第84代。周辺事態法、国旗・国歌法などを成立させた。

❼ **小泉純一郎内閣**が、**構造改革**の柱として最も力を入れた政策は□□□である。

郵政民営化
郵政三事業（郵便・簡易保険・郵便貯金）が民営化された。

❽ 2009年、衆議院選挙で**民主党**が自民党に圧勝して**政権交代**。□□□**内閣**が誕生した。

鳩山由紀夫
第93代。社会民主党（社民党）と国民新党による連立内閣。

❾ □□□**内閣**は、2012年から7年半に及ぶ**連続在任最長の長期政権**を運営した。

安倍晋三
アベノミクスなどの経済政策を推進するほか、消費税を8％から引き上げた。

常 識 チ ェ ッ ク ！ ●次の空欄に入る語句は？　解答は右ページ下▶

☐ **1.** 一般に好況期は ☐ 、不況期は ☐ になる。

☐ **2.** 物価の下落と収益の減少が繰り返される悪循環を ☐ という。

ランク **A** 必ず覚える！ 常識問題　　　　　　解答・解説

●次の空欄に適する語句を答えなさい。

☐ **❶** 国内で、一定期間内に生産された**モノやサービスの付加価値の総額**を ☐ という。

国内総生産（GDP）
海外拠点で生産した付加価値は含まない。国内景気をより正確に反映する指標として重視。

☐ **❷** 国民が、国内外で一定期間内に生産した**モノやサービスの付加価値の総額**を ☐ という。

国民総生産（GNP）
Gross National Product
日本の景気を測る指標だったが、現在は GDP や GNI が使われる。

☐ **❸** 国内総生産（GDP）の数値から算出する経済指標を ☐ という。

経済成長率
国の経済状況を示す指標の1つ。名目と実質の2通りの表示法がある。

☐ **❹** ☐ とは、国内総生産から**物価変動分**を差し引いた数値をいう。

実質GDP
国内総生産（GDP）を、その時の市場価格で評価した数値を名目GDPという。

☐ **❺** ☐ は、国民が一定期間内に**国内外で得た所得の合計**で、GNPに代わって導入された。

国民総所得（GNI）
Gross National Income
GDP は国の生産性を示し、GNI は国の収益を示すとされる。

☐ **❻** 資金調達を目的に、**国が発行**する有価証券の一種を ☐ という。

国債
いわば「国の借金」。日本の発行残高は2021年度末に1,000兆円を突破。

☐ **❼** 消費者が購入する商品やサービスの価格の平均的な変動を測定した指標を ☐ という。

消費者物価指数（CPI）
Consumer Price Index
国の経済状況を示す指標の1つで「経済の体温計」とも。

⑧ 経済の３つの主体とは、**家計(消費者)**、企業、☐ である。

政府
経済活動を行う単位が、経済主体。

⑨ 一国全体の経済を分析する経済学を ☐ という。

マクロ経済学
これに対し、個々の経済主体を分析する経済学が「ミクロ経済学」。

⑩ 物価が継続的に**上昇していく現象**を ☐ という。

インフレーション
インフレ。急速に進行するインフレのことを「ハイパー・インフレ」という。

⑪ 生産コストの上昇が原因で、物価が上がる現象を ☐ **インフレ**という。

コストプッシュ
賃金や原材料の価格上昇が主な原因。

⑫ 生産が間に合わないことが原因となり、引き起こされる現象を ☐ **インフレ**という。

ボトルネック
生産物の供給不足が価格高騰の引き金になり、物価上昇につながる。

⑬ 物価が下がり続け、経済停滞を起こすことを ☐ という。

デフレーション
デフレ。日本は1990年代初頭のバブル崩壊以降、長期デフレ状態が続いてきた。

⑭ 景気後退と物価上昇が同時に起きる現象を ☐ と呼ぶ。

スタグフレーション
stagnation(停滞)とinflation(インフレ)から合成した造語。

⑮ 市場経済において、需要量と供給量が一致したときの価格を ☐ という。

均衡価格
市場価格のグラフで、右下がりの需要曲線と、右上がりの供給曲線の交点が均衡点。

⑯ 国債の利回り(金利)が高くなると、**国債**そのものの価値(価格)は ☐ 。

下がる
価格と利率の関係は、価格下落なら金利上昇、価格上昇なら金利下落となる。

⑰ 所得格差を示す代表的な**指数**を ☐ という。

ジニ係数
0〜1の間で、数値が大きいほど格差が大きい。

⑱ 名目GDPの物価変動分を修正する際に用いられる**指数**を ☐ という。

GDPデフレーター
実質経済成長率を算出する際、物価の変動分を測る役割を持つ。

常識チェック！ 解答　**1.** インフレーション、デフレーション　**2.** デフレスパイラル

●次の空欄に適する語句を答えなさい。

❶ 国や企業などの<u>経済状態</u>を表す基礎的な指標を総称して ☐ という。

> **ファンダメンタルズ**
> 「経済の基礎的諸条件」の意味で、経済成長率や物価上昇率、失業率などの総称。

❷ **国民所得またはGDP（国内総生産）**は、生産・支出・分配（所得）のどの観点から算出しても<u>等しくなる</u>ことを ☐ の原則という。

> **三面等価**
> 一定期間が経過した後にはそれぞれ同じ額になるという経済学上の理論。

❸ 国民所得は、GNP（国民総生産）－（<u>減価償却費</u>＋ ☐ **税**）＋補助金の式で求められる。

> **間接**
> 国民所得の略称は、NI（National Income）。

❹ **国民総生産（GNP）**から機械などの<u>減価償却費</u>を差し引いたものを ☐ （NNP）という。

> **国民純生産**
> Net National Product
> 国民が一定期間に新たに生産した付加価値の総計のこと。

❺ 輸出入において、**自国通貨の価値**が<u>上</u>がると、☐ に有利に働く。

> **輸入**
> 円高のデメリットは、海外での商品売り上げ減少など、輸出産業が打撃を受けること。

❻ 単なる消費欲求などではなく、購買力に裏づけされた**実現可能な**<u>需要</u>を ☐ という。

> **有効需要**
> 潜在需要ではなく、実際に貨幣支出をともなう需要。

❼ 同じ商品の<u>内外価格差</u>に着目し、**通貨価値を比較**した為替レートを ☐ （PPP）という。

> **購買力平価**
> Purchasing Power Parity
> マクドナルドの「ビッグマック指数」やスターバックスの「トール・ラテ指数」など。

❽ 多国間の<u>為替レート</u>から、**実際的な通貨価値**を算出したものを ☐ という。

> **実効為替レート**
> 物価上昇率などを考慮したものを「実質実効為替レート」という。

❾ **ある期間内**の<u>所得</u>の合計を ☐ という。

> **フロー**
> 経済活動の「流れ」を示すもの。

❿ **ある時点**における**蓄積された**<u>資産</u>を ☐ という。

> **ストック**
> 一定時点での一国の富の資産価値を表す。フローと対になる語。

⑪ それぞれの経済主体が合理的な経済活動をした結果、社会全体としてはマイナスになることを ☐ という。

合成の誤謬（ごびゅう）
個人の貯蓄が大幅に増えた場合、逆に消費は減り、国の経済は悪化するなどが一例。

⑫ 政府が、月1回発表する景気判断の報告を ☐ という。

月例経済報告
内閣府が作成。「改善に足踏み」「弱含み」など、独特の表現が用いられる。

⑬ 内閣府が毎月公表している、総合的な景気状況の判断指標を ☐ という。

景気動向指数
コンポジット・インデックス（CI）とディフュージョン・インデックス（DI）がある。

⑭ 好景気と不景気が波のように交互にやってくることを ☐ という。

景気サイクル（景気循環）
約10年周期（ジュグラーの波）や50〜60年の長期周期（コンドラチェフの波）など。

⑮ 株式や不動産などの売却時に生じる、購入時価格との差額を ☐ という。

キャピタル・ゲイン
売却利益のこと。

⑯ 日銀が、景気動向を把握するために、3カ月ごとに全国の約1万社の企業を対象に実施する統計調査を ☐ と呼ぶ。

日銀短観
「企業短期経済観測調査」のこと。3カ月おきと、比較的短期に発表される。

⑰ 物価などが、一旦上昇したら下がりにくい性格を持つことを価格の ☐ という。

下方硬直性
本来下がるべき価格が何らかの理由で下がらないこと。

⑱ 物価水準の動向を表す価格指数を ☐ （WPI）という。

企業物価指数
景気に最も敏感な目安とされている。

⑲ 通貨流通量の調整のため、日銀が市場から手形や債券を買い入れることを ☐ という。

買いオペレーション
中央銀行の公開市場操作手法の1つ。逆の操作手法が売りオペレーション。

⑳ 富裕層と貧困層の経済格差など、二極化が進む経済の状態を「 ☐ 経済」という。

K字（型）
収入や貯蓄の増減などをグラフ化すると、上下に開く「K」を描くことから。

09 経済史

常識チェック！ ●次の空欄に入る語句は？ 解答は右ページ下▶

☐ **1.** 世界貿易機関の略称は ☐ 。

☐ **2.**「経済学の父」と呼ばれる18世紀の経済学者は ☐ 。

ランク **A** 必ず覚える！ 常識問題　　　　　解答・解説

●次の空欄に適する語句を答えなさい。

☐ **1** 国際金融取引や、各国通貨の基準となる通貨を ☐ 通貨という。

基軸
20世紀初めまでの基軸通貨は英ポンド。現在の中心的通貨は米ドル。

☐ **2** 中央銀行が、発行した紙幣と同額の金を常に保管しており、**金と紙幣との交換が可能である**ことが保証されている制度を ☐ という。

金本位制
1816年〜1936年。この制度下での各国通貨の交換比率は固定された。日本の中央銀行は日本銀行。「発券銀行」であり、「通貨の番人」とも呼ばれている。

☐ **3** 問2に対し、国内通貨の供給量を財務省や中央銀行などの通貨当局が自由に調節することで、経済成長の促進を図る制度を ☐ という。

管理通貨制度
世界恐慌（1929）とそれに続く金融恐慌により、金本位制度は終わり、それに代わる通貨制度として採用された。

☐ **4** 1944年、アメリカの ☐ に**連合国44カ国**が集まり、第二次世界大戦後の国際通貨制度の枠組が決められた。

ブレトン・ウッズ
この会議で決定された体制を「ブレトン・ウッズ体制」（またはIMF体制）という。

☐ **5** 問4の会議で創設された、**為替レートの安定**を目的とする機関が ☐ （IMF）である。

国際通貨基金
190カ国が加盟（2021年）。本部は米国ワシントンD.C.。日本は1952年に加盟。

☐ **6** 1929年10月24日、ウォール街の株価大暴落が発端となり全世界的に ☐ が発生した。

金融恐慌（世界大恐慌）
この株価大暴落は、後に「暗黒の木曜日」といわれ、世界中に不況が広がった。

7 通貨を<u>一定比率</u>に固定せず、**為替市場の需要と供給**に合わせて変える制度を ▢ という。

変動相場制
「フロート制」とも。1970年代から採用されるようになった。

8 ▢（IBRD）は、第二次世界大戦後の**各国の復興を援助**することを目的に、1945年に創設された機関である。

国際復興開発銀行
ブレトン・ウッズ会議で創設された。別名「世界銀行」。途上国支援の役割も担う。

9 複数の国々やその植民地などで、1つの<u>経済圏</u>を作る閉鎖的な経済体制を ▢ という。

ブロック経済
1930年代に構築された。圏外国に対しては、関税などの貿易障壁を設ける。

10 世界恐慌からの経済回復で、<u>F.ルーズベルト米大統領</u>が1933年より実施した政策が ▢ 。

ニューディール政策
失業救済、公共事業、産業復興、税制改革、金融改革などにより、景気回復を図った。

11 1947年10月、「自由・無差別・多角主義」を原則とする「<u>関税及び貿易</u>に関する一般協定（略称 ▢ ）」が締結された。

GATT（ガット）
自由貿易の維持・推進、世界貿易の拡大を目指す国際条約。発足は1948年。

12 アメリカが推進した第二次世界大戦後の<u>欧州諸国復興支援計画</u>を「 ▢ ・プラン」という。

マーシャル
提唱者である当時の**米国務長官**の名前から。

13 1971年に<u>ニクソン米大統領</u>が発表した新経済政策で世界経済に与えた衝撃が ▢ 。

ドル・ショック
「ニクソン・ショック」とも。金とドルとの固定比率での交換停止などを発表した。

14 問13の事件により、混乱する為替市場の安定化のため、**先進主要10カ国の蔵相会議**で合意された協定が ▢ である。

スミソニアン協定
この協定の崩壊が、その後、固定相場制から変動相場制への移行をもたらした。

15 1997年7月の**タイ通貨バーツ**の暴落後、東アジア各国に波及した**通貨・経済危機**が ▢ 。

アジア通貨危機
タイ、インドネシア、韓国は、経済に大きな打撃を受け、IMF管理下に置かれることとなった。

16 2008年9月、アメリカの大手投資銀行の経営破綻を機に起きた**世界的な金融危機**が ▢ 。

リーマン・ショック
低所得者向け住宅ローン問題で債券回収不能となり、リーマン・ブラザーズ社が破綻。

🈶🈺チェック❶ 解答　**1.** WTO　**2.** アダム・スミス

● 次の空欄に適する語句を答えなさい。

---

❶ 1970年代、中東の石油産出国が行った<u>原油価格</u>の引き上げや原油の減産により、巻き起こった世界経済の混乱を □ という。

オイル・ショック
日本などの石油輸入国に、インフレや失業など、経済悪化を招いた。

---

❷ 1985年9月、**米・英・西独・仏・日**の先進5カ国が、<u>ドル安</u>に向けて**協調介入**を行うことで合意したのが □ である。

プラザ合意
当時、アメリカ経済にとって脅威となっていたのが日本の輸出産業であり、プラザ合意は日本の輸出力を抑えることを目的としていた。

---

❸ 1986年に開始されたGATTのウルグアイ・ラウンドでの協議によって、**GATTを改組し** □ (<u>WTO</u>)を設立することが決定された。

世界貿易機関
1995年1月にGATTを発展的解消後、成立した国際機関で、「自由・無差別・多角主義」の原則を継承する。

---

❹ <u>WTO</u>は、物品貿易だけでなく**サービス貿易**や □ 権をも含めた包括的な**国際通商ルール**を協議する機関である。

知的財産
金融や情報通信、知的財産権やサービスを含めた国際貿易を統括する。

---

❺ 2001年に開催された、**WTOによる**<u>多角的貿易交渉</u>を □ という。

ドーハ・ラウンド
正式名称は「ドーハ開発アジェンダ」。交渉内容は輸出入品の関税、補助金協定など。

---

❻ 18世紀末から19世紀にかけて活動したイギリスの**経済学者** □ は、国際分業の利益を説明する<u>比較</u>優位の考え方を提唱した。

リカード
デイヴィッド・リカード。彼の理論が、現在までの自由貿易の根幹となっている。

---

❼ 「**神の見えざる手**」という表現で知られる経済学者<u>アダム・スミス</u>の主著は『 □ 』である。

国富論
『諸国民の富』とも。労働を富の源泉とし、徹底した自由放任主義を主張。

---

❽ 19世紀、ドイツの**経済学者** □ は、資本主義社会の矛盾を解明し、社会変革は<u>労働者</u>階級によって実現されると説いた。

マルクス
カール・マルクス。科学的社会主義の創始者。エンゲルスと共に、マルクス主義を打ち立てた。

---

9 20世紀初頭に頭角を現したイギリスの経済学者 ☐ は、『**雇用・利子及び貨幣の一般理論**』を書き、新しい経済学の考え方を提示した。

ケインズ
ジョン・メイナード・ケインズ。完全雇用の実施には、政府の介入が必要不可欠だと主張した。

10 市場機能を重視しつつ、景気次第で政府の**財政・金融政策の介入も認める**学説を ☐ といい、アメリカの**サミュエルソン**が提唱した。

新古典派総合
新古典派理論とケインズ理論を合わせたもの。ポール・サミュエルソン（経済学者）。

11 アメリカの経済学者 ☐ は、市場への**国家介入を最小限**にし、自由競争による**市場原理を重視**する新自由主義経済を唱えた。

フリードマン
ミルトン・**フリードマン**。ケインズ理論を批判して1960年代に台頭。「**小さな政府**」を推進した。

12 **オーストリアの経済学者** ☐ は、経済の成長は「独創的な起業家が行う**技術革新**や**新しい活用**によって果たされる」と述べた。

シュンペーター
ヨーゼフ・**シュンペーター**。ケインズと並ぶ、20世紀の代表的経済学者。

13 **IT技術の進歩や国際化**により、景気循環から抜け出し、インフレにならずに**経済成長が続く**という経済理論を ☐ 論という。

ニューエコノミー
アメリカ経済の長期的な好況を反映して、1990年代に展開された理論。

14 消費者の行動が企業の宣伝活動によって引き起こされるという、「依存効果」の概念を導入した**経済学者**は ☐ である。

ガルブレイス
ジョン・ケネス・ガルブレイス。カナダ生まれのアメリカの経済学者。著書『ゆたかな社会』『不確実性の時代』など。

15 著書『21世紀の資本』の中で、**所得格差**の根底にある仕組みについて、新たな理論を展開した、フランスの経済学者は ☐ である。

ピケティ
トマ・**ピケティ**。2013年に発表され、世界的大ベストセラーとなった。

16 『**ポスト資本主義社会**』『**マネジメント**』などの著作で知られる経営学者は ☐ である。

ドラッカー
ピーター・**ドラッカー**。オーストリア出身の経営思想家でもある。その他に『新しい現実』『断絶の時代』など。

10 財政・税制

常識チェック！ ●次の空欄に入る語句は？ 解答は右ページ下▶

☐ 1. 税金には国税と [　　]、直接税と [　　] がある。

☐ 2. 国家や公共団体の年間の収入を [　　]、支出を [　　] という。

ランク A　必ず覚える！ 常識問題　　解答・解説

●次の空欄に適する語句を答えなさい。

☐ **1** 日本の国家予算は<u>一般会計</u>と [　　] **会計**に大別される。

特別
予算の規模が大きいのは特別会計。予算の承認は国会で行う。

☐ **2** **一般会計**のうち最も割合の大きい項目は [　　]、次に<u>国債費</u>、地方交付税交付金等と続く。

社会保障費
予算の3割強を占める。国債費は2割強、地方交付税交付金等はおよそ1.5割。

☐ **3** 国が**政府関係機関**や<u>地方公共団体</u>に資金を貸し出す機能が [　　] である。

財政投融資
規模が大きく、国会の承認が必要なことから「第二の予算」といわれる。

☐ **4** **国が行う経済活動**である [　　] **政策**は、歳入や歳出を通じて<u>景気</u>をコントロールしている。

財政
公共財（防衛・教育・医療など）への供給、所得の再分配、経済の安定化などの政策。

☐ **5** 政府が行う代表的な**景気刺激策**に、[　　] と<u>減税</u>がある。

公共投資
政府が支出を増やすことで、需要や雇用を作り出し、景気回復を図る。

☐ **6** **政府**と<u>中央銀行</u>が協同して経済政策を行うことを [　　] という。

ポリシー・ミックス
複数（財政・金融・所得）の経済政策を同時に適用する。

☐ **7** 財政の持つ3つの機能とは、<u>経済の安定</u>、**資源配分の調整**、[　　] の再分配である。

所得
財政とは、国や地方公共団体が資金を集めて管理し、必要な資金を支出する経済活動。

⑧ 公共事業、**出資金・貸付金**の財源調達のために発行される<u>国債</u>を ☐ という。

建設国債
普通国債の1つ。国の公債発行は原則として認められないが、例外的に発行される。

⑨ ☐ **国債**は、財源不足を補う目的で発行される。

赤字
別名「特別国債」。

⑩ **一般会計の歳入**に占める<u>国債</u>の割合が ☐ 。

国債依存度
低水準が望ましい。

⑪ 税金には**国**に納める**国税**と、**都道府県や市町村**に納める ☐ とがある。

地方税
主な地方税は住民税、自動車税、固定資産税など。主な国税は所得税、法人税など。

⑫ 国税のうち、納税義務者と租税負担者が同じものが<u>直接税</u>、異なるものが ☐ である。

間接税
所得税は**直接税**、消費税は**間接税**にあたる。

⑬ 国税収入のうち、**直接税**と**間接税**の比率を ☐ といい、日本では直接税の比重が大きい。

直間比率
国税ではおよそ、直接税6割に対して間接税4割だが、地方税は8割対2割。

⑭ 国税収入のうち、景気変動による税収の変動が激しく、**累進性のある税金**は ☐ である。

直接税
間接税の方が、景気動向に左右されず、安定しているといえる。

⑮ 最も税収の**大きい**<u>直接税</u>は所得税で、**間接税**では ☐ が最も大きい。

消費税
所得税より消費税の方が税収に占める割合が高い。

⑯ 財政赤字に陥り、再建のめどが立たずに**財政破綻**した地方自治体は ☐ に指定される。

財政再生団体
国の援助協力のもとに赤字の解消を目指す**地方公共団体**。

⑰ 国の財政資金を<u>公共事業</u>などに投資し、需要と民間消費の増加を図る**刺激策**を ☐ という。

財政出動
不況時の**景気刺激策**の1つ。

⑱ 年度開始までに予算が決定しない場合、**本予算の成立**までのつなぎとして ☐ が組まれる。

暫定予算
日本の会計年度は4月1日から始まる。

⑲ 年度途中で一度決めた<u>本予算を変更</u>する際、**新たに編成される予算**を ☐ という。

補正予算
毎年通例的に、秋の臨時国会で補正予算が組まれている。

常識チェック! 解答 **1.** 地方税、間接税 **2.** 歳入、歳出

●次の空欄に適する語句を答えなさい。

❶ 財政赤字が増えると、償還費などの経費がかさんで**財政の** ☐ をもたらす。

硬直化
政策の余地が狭まり、財政本来の役割が果たせなくなること。

---

❷ 国債を日銀が買い取るには ☐ **の承認**が必要である。

国会
国債の発行は、市場での消化が原則。

---

❸ 政府支出の増加により、**個人消費の減少**や**民間投資の抑制**を招く現象を ☐ という。

クラウディング・アウト
政府が大量の国債を発行すると利子率が上昇し、結果的にこの現象を引き起こす。

---

❹ 国の**歳入**と**歳出**を比較した収支の状況を表す指標の１つが ☐ （**基礎的財政収支**）である。

プライマリー・バランス
プラスであれば、国債の発行に頼らず支出がまかなえているといえる。

---

❺ **国家財政**の**決算**を行う機関は ☐ である。

内閣
決算を検査する機関は「会計検査院」。

---

❻ **特定の経費**のために徴収される税金を ☐ という。

目的税
本来は使用目的を定めない「普通税」が租税の原則。

---

❼ 財政制度の中に、景気を**自動調整する仕組み**が組み入れられていることを ☐ という。

ビルト・イン・スタビライザー
「自動安定装置」の意。

---

❽ 課税対象が**増える**ほど（所得が**高い**ほど）、より**高い税率を課す**課税方式を ☐ という。

累進課税
日本では所得税や相続税などで、この方式を採用している。

---

❾ 政府が財政を意図的に操作して**景気**の調節を図ることを ☐ という。

フィスカル・ポリシー
「裁量的財政政策」のこと。増税・減税もこの政策の１つ。

---

❿ 国が使途を制限しないで**地方に交付する財源**を ☐ という。

地方交付税交付金
一方、国が使途を指定して交付するのは国庫支出金。

☐ ⑪ 日本の貨幣は、<u>紙幣</u>**は日本銀行**が発行し、**硬貨**は政府(□□**省**)が発行している。

財務
紙幣は「**日本銀行券**」。造幣局では硬貨のみ製造。

☐ ⑫ **国民所得**に対して、**租税**と<u>社会保障費</u>の負担が占める割合を□□という。

国民負担率
日本は先進国の中でこの割合が低い。

☐ ⑬ **消費税10%**のうち□□**%**が<u>地方消費税</u>となる。

2.2

☐ ⑭ <u>担税力</u>の高い人ほど、より大きな**税負担**をすることで**公平性を保つ**ことを「□□**公平**」という。

垂直的
所得税の**累進課税**などがその代表例で、高収入の人ほど、より税金を多く納付するという考え方。

☐ ⑮ 同じ**経済力**を持つものは**同じ**<u>税負担</u>をするという原則を「□□**公平**」という。

水平的
同額の消費には同額の税額が徴収される**消費税**が、この考え方の代表例。

☐ ⑯ <u>国家予算</u>は、毎年作成しなければならないというルールを「**予算**□□」という。

単年度主義
次年度繰り越しなど、若干の例外は認められている。

☐ ⑰ ある会計年度の<u>歳出</u>は、その年度の<u>歳入</u>で賄うというルールを「**会計年度**□□」という。

独立の原則
財政法に定められている。

☐ ⑱ **GDP**を拡大させるカギは、**民間消費**、**民間投資**、<u>輸出</u>、□□を増やすことにある。

政府支出
GDP＝民間消費＋民間投資＋政府支出＋純輸出（輸出分－輸入分）。

☐ ⑲ 日本の**公的年金**は、現役世代から保険料を徴収して受給者へ給付する□□を採用している。

賦課方式
年金の財源を、その時々の**保険料**収入から用意する方式。私的年金は積立方式。

☐ ⑳ 企業の**法人税**について、**資本金**や**従業員数**などの指標を用いて課税する方式を□□という。

外形標準課税
資本金1億円超の企業が対象。公共法人や人格のない社団などは除く。

☐ ㉑ 給与所得者への給与支給時に<u>所得税</u>などを**天引きする仕組み**を□□という。

源泉徴収
ほかに、**住民税**、**社会保険料**が一緒に天引きされる。

金融・証券・株式

☐ 1. 市場に流通する通貨量を ☐ という。

☐ 2.「日経225」とも呼ばれる ☐ は、日本の代表的な株価指数の1つ。

ランク
A **必ず覚える！ 常識問題**　　　　　　　　　　解答・解説

●次の空欄に適する語句を答えなさい。

☐ ❶ 日本の中央銀行である**日本銀行**は、☐ が <u>55%を出資</u>する認可法人（半官半民）である。

政府
1882年創立。総裁・副総裁は内閣が任命する。

☐ ❷ 中央銀行には、☐ **銀行**、**銀行の銀行**、<u>政府の銀行</u>という3つの役割がある。

発券
中央銀行は、これら3つの機能を通じて金融政策を行う。

☐ ❸ <u>中央銀行</u>が金利政策を執る場合に調節する、市中銀行への**貸し出し金利**を ☐ という。

基準割引率及び基準貸付利率
以前は「公定歩合」と呼ばれていた。

☐ ❹ 中央銀行が市場に流通している<u>国債</u>**を売買する**金融政策を ☐ という。

公開市場操作
Open Market Operation
景気刺激には買いオペ、抑制には売りオペ。

☐ ❺ 市中銀行が、<u>日本銀行</u>へ預金等の一定割合を**預け入れなければならない制度**を ☐ という。

準備預金制度
預金等の一定割合を「準備率」という。

☐ ❻ 問5のために市中銀行や証券会社が**日本銀行に開く口座**を ☐ という。

日銀当座預金
金融機関同士や日銀との資金決済、金融機関から企業や個人への支払いに利用される。

☐ ❼ 銀行の**3大業務**とは、<u>預金</u>、<u>貸出</u>、☐ である。

為替
預金＝金融仲介機能、貸出＝信用創造機能、為替＝決済機能。

⑧ **日本銀行**が、各金融機関の<u>日銀当座預金</u>**残高を増やす**ことで、市場の調節を図る金融政策を ☐ という。

量的金融緩和
金融緩和は、日銀が世の中に出回るお金の量を増やして価値を下げ、物価を上げるために行う政策。

⑨ 金融政策を実施しても、**景気浮揚に効果のない状態**に陥ることを ☐ という。

流動性の罠
名目金利がこれ以上下がらないほど、低くなる状態のこと。ゼロ金利状態とも。

⑩ <u>日経平均株価</u>は代表的な銘柄の平均株価を指数化したもので、**東証株価指数**（ ☐ ）は**対象全銘柄の時価総額**を指数化したもの。

トピックス
TOPIX
東京証券取引所の市場区分の再編で、TOPIXの対象条件が東証1部上場からプライム市場上場に変更された。

⑪ **銀行**が<u>破綻</u>した場合、預金の一定額を**保護する制度**を ☐ という。

ペイオフ
元本1,000万円までとその利息などが保護される。

⑫ ☐ は、毎年一定金額の範囲内で購入した個人の株式等の配当や<u>譲渡益</u>が**非課税となる制度**。

NISA（少額投資非課税制度）
一般NISA・つみたてNISA、未成年が利用できるジュニアNISAの3種類。

⑬ **内部情報**をもとに株を売買して利益を上げる**不正な取引**を ☐ という。

インサイダー取引
取り締まる組織の代表格が、証券取引委員会。

⑭ 銀行や証券会社に、株式や投資信託などの販売・勧誘に関する**ルール規制を設けた法律**が ☐ である。

金融商品取引法
証券取引法、金融先物取引法などを統合した法律。

⑮ 複数の投資家から資金を集めて運用し、**利益配分する仕組み**を ☐ という。

投資ファンド
不特定多数を対象にする公募ファンドと、対象が限定される私募ファンドの2種類。

⑯ **先物取引・オプション取引・スワップ取引**などを総称して ☐ （<u>金融派生商品</u>）という。

デリバティブ
株式・債券・為替などの原資産から派生した、ハイリスク・ハイリターンの商品。

⑰ 国際業務を行う銀行に、**自己資本比率を<u>8%</u>以上**とすることを定めたルールを ☐ という。

BIS規制
BISとは、国際決済銀行のこと。自己資本比率→P45

常識チェック❶ 解答　**1.** マネーサプライ　**2.** 日経平均株価

●次の空欄に適する語句を答えなさい。

❶ 日本銀行には最高意思決定機関である □ が置かれている。

政策委員会
構成員は、総裁・副総裁・審議委員6人の計8人。

❷ 日本銀行総裁及び副総裁は、衆参両院の同意を得て □ が任命する。

内閣
日本銀行法第23条で決められている。国会の承認が必要。

❸ 銀行が、預金を融資に運用することで、市場の貨幣量を増大させる仕組みを □ という。

信用創造
預金創造とも。

❹ 現金通貨と民間金融機関が保有する中央銀行預け金（日銀当座預金）の合計を、□ という。

ハイパワード・マネー
「マネタリーベース」、「ベースマネー」とも。

❺ 企業が銀行を通じて融資を受けることを、□ 金融という。

間接
銀行取引など、借り手と貸し手の間に第三者が存在する取引のこと。直接金融は証券取引が代表的。

❻ 信用度の高い優良企業に適用する、一般より安い金利を □（最優遇貸出金利）という。

プライムレート
貸出期間が1年未満は短期プライムレート、1年以上を長期プライムレートという。

❼ □ の市場区分が「プライム」「スタンダード」「グロース」の3つの市場に再編。扱う銘柄も2025年までに段階的に見直される。

東京証券取引所
日本最大の証券取引所で、東証株価指数（TOPIX）を算出し公表する。

❽ □ は、株価指数に連動する投資信託の略称である。

ETF
Exchange Traded Funds
投資信託とは投資家が資金を出し合って運用をプロに任せる金融商品。

❾ REITとは、□ に投資して収益を還元する投資信託である。

不動産
Real Estate Investment Trust
「不動産投資信託」のこと。

❿ 新発10年物国債の流通利回りを □ という。

長期金利

⑪ 長期金利が上昇すると<u>国債の価値</u>は ① 。
国債の発行が増えると**長期金利**は ② 。

① 下がる
② 上がる

⑫ <u>有価証券</u>を売買して生じた**利益**を ① 、損
失を ② という。

① キャピタル・ゲイン
② キャピタル・ロス

⑬ **未上場**の会社の**株式**を、証券取引所に上場す
ることを ☐ (<u>IPO</u>)という。

新規株式公開
Initial Public Offering
上場すると、多数の投資家か
ら資金を調達しやすくなる。

⑭ あらかじめ定めた価格で、**新株**または会社の
有する<u>自己</u>**株式**を取得できる権利が ☐ 。

新株予約権
従来の転換社債、新株引受権
(ワラント)、**ストックオプショ
ン**などの総称。

⑮ 問14の権利を、会社の関係者が利用して<u>自社
株</u>**を買う権利**を ☐ という。

ストックオプション
特別報酬として、従業員や役
員に提供される例が多い。

⑯ 企業を買収しようとする別の企業が、買い取
り条件を示して株式を**直接買い付けようとす
る**ことを ☐ (<u>TOB</u>)という。

株式公開買い付け
Take-Over Bid
「買い付け株数、価格、期間」
などが、あらかじめ公表され
る買取条件。

⑰ 経営陣が株式等を買い取り、親会社から<u>経営
権</u>**を得て独立**することを、 ☐ という。

MBO
Management Buy-Out
M&Aの手法の1つ。

⑱ 金融機関の間で、**1日単位**などのごく短い期
間で**貸し借りを行う市場**を ☐ という。

コール市場
「コール」とは、「呼べば応え
る」という意味から。

⑲ 預金の受け入れはできないが、<u>与信業務を行</u>
う**機関**を ☐ という。

ノンバンク
信販会社・クレジット会社・
消費者金融などの総称。与信
業務とは、取引先に対する貸
出業務や支払承諾など、信用
を供与する業務。

⑳ <u>デフレ</u>**対策**として、**物価上昇率に目標値を設
定**し、これを達成するように金融政策を行う
ことを ☐ **政策**という。

インフレターゲット
日本のインフレターゲットは、
目標達成まで金融を緩和する
政策。

常識チェック！ ● 次の空欄に入る語句は？　解答は右ページ下 ▶

□ **1.** 経済3団体とは日本経団連、経済同友会、日本 ☐ 。

□ **2.** 会社法における会社形態には、持分会社と ☐ がある。

ランク A　必ず覚える！ 常識問題　　解答・解説

● 次の空欄に適する語句を答えなさい。

□ **❶** 持分会社とは、会社法で規定された会社のうち、**合名会社**、☐**会社**、合同会社を指す。

合資
無限責任社員と有限責任社員とからなる。

□ **❷** **合名会社**の社員は、会社の債務に対して ☐ を負う。

直接無限責任
会社の債務について、社員も会社と同様の責任を負う。

□ **❸** **合同会社**と株式会社は、☐**社員**で構成される。

間接有限責任
両会社の社員は、出資額の限度でしか責任を負わない。

□ **❹** 経営難に陥った際、**早期の**再建を目指す、主に中小企業向けの**倒産処理法**が ☐ である。

民事再生法
大企業を想定した処理法には、会社更生法がある。

□ **❺** 株式会社が**必ず設置しなければならない機関**とは、株主総会と ☐ である。

取締役
株式会社は、株式を発行して投資家から資金を調達し、その代金で事業活動を行う。

□ **❻** 事業活動をせず、株式を所有するだけの会社を ☐ という。

持ち株会社
複数の企業の経営統括を目的とする。

□ **❼** **親会社**と**子会社**の間で意思決定を統一し、組織の目的を実現する**経営手法**を ☐ という。

グループ経営
日本最大の総合流通グループ「セブン＆アイ・ホールディングス」など。

☐ **8** 商品の**価格**を維持するため、**市場での独占**を図る企業連合のことを ☐ という。

カルテル
競争を避けるため、企業間で製品価格や生産数量、販売地域などを取り決めてしまう。

☐ **9** 同一業種の各企業が**独占的利益**を得ることを目的に、**資本的に結合**する形態を ☐ という。

トラスト
「企業合同」。企業間で株式の持ち合いや買収などを行い、企業として一体化させる。

☐ **10** 本社が持ち株会社となって傘下に**子会社**を置き、**従属関係で結合**する企業形態を ☐ という。

コンツェルン
「企業連携」。代表例は、アメリカのモルガン財閥など。

☐ **11** 多くの企業を傘下に持ち、**複数の事業を展開**する企業形態を ☐ という。

コングロマリット
「複合企業体」。多数の国に支店や子会社を有する国際的な大企業を、多国籍企業という。

☐ **12** ☐ は、企業間の自由な競争を促し、**事業活動の独占**や不正取引を禁止する法律である。

独占禁止法
私的独占の禁止、不当な取引の制限、不公正な取引方法の禁止の3つが主な柱。

☐ **13** 独占禁止法などを執行する行政機関の ☐ には、経済活動で広範・強大な権限がある。

公正取引委員会
内閣府の外局で、内閣総理大臣の所轄に置かれる。

☐ **14** **大会社**とは、資本金が**5億円**以上、または ☐ が**200億円**以上の株式会社をいう。

負債
会計監査人の設置が義務付けられている。

☐ **15** 経費削減などのために、会社の**業務の一部**を外注することを ☐ という。

アウトソーシング
「外部委託」「外製化」「外注化」とも。「海外から部品を調達する」という意味もある。

☐ **16** 競合他社にはない、その企業にとっての**中核的な経営資源**となるものを、☐ という。

コア・コンピタンス
多角化に対し、企業独自の得意分野に重点を置くべきという考え方を示す言葉。

☐ **17** 企業が、収益につながる**有益な情報**を全社で共有し、ビジネスに活用することを ☐ という。

ナレッジ・マネジメント
「知識管理」。社内イントラネットを整備し、情報共有することで正確性や迅速化を促す。

☐ **18** **株主**の立場から見て、会社経営の**適正性を保つ**ための仕組みを ☐ （企業統治）という。

コーポレートガバナンス
適正な業務が遂行されるよう、モニタリングしたり、コントロールする仕組み。

常識チェック！ 解答 **1.** 商工会議所 **2.** 株式会社

●次の空欄に適する語句を答えなさい。

❶ 企業が他企業の**過半数の株式**を取得して**合併・買収**することを ☐ という。

M&A
Merger（合併）& Acquisition（買収）の略。規模の拡大・経営の合理化が目的。

❷ 株主・社員・顧客・地域住民・行政など、企業に対して**利害関係を持つ人**を ☐ という。

ステークホルダー
顧客・株主・銀行・従業員・地域住民・行政機関など、企業を取り巻く関係者。

❸ 企業に対して利害関係を持つ者に、**企業情報**を公開することを ☐ （情報開示）という。

ディスクロージャー
制度上（法律で義務化）のものと任意のものがある。

❹ 問３の１つの ☐ （投資家向け広報活動）は、任意的内容で投資家へのPR効果を期待。

IR
Investor Relations
月次データ開示や企業説明会、決算説明会の開催、事業報告書の出版など様々。

❺ ☐ とは、**株主**が取締役などの違法行為に対し、その**責任を追及する訴訟**のことである。

株主代表訴訟
本来、会社が行うべき責任追及を怠った場合に、株主が行う損害賠償請求訴訟。

❻ 企業経営を行う上で、**法令や社会的規範を守ること**を ☐ （法令遵守）という。

コンプライアンス
企業活動において、公平・公正に業務を行うこと。

❼ 企業が、社会に与える影響に留意する姿勢を ☐ （企業の社会的責任）という。

CSR
Corporate Social Responsibility
社会的な公正性を保ち、環境に留意する姿勢。

❽ 企業による**社会貢献活動**を**フィランソロピー**、文化支援活動を ☐ という。

メセナ
美術や音楽といった芸術の振興。

❾ **取締役会**を設置した企業は ☐ （CEO）を選出しなければならない。

代表取締役
Chief Executive Officer
「最高経営責任者」のこと。

❿ 株主資本から利益を上げた割合を示す**経営指標**が ☐ （ROE）である。

株主資本利益率
株主資本をどれだけ効率的に運用し、利益を上げているかを判断する。

⑪ 1株当たりの**利益**と**株価**を比較して、**株式価値を評価する尺度**を ☐ (PER)いう。

株価収益率
この数値が低いほど、会社が稼ぐ利益に対して株価が割安と判断される。

⑫ 企業の財務三表とは、**損益計算書**、**貸借対照表**(バランスシート)、☐ である。

キャッシュフロー計算書

⑬ 関連企業や銀行が、互いに**取引先企業の株を保有**することを ☐ という。

株式持合い
経営権の取得、企業間取引の強化、長期的に安定して株式を保有する株主の形成が目的。

⑭ 企業グループ内の会社を1つの法人として**法人税を申告する制度**を ☐ という。

連結納税制度
グループ内で、所得金額と欠損金額を**損益通算**し、まとめて納税する。

⑮ 企業グループ全体の**事業や財務活動で得た収益**を ☐ という。

連結経常利益
企業グループの**収益力**を示す指標とされる。

⑯ ベンチャー企業へ投資する資本を ☐ という。

ベンチャー・キャピタル

⑰ **社債**や**私募債**の発行、**銀行からの借入**などによる**資金調達**を ☐ という。

デット・ファイナンス
「借入金融」とも。企業の資金調達方法の1つ。ほかに、エクイティ・**ファイナンス**など。

⑱ 欧州連合で適用が義務化されて以来、各国で導入が進む「**国際財務報告基準**(旧・**国際会計基準**)」の略称は ☐ である。

<ruby>IFRS<rt>アイファース</rt></ruby>
International Financial Reporting Standards
イファース、アイエフアールエスとも。「世界共通の**会計基準**」とされている。

⑲ 定款で、すべての株式に**譲渡制限**を設けている会社のことを ☐ という。

非公開会社
会社の許可なく勝手に株式を譲ってはいけない、という制限がある**株式会社**。

⑳ **財務の安全性**を示す指標を ☐ という。

自己資本比率

㉑ **収益の安定性**を示す指標を ☐ という。

損益分岐点比率

㉒ 企業が不採算部門を清算し、**得意分野の事業**に重点を置くことを「**選択と** ☐ 」という。

集中
実行した日本企業の例として、日立、シャープが挙げられる。

戦後日本経済史

常識チェック! ●次の問いの答えは？
空欄に入る語句は？　解答は右ページ下▶

☐ **1.** 1970年代、中東の原油価格高騰に伴う世界的経済混乱とは？

☐ **2.**「3本の矢」を柱とする安倍政権での経済政策を ☐ という。

ランク A 必ず覚える! 常識問題　　　　解答・解説

●次の空欄に適する語句を答えなさい。

---

① 第二次大戦後に行われた経済民主化の**三本柱**とは ☐ **改革**、**財閥解体**、**労働改革**である。

農地
戦後、日本経済の民主化はGHQにより進められた。

---

② 1950年に勃発した ☐ **戦争**は、戦後の日本経済を復興させる外部的な要因となった。

朝鮮
米軍から繊維製品や自動車、鋼材などが発注され、経済に特需をもたらした（朝鮮特需）。

---

③ 高度成長期の1960年、<u>池田勇人</u>**内閣**が提唱した**経済振興策**を ☐ **計画**という。

所得倍増
10年間で国民所得を2倍にすると宣言。

---

④ **神武景気**に続く好況期を**岩戸景気**、<u>オリンピック景気</u>に続く**好況期**を ☐ という。

いざなぎ景気
1965年11月〜1970年7月。

---

⑤ 1971年、アメリカ大統領が<u>ドル</u>と ☐ の交換停止を宣言し、当時の**国際通貨制度**が崩壊した。

金
ドル・ショック（ニクソン・ショックとも）。国際為替が固定相場から変動相場へ移行するきっかけとなった。

---

⑥ 1985年、ドル高是正が目的の<u>プラザ合意</u>により、日本は「**ドル安・** ☐ **不況**」に陥った。

円高
輸出産業が大打撃を受けた、日本経済の一大転換点。

---

⑦ **戦後最長**の景気拡大期が ☐ の**73カ月**。次いで第2次安倍政権期に始まる**71カ月**。

いざなみ景気
2002年12月〜2008年2月。いわゆる "アベノミクス景気" は2012年12月〜2018年10月。

●次の空欄に適する語句を答えなさい。

❏ **1** GHQ が当時の**インフレ**抑制のために行った **経済安定政策**を総称して ☐ という。

ドッジライン
1949年に勧告された、財政
金融引き締め政策。

❏ **2** GHQの政策で、現在の**国税**、**地方税**、**税務行政**の基礎となった報告書が通称 ☐ である。

シャウプ勧告
アメリカの財政学者カール・
シャウプら使節団が提出した
報告書。

❏ **3** **田中角栄首相**は ☐ を唱え、工業の地方分散や、都市改造と地域開発などを推進した。

日本列島改造論
公共事業の拡大、過剰な投機
による地価上昇を招いた。

❏ **4** 低金利政策などの影響で、**土地**や**株式**の資産価値が**高騰**した空前の**好景気**を ☐ という。

バブル景気
1986年12月～1991年2月
（51カ月）。その後、急速に
景気後退（バブル崩壊）した。

❏ **5** 行政改革の一環として、1985年に**日本専売公社**が JT に、**日本電信電話公社**が NTT に、さらに1987年に**国鉄**が JR に ☐ された。

民営化
中曽根内閣時。JTは**日本た
ばこ産業株式会社**、NTTは
日本電信電話株式会社の略称。

❏ **6** 1989年、**税率3%**の ☐ が初導入された。

消費税
導入時は**竹下登**首相。

❏ **7** 1990年代後半から行われた金融システムの大幅な**規制緩和政策を日本版** ☐ という。

金融ビッグバン
外国為替取引の完全自由化が
なされた。

❏ **8** ☐ は、旧**大蔵省**の財政部門と金融部門の分離を図り、1998年に発足した機関である。

金融監督庁
総理府の外局として発足。

❏ **9** 市場原理を重視する**小泉内閣**の**郵政民営化**で、2007年に**銀行業務**を行う ☐ が誕生。

ゆうちょ銀行
親会社は**日本郵政株式会社**。
同内閣で道路公団民営化、特
殊法人改革も行われた。

❏ **10** 2016年より**日銀**は民間銀行からの預金の一部に**−0.1%の金利**を課す ☐ を採用している。

マイナス金利政策
バブル崩壊後の金融危機対策
で、1999年に日銀が初めて
採用したのが「ゼロ金利政策」。

常識チェック❶ 解答　**1.** オイル・ショック　**2.** アベノミクス

14 環境・エネルギー

☐ 1.「燃える水」と称される新たなエネルギーとは ☐ 。

☐ 2. 種の絶滅のおそれのある生物のリストを ☐ という。

ランク A　必ず覚える！ 常識問題　　　解答・解説

●次の空欄に適する語句を答えなさい。

☐ ❶ 二酸化炭素など ☐ の排出削減に向け、世界中がエネルギーの脱炭素化を進めている。

温室効果ガス
大気中の二酸化炭素、メタン、一酸化二窒素、フロンガスなどが削減対象。

☐ ❷ 温室効果ガスの排出量を、削減量と吸収量で差し引きゼロにすることを ☐ という。

カーボンニュートラル
排出量を実質ゼロにするということ。森林など自然の力による吸収力の増加も重要。

☐ ❸ 地球温暖化対策の国際的枠組みの ☐ は、国連気候変動枠組条約締約国会議（COP）で採択された。

パリ協定
産業革命以前に比べ、気温上昇を2度未満（できれば1.5度）に抑えることが目標。2023年には第28回（COP28）が開催された。

☐ ❹ 再生可能エネルギーの売電価格に一定の補助額を上乗せする買取制度を ☐ という。

FIP制度
(Feed-in Premium)
FIT（固定価格買取）制度の見直しで、電力の市場価格と連動する仕組み。

☐ ❺ 大規模開発等を行う際、環境に及ぼす影響を事前に調査・評価することを ☐ という。

環境アセスメント
「環境影響評価」とも。

☐ ❻ できる限り環境へ配慮し、環境負荷の少ない製品を購入する消費者を ☐ と呼ぶ。

グリーンコンシューマー
直訳すると「緑の消費者」。

☐ ❼ ペルー沖の海水が低水温となるのが ☐ 現象。

ラニーニャ
異常気象の原因の1つ。逆の現象が「エルニーニョ」。

 **ココで差をつける！ 必修問題**　　　解答・解説

14
● 環境・エネルギー

● 次の空欄に適する語句を答えなさい。

❶ 環境汚染の原因となる**廃棄物の排出を**ゼロに
する技術や経営を目指す計画を　　　という。

ゼロ・エミッション
エミッションは「放出物」の意。

❷ 　　　は、**二酸化炭素**と水素を原料にして製
造される**石油代替燃料**として注目を集めている。

合成燃料（e-fuel）
高度な技術や施設が必要であることと、製造コストや効率の悪さが課題。

❸ 国連が採択した、**環境や貧困**などの問題を世
界共同で取り組む**長期目標**を　　　という。

SDGs
Sustainable Development Goals（持続可能な開発目標）の略。2030年までの国際目標。

❹ **有害廃棄物**の国境を越える移動及びその処分
の規則を定めているのは、　　　である。

バーゼル条約
1989年スイスのバーゼルで採択。

❺ ゴミとして海に流入する大きさ**5mm**以下の
　　　が、**海洋汚染の原因**ともなっている。

マイクロプラスチック
生態系に影響を及ぼすと懸念され、世界で脱プラスチックの取り組みが加速している。

❻ **二酸化炭素**の排出量に応じて、企業や家庭に
金銭的負担を課す仕組みを　　　という。

カーボンプライシング
「炭素の価格付け」とも。炭素税や排出量取引制度など、様々な手法がある。

❼ 「　　　**太陽電池**」は、応用範囲が広く、次世
代の**太陽光パネル**として期待されている。

ペロブスカイト
液状の材料をフィルムなどに塗布・印刷して作ることができる。薄くて軽く、折り曲げられるのが特長。

❽ 国際標準化機構が定めた**環境マネジメントシ
ステム**における**国際規格**を　　　という。

環境ISO
「ISO 14000 シリーズ」とも。企業が作る製品の仕様や業務手順を共通化させる目的。

❾ 海上に浮かべた**太陽光パネル**で発電する　　　
の、国内初の実証実験が東京湾で始まる。

洋上太陽光発電
発電所用地のための森林伐採や土地造成が不要となると期待される。2025年3月までの予定。

❿ 地下数百〜数千メートルにある頁岩層（けつがん）から取
り出した**天然ガス**を　　　という。

シェールガス
主成分はメタン。今後、世界のエネルギー需要を賄うものとして期待されている。

常識チェック❶ 解答 1. メタンハイドレート　2. レッドリスト

49

出題率 ★★★

15 労働・社会保障・年金

✏️ **常識チェック！** ●次の空欄に入る語句は？ 　解答は右ページ下▶

☐ **1.** 労働三権とは [　　　] 権、団体 [　　　] 権、団体行動権である。

☐ **2.** [　　　] とは職務に必要な技術や知識を持つ人を雇用する形態。

ランク A 必ず覚える！ 常識問題 　　　　　　解答・解説

●次の空欄に適する語句を答えなさい。

☐ **1** 社会保障制度の柱となる４つとは、**社会福祉**、
[　　　]、**保健医療・公衆衛生**、<u>社会保険</u>である。

公的扶助
困窮している国民に対し、国が健康的で文化的な最低限度の生活を保障する制度。

☐ **2** 日本の社会保険には、**医療保険**、**年金保険**、
[　　　]、**労災保険**、<u>介護保険</u>の５種類がある。

雇用保険
社会保険は、社会保障制度の１つ。

☐ **3** 労働三法とは、[　　　]、<u>労働組合法</u>、**労働関係調整法**の３つである。

労働基準法
賃金・労働時間など、働く条件に関する基準を定めた法律。

☐ **4** 「雇用の [　　　]」とは、安定した労働市場を形成し、**失業者の生活を保障する仕組み**である。

セーフティネット
雇用保険や職業訓練、公共職業安定所（ハローワーク）など。

☐ **5** 公的年金には、**国民年金（基礎年金）**、**厚生年金**、
[　　　] の３種類がある。

共済年金
公的年金は日本国内に住所のあるすべての人が加入を義務付けられている。

☐ **6** 日本における**法定労働時間の<u>上限</u>**は、**週 [①]時間・1日 [②] 時間**と決められている。

①40 ②8
労働基準法によって定められている。

☐ **7** 情報通信技術を活用し、**働く時間や場所を自由に選べる**柔軟な働き方を [　　　] という。

テレワーク
tele（遠くの）＋work（働く）の造語。リモートワークとも。

●次の空欄に適する語句を答えなさい。

❶ 企業が従業者に支払うべき ☐ は、**国の指標**に基づき<u>都道府県</u>ごとに**時給**が定められる。

最低賃金
毎秋に改定され、パートなど非正規労働者にも原則適用される。

❷ 同じ仕事なら、**非正規労働者**にも正社員と**同程度の賃金**を支払うことを ☐ という。

同一労働同一賃金
「長時間労働の是正」と共に、働き方改革の大きな柱の1つ。

❸ 公的年金の被保険者のうち、<u>第3号被保険者</u>とは、**第2号被保険者**の ☐ である。

配偶者
第1号被保険者→自営業者など。第2号被保険者→会社員や公務員。

❹ 雇用機会や賃金の差など、**男女の性差**によって生じる<u>格差</u>のことを ☐ という。

ジェンダー・ギャップ
格差を指数化すると、日本は世界で125位（2023年）。

❺ 実労働時間にかかわらず、事前に**設定された時間分**を<u>働いたとみなす</u>制度を ☐ という。

裁量労働制
みなし労働時間制の1つで適用業務には制限がある。

❻ 「**働き方改革**」により、**残業時間の上限**は原則、月 ① 時間・年 ② 時間とされている。

①45　②360
違反した企業には罰金が科せられる。

❼ ☐ とは、**求職者数**に対する<u>求人数</u>の倍率のことで、雇用状況の指標となっている。

有効求人倍率
ハローワークが調査している。1を超えれば需要（＝求人）の方が多いことを示す。

❽ <u>15歳</u>から**64歳**の人口を ☐ といい、**労働力の中核**をなしている。

生産年齢人口
日本は減少の一途をたどっている。

❾ <u>短時間・短期間</u>の雇用契約を結び、**継続した雇用関係がない**働き方を ☐ という。

スポットワーク
単発で雇用契約を結ばない働き方が「ギグワーク」。

❿ 生活に必要な**最低限の金額**を、全国民に**無条件で支給する**社会保障政策を ☐ という。

ベーシックインカム
導入の議論が世界的に活発化している。

常識チェック！ 解答　**1.** 団結、交渉　**2.** ジョブ型雇用

16 生活・教育・福祉

出題率 ★★★

常識チェック！ ●次の空欄に入る語句は？　解答は右ページ下 ▶

☐ **1.** 犯罪行為を行った18歳と19歳を ☐ という。

☐ **2.** 製造者が製品の欠陥を公表して回収・修理することを ☐ という。

ランク A　必ず覚える！ 常識問題　　　　　　　解答・解説

●次の空欄に適する語句を答えなさい。

☐ **1** 65歳以上の人口が国の総人口の**21%**を超えた社会を ☐ という。

超高齢社会
日本は2007年より超高齢社会となった。

☐ **2** 特定の**人種**や**民族**、**宗教**などにより、**憎悪を表す**差別的な言動を ☐ という。

ヘイトスピーチ
解消のため、禁止・罰則を設ける自治体が増えている。

☐ **3** 高齢者や障害者が生活上での障壁となるものを取り除き、対処することを ☐ という。

バリアフリー
スロープ、音響式信号機、誘導用ブロックなど。

☐ **4** **訪問・電話販売**などで購入契約しても、一定期間内であれば解約できる**制度**を ☐ という。

クーリン・グオフ
契約書面を受け取った日を含めて原則8日間（または20日間）以内。

☐ **5** 障害者が健常者と共に生活を営める社会がノーマルであるとする考え方を ☐ という。

ノーマライゼーション
「ノーマリゼーション」とも。

☐ **6** 入所申請をしても定員超過で**認可保育施設**に入れない未就学児を ☐ という。

待機児童
大幅に減少したが、条件に合わない「隠れ待機児童」はまだ多く存在している。

☐ **7** 介護サービスは、☐ 歳以上の被保険者と**40歳〜64歳**までの**特定疾病者**が利用可能。

65
「特定疾病」とは、一般的に65歳以上に多く発症する病気のこと。

●次の空欄に適する語句を答えなさい。

☐ **❶** 全国の小・中学生に、<u>ICT</u>を活用した**教育の充実**を図る事業を「 ☐ スクール構想」という。

GIGA（ギガ）
文科省が主導。1人1台、端末機器を配布した。ICTとは、情報通信技術のこと。

☐ **❷** 平均的な<u>所得の半分</u>を下回る世帯で暮らす**17歳以下**の子どもの割合を ☐ という。

子どもの貧困率
2021年の厚労省「国民生活基礎調査」によると11.5%。

☐ **❸** **男性従業員**が<u>最長4週間</u>の**産休**を取得できる制度を ☐ （**出生時育児休業**）という。

産後パパ育休
育児休業とは別に、出生日から8週間までに取得できる。

☐ **❹** 【<u>総人口</u>】の減少と【<u>高齢化率</u>】の増加により、来たる将来に懸念される諸問題の総称が ☐ 。

2050問題
2050年までに国民の4人に1人が後期高齢者となり、社会保障費の増加が懸念される。

☐ **❺** 家事や家族の世話・介護などを<u>日常的</u>に行っている**18歳未満**の子どもを ☐ という。

ヤングケアラー
中学生の約17人に1人(2021年)。学業面や精神面での負担が大きく支援が急がれる。

☐ **❻** 認知症などで**判断能力**が十分ではない人を、選任者が**法律的に支える制度**を ☐ という。

成年後見制度
本人に代わって契約締結や財産管理などを行う。

☐ **❼** 1人の女性(<u>15〜49歳</u>)が**生涯に出産する子どもの数**の平均推計を ☐ という。

合計特殊出生率
少子化の進行度合いを測る数値。2022年は過去最低の1.26。

☐ **❽** 従業員に業務に必要な**新しい知識**や**スキル**を習得させることを ☐ という。

リスキリング
技術革新や市場の変化に対応する必要性から。

☐ **❾** ☐ とは、**性的少数者を表す総称**の1つ。差別問題の解決や対策への取り組みが進んでいる。

LGBTQ＋
Lesbian、Gay、Bisexual、Transgender、Queer/Questioningの頭文字から。「＋」はこれら以外を意味する。

☐ **❿** 人々が**心身ともに健康**で、社会的にも満たされた**充実感ある状態**を ☐ という。

ウェルビーイング
近年、実現化への取り組みが世界的に検討されている。

常識チェック！ 解答 **1.** 特定少年 **2.** リコール

出題率 ★★★

17 遺伝子・医療

常識チェック！ ●次の空欄に入る語句は？ 解答は右ページ下▶

☐ 1. 治療前、医師から説明を受けた上の同意を ☐ という。

☐ 2. 人間が持つ全遺伝子の情報を ☐ という。

ランク A 必ず覚える！ 常識問題　　　解答・解説

●次の空欄に適する語句を答えなさい。

☐ **❶** 遺伝情報は、**鎖状の二重らせん構造**をした ☐（デオキシリボ核酸）に組み込まれている。

DNA
DNAの指示でタンパク質を合成するのがRNA（リボ核酸）。

☐ **❷** **タンパク質**の遺伝情報を伝える ☐ は、新型コロナ感染予防の**ワクチン開発に活用**された。

メッセンジャーRNA（mRNA）
ワクチン開発したペンシルベニア大のカリコ博士らがノーベル生理学・医学賞を受賞。

☐ **❸** 厚生労働省が指定する**５大疾病**とは、**がん**、**脳卒中**、**急性心筋梗塞**、**糖尿病**、☐ である。

精神疾患
精神疾患は、うつ病や認知症の患者数増加を受けて、新たに加わった5つ目の疾病。

☐ **❹** **人工培養**で様々な組織や細胞になる**幹細胞**を ☐ といい、臨床実験などが進んでいる。

iPS細胞
人工多能性幹細胞。山中伸弥教授らが作製に成功し、ノーベル生理学・医学賞を受賞。

☐ **❺** 人工的に**培養増殖**した**幹細胞**などで、臓器や組織の**機能回復を図る医療**を ☐ という。

再生医療
拒絶反応のリスクが少ないiPS細胞の登場で、一気に実用化が進められた。

☐ **❻** 体内細胞の**遺伝情報**を**修復・修正**することで病因を根本的に取り除く治療法を ☐ という。

遺伝子治療
遺伝子に由来する疾患の治療としても有効とされ、最先端医療として期待されている。

☐ **❼** 病害対策など、**遺伝子導入操作**で**品種改良**した作物を原材料とする食品を ☐ という。

遺伝子組み換え食品
国が安全性を認めた農産物（9種類）に表示義務がある。

社会・環境

17
● 遺伝子・医療

● 次の空欄に適する語句を答えなさい。

☐ **❶** **新薬開発**に必要な期間やコストを、<u>人工知能</u>の活用で大幅に短縮する手法を ☐ という。

AI創薬
膨大な医療データから分析し、効率化を図る。創薬のための人工知能の開発も開始。

☐ **❷** 体の**免疫機能**を利用して、病気の予防や治療を行う<u>バイオ医薬品</u>の1つを ☐ という。

抗体医薬品
遺伝子組み換え技術などを使って製造する。

☐ **❸** バイオ医薬品の特許切れ後の、品質・有効性・安全性が<u>同等</u>で**安価な医薬品**を ☐ という。

バイオシミラー（BS）
価格は先行品の7割程度。厚労省が普及を進めている。

☐ **❹** 個人の<u>遺伝子情報</u>に基づいて提供される、個人に**最適化した医療**を ☐ 医療という。

テーラーメイド
「オーダーメイド医療」、「個別化医療」、「カスタムメイド医療」とも。

☐ **❺** <u>加齢</u>により体力や気力が低下し**老い衰えた状態**を ☐ といい、対策次第では回復が可能。

フレイル
自立生活できる「健康寿命」を延ばすために予防が必要。

☐ **❻** **ヒトゲノム**の解読情報を基に、**医薬品を開発すること**を ☐ という。

ゲノム創薬
遺伝子と関連があるとされる糖尿病や高血圧などの新薬開発が行われている。

☐ **❼** **スマートフォン**などを活用し、医師と**対面せずに受診できる** ☐ も公的保険の対象。

オンライン診療
他院からの情報提供があれば、初診でも利用可能。

☐ **❽** ☐ とは、狙った<u>遺伝子</u>を切ったり入れ替えたりして**品種改良した食品**のこと。

ゲノム編集食品
既に改良トマトが流通。任意の届け出制で表示義務はない。

☐ **❾** 軽度<u>アルツハイマー</u>型認知症の**治療薬**「 ☐ 」が発売され、保険適用の対象になっている。

レカネマブ
認知機能の低下を長期間抑制することができる。

☐ **❿** **末期患者**に対し、肉体的苦痛や死への恐怖を和らげるよう**看護すること**を ☐ という。

ターミナルケア
「終末期ケア」ともいい、無理な延命治療等はしない。ケアを行う医療施設がホスピス。

常識チェック！ **解答** **1.** インフォームドコンセント **2.** ヒトゲノム

出題率 ★★★

18 先端科学・技術

常識チェック！ ●次の空欄に入る語句は？ 解答は右ページ下▶

☐ **1.** 日本の宇宙開発の研究・開発を行う機関は ☐ 。

☐ **2.** 月面着陸に成功した日本の無人探査機の名称は ☐ 。

ランク A 必ず覚える！ 常識問題　　　　　解答・解説

●次の空欄に適する語句を答えなさい。

☐ **❶** 世界各国が協力し、地球周回軌道上に建設している**有人実験施設**を ☐ （ISS）という。

国際宇宙ステーション
1周約90分で地球を周回しながら、実験・研究、地球や天体の観測などを行う。

☐ **❷** ☐ 氏が創業した宇宙開発企業「**スペースＸ**」は**民間人だけ**の宇宙飛行を成功させた。

イーロン・マスク
史上最大の超大型ロケット「スターシップ」は打上げに失敗している。

☐ **❸** 日本の**スーパーコンピュータ**「 ☐ 」が処理性能など2部門で8期連続の**世界1位**を獲得。

富岳
2023年11月のランキング。富岳は理化学研究所と富士通の共同開発。

☐ **❹** ☐ とは、**電動**で**垂直に離着陸する**ため、滑走路が不要となる次世代の乗り物のこと。

空飛ぶクルマ
大阪・関西万博で運航を予定している。

☐ **❺** **指紋**や**掌の静脈**等の個人固有の身体的特徴によって本人確認を行う方式を ☐ という。

バイオメトリクス
「生体認証・個人認証の技術」の総称。スマートフォンのロック解除にも応用されている。

☐ **❻** 特定条件下で**無人車両**の ☐ 「レベル４」の**公道走行が解禁**され、各地で実証実験が進む。

自動運転
政府は地域無人バスなど、普及を加速させる方針。

☐ **❼** **バイオテクノロジー**と**ナノテクノロジー**を融合させた新たな**ものづくり技術**が ☐ である。

ナノバイオテクノロジー
医療分野、環境分野、電子材料分野などで研究が進められている。

ランク B ココで差をつける! 必修問題　　　解答・解説

●次の空欄に適する語句を答えなさい。

1 海上に浮かべて稼働させる**原子炉施設**を □ といい、世界で需要増加が予想されている。

浮体式原子力発電所
自然災害リスクが少なく、建造コスト削減や工期短縮も可能になる。

2 準天頂軌道を周回する、日本の**衛星測位システム**の名称は「□」である。

みちびき
日本版全地球測位システム(GPS)。現在の4基体制から11基体制にするのが目標。

3 日本企業8社が出資して設立した、<u>次世代半導体</u>の**量産を目指す**新会社を □ という。

ラピダス(Rapidus)
北海道千歳市に工場を建設し、2027年から量産開始予定。

4 **量子力学**の現象を応用し、従来型を大幅に上回る速さで計算できる □ の開発が進む。

量子コンピュータ
「0か1」の計算から、「0でもあり1でもある」の量子ビットを利用して計算する。

5 JAXAなどが共同開発する低コストで高性能な**主力大型ロケット**を □ という。

H3ロケット
2024年2月、2号機の打ち上げ・軌道投入に成功(初号機は失敗)。

6 **米航空宇宙局(NASA)**が主導する**有人月探査計画**を □ といい、将来は火星探査も目指す。

アルテミス計画
欧州、カナダ、日本など33カ国(2024年1月)が参加する国際宇宙探査計画。

7 動物の細胞を体外で増やし、組織形成して作る**新しい食肉**のことを □ という。

培養肉
環境への負荷が少ない「代替肉」の1つ。安全基準のルール作りが急がれる。

8 □ とは、医師が**内視鏡カメラ**と<u>ロボットアーム</u>を挿入して遠隔操作で手術する仕組み。

ロボット支援手術
国産ロボットでは「hinotori」、「ANSUR」などがある。

9 **産業ロボット**に対し、医療・介護補助や接客、掃除や警備などで活用されるのが □ である。

サービスロボット
サイバーダインのHAL、ソニーのaibo、ソフトバンクのPepper、シャープのRoBoHoN、トヨタのKIROBOなど。

10 **現実世界**の設備や空間を**デジタル上**にリアルタイムで連携・**再現**する技術を □ という。

デジタルツイン
建設現場や工場などで活用が進む。

常識チェック! 解答　**1.** JAXA(宇宙航空研究開発機構)　**2.** SLIM(スリム)

出題率 ★★★

19 社会問題・事件

常識チェック！ ●次の空欄に入る数字・語句は？ 解答は右ページ下▶

☐ 1. 日本の自殺者数は ☐ 万人以上で、男性が女性の約2倍。

☐ 2. 国家や社会に深刻な被害を与えるサイバー攻撃を ☐ という。

ランク A 必ず覚える！ 常識問題　　　　　　　　　　　解答・解説

●次の空欄に適する語句を答えなさい。

☐ ❶ 相手の尊厳を傷つけ、精神的な苦痛を与える **嫌がらせやいじめ行為**の総称を ☐ という。

ハラスメント
ドクター・ハラスメント、パワー・ハラスメント、アカデミック・ハラスメントなど。

☐ ❷ ☐ は、自然災害への対策として、**予測発生地点や被害範囲**などを地図化したものである。

ハザードマップ
洪水、火山などの災害別に作られている。

☐ ❸ 他車の走行を妨害、威嚇するなどの**悪質な** ☐ は、<u>危険運転致死傷罪</u>が適用される。

あおり運転
自動車運転死傷行為処罰法の改正で危険運転の1つとして厳罰化した。

☐ ❹ ☐ とは、正社員やフルタイムで働いていても、**低収入で貧困状態な就労者層**のこと。

ワーキングプア
「働く貧困層」とも。「月給約17万円」「年収約200万円」以下が目安とされる。

☐ ❺ 半年以上、自宅から出ない ☐ 状態の人(15〜64歳)は全国で推計**146万人**とされる。

ひきこもり
内閣府調べ（2022年11月）。「退職」が最多理由。コロナ禍の影響も大きい。

☐ ❻ ☐ は、緊急地震速報や弾道ミサイル情報など、政府が発信する<u>全国瞬時警報システム</u>である。

Jアラート
気象庁からの防災気象情報と内閣官房からの国民保護情報が対象。

☐ ❼ ☐ とは、感染症が**世界的に大流行**すること。

パンデミック
日本語では「感染爆発」とヤ訳されることが多い。

ココで差をつける！ 必修問題

ランク **B**

解答・解説

● 次の空欄に適する語句を答えなさい。

1 中古車販売大手による**自動車保険金**の ☐ 問題は、利用者の不信感を増大させた。

不正請求
賠償額は50億円超。損保会社との癒着も問題視された。

2 悪質で高額な**寄付の勧誘を規制**する ☐ は、**宗教法人**を含むすべての法人・団体が対象。違反した場合、懲役や罰金が科される。

不当寄付勧誘防止法
世界平和統一家庭連合（旧統一教会）の高額献金問題などを受け、2023年6月施行。

3 政府は、通信障害などの非常時に、**他社の通信網**に乗り入れて**一般通話**や**データ通信**ができる ☐ 方式を導入する方針である。

フルローミング
KDDIの通信障害による社会・経済の混乱がきっかけ。そのほか、1台のスマートフォンで2社の回線を使える「デュアルSIM」もあり。

4 **性的マイノリティへの理解**を広げ、環境整備などを進める ☐ が成立・施行された。

LGBT理解増進法
努力義務としての理念法で罰則はない。

5 飲食店や小売店で**不衛生な行為**を撮影し、**SNS上**に投稿・拡散する ☐ が相次いだ。

迷惑動画
企業や店舗に損害を与えるため、威力業務妨害罪などの罪が適用される。

6 **短時間で高額報酬**を得る代わりに、**犯罪行為**に関わる ☐ が社会問題化している。

闇バイト
SNSやインターネット掲示板などで募集される。

7 ☐ とは、**ネット**などで**噂**や**デマ**など大量の**情報が氾濫**し、社会に影響を及ぼす現象。

インフォデミック
「インフォメーション」と「エピデミック」（感染症の拡大）を合わせた造語。

8 高齢の親と引きこもる**中高年の子**の同居世帯が抱える貧困や孤立などの問題を ☐ と呼ぶ。

はちまるごうまるもんだい
8050問題
「80代の親と50代の子」の意味から。今後、深刻化の恐れがある。

9 ☐ の改正で、周囲に悪影響を及ぼす「特定空き家」に準ずる「**管理不全空き家**」も固定資産税の**優遇措置**から外された。

空家等対策特別措置法（空き家法）
2023年12月施行。空き家の管理・活用を促す目的。

常識チェック❶ 解答　**1.** 2（※2022年の年間データ）　**2.** サイバーテロ

出題率 ★★★

20 情報通信・IT

常識チェック！ ●次の空欄に入る語句は？　解答は右ページ下▶

☐ **1.** ネット上でアバター(分身)を使い活動する仮想空間を ☐ という。

☐ **2.** コンピュータゲーム等で対戦・競技する ☐ の市場が世界中で拡大。

ランク A 必ず覚える！常識問題　　　　解答・解説

●次の空欄に適する語句を答えなさい。

☐ **❶** ☐ は**有害なサイト**を排除・遮断する機能。

フィルタリング
若年者対策で法整備もされた。

☐ **❷** 学習した情報から**新たに文章や画像などを生み出す人工知能技術**を ☐ という。

生成AI
OpenAI社が開発したチャットGPTが短期間で世界中の多様な分野で活用されている。

☐ **❸** デジタル技術により、**業務の効率化や生産性の向上**を目指す取り組みのことを ☐ という。

DX(デジタルトランスフォーメーション)
市場での優位性の確立に不可欠とされる。

☐ **❹** 家電、自動車、時計など、あらゆる**モノ**を**インターネットにつなぐ仕組み**を ☐ という。

アイオーティー
IoT
Internet of Things
「モノのインターネット」と呼ばれる。

☐ **❺** 日常生活で使う様々なサービス機能を１つに**統合**した**スマホ**アプリの総称が ☐ 。

スーパーアプリ
WeChat や AliPay (中国)、Gojek (インドネシア)、LINE (日本) など。

☐ **❻** 現実世界に仮想の視覚情報を重ねて表示する**AR(拡張現実)**や**仮想世界**を体験できる ☐ は、ゲーム以外の分野でも活用されている。

VR(仮想現実)
医療、不動産、観光、教育など、活用される機会が増えている。

☐ **❼** 世界経済に大きな影響を及ぼす、アメリカの**巨大IT企業5社の総称**を ☐ という。

ガーファム
GAFAM
Google・Amazon・Facebook (現Meta Platforms, Inc)・Apple・Microsoftの頭文字から。

ランク B ココで差をつける！ 必修問題　　解答・解説

● 次の空欄に適する語句を答えなさい。

❶ <u>超高速・超大容量</u>の通信が可能になる □□ とは、５G（第５世代移動通信システム）の**次世代通信規格**である。

6G（第6世代移動通信システム）
Beyond 5Gとも。2030年頃の実用化が見込まれている。

❷ □□ とは、ブロックチェーン技術の活用で、<u>ユーザー自身</u>がデータを管理し、**情報の所有や共有を行う**新しい概念のこと。

ウェブスリー
Web3.0
特定の管理者を介さない。政府も成長戦略の柱としている。

❸ □□ とは、工場などの拠点を置かずに事業展開する**外国企業**に<u>税</u>を課す**新国際ルール**。

デジタル課税
インターネット展開する国際企業が対象。現行法だと拠点がないと課税できないため。

❹ □□ とは、国内企業の**DX化の必要性**を訴えた言葉で、莫大な経済損失が懸念されている。

2025年の崖
2025年以降に毎年最大12兆円の損失が予測されている。

❺ 唯一で**代替不可能**なデータであることを証明された<u>デジタル資産</u>のことを □□ という。

NFT（Non-Fungible Token）
非代替性トークンとも。ブロックチェーン技術の応用。

❻ AIが現実や事実に基づかない情報を**もっともらしく生成する現象**を □□ という。

ハルシネーション
「幻覚」の意味。深刻な社会問題を引き起こすリスクの1つ。

❼ インターネットなどのメディアが発する情報を**見極める能力**を「**メディア** □□ 」という。

リテラシー
ネット情報をうのみにせず、情報を取捨選択して活用する能力のこと。

❽ 個人の意思のもと、預かった<u>個人情報</u>を安全に**管理運用する事業**を □□ という。

情報銀行
活用で得た利益は還元される。「情報信託制度」として総務省が推進している。

❾ 企業や個人の活動に関する<u>ビッグデータ</u>を**競争力向上**に生かす**新たな経済**を □□ という。

データエコノミー
AIなどを利用して価値あるデータを取捨選択し、事業や経済活動に活用する。

常識チェック！ 解答　**1.** メタバース　**2.** eスポーツ

社会環境 **20** ● 情報通信・IT

21 国際経済

ランク A **必ず覚える！ 常識問題** 解答・解説

●次の空欄に適する語句を答えなさい。

☐ **1** 通貨の交換比率を固定せず、市場の需要と供給によって変動させる制度を、 ☐ 制という。

変動相場
各国間で交換比率を固定・維持する制度が「固定相場制」。

☐ **2** 輸入と輸出のうち ☐ が増加すると、国の収入も国民所得も増え、国際競争力が強まる。

輸出
輸入＞輸出→貿易赤字
輸入＜輸出→貿易黒字

☐ **3** ある国が、一定期間中に他国と行ったすべての経済取引を集計した勘定を ☐ という。

国際収支
経常収支と資本収支に大別される。

☐ **4** 国際収支のうち、 ☐ 収支は貿易収支、貿易外収支、所得収支などからなる。

経常
貿易外収支はモノではなく、サービスの取引による収支で「サービス収支」ともいう。

☐ **5** 国際収支のうち、 ☐ 収支は外国への直接投資や証券投資などにより資産が変化する。

資本
黒字の場合は資本の流入を意味し、赤字の場合は資本の流出を意味する。

☐ **6** 国や中央銀行が他国への支払いのために保有している外貨や証券の総額を ☐ という。

外貨準備高
日本は中国に次ぐ世界2位の保有高（2021年）。

☐ **7** アメリカを除く11カ国で発効した環太平洋経済連携協定（CPTPP）の通称は ☐ である。

TPP11
正式名称は「環太平洋パートナーシップに関する包括的及び先進的な協定（CPTPP）」。

ランク B ココで差をつける！ 必修問題　　　　　　解答・解説

● 次の空欄に適する語句を答えなさい。

❶ ☐ （**ダボス会議**）とは、世界が直面する諸問題に取り組む民間の国際機関のこと。

世界経済フォーラム
経済、政治、学術界などが連携して改善に向けて年１回、討議する。**スイス**で設立。

❷ 政府が同時に実現することができない３つの政策とは、**為替相場**の**安定**（固定相場制）・自由な**国際資本移動**・独立した ☐ である。

金融政策
「国際金融のトリレンマ」（トリレンマ＝三刀論法）といわれている。

❸ **ユーロ圏**の**19カ国**の金融政策や為替操作など行う ☐ の略称は「ECB」である。

欧州中央銀行
European Central Bank
単一通貨ユーロの発行も行う。本部は**フランクフルト**。

❹ ２カ国以上の国・地域間で、**関税**や**輸入割当**といった貿易上の障壁を一定の期間内に**撤廃・削減する協定**を ☐ （FTA）という。

自由貿易協定
Free Trade Agreement
世界には約380のFTA（EPA含む）がある。日本初のEPA相手国はシンガポール（2002年11月発効）。

❺ **連邦準備制度理事会**は**アメリカ**の金融政策を決定する最高機関で、略称は ☐ である。

FRB
Federal Reserve Board
アメリカの**中央銀行**にあたり、連邦準備銀行を統括する。

❻ 輸入数量制限や関税引き上げなど、政府が発動する**緊急輸入制限**措置を ☐ という。

セーフガード
特定品目の輸入が急増し、国内産業への打撃が深刻であると判断した場合に発動。

❼ 20の国や地域の財務担当者らが集まり、世界経済の諸問題を協議する**国際会議**が ☐ 。

G20
Group of Twentyの略称。「G20サミット（首脳会合）」と「G20財務省・中央銀行総裁会議」の2つがある。

❽ 日本が低利で長期の緩やかな条件のもとに、開発資金を**開発途上国**に**貸し付けること**を ☐ という。

円借款
社会基盤（インフラ）整備や貧困撲滅を目的とする。アジア向けが主だが、近年は**アフリカ**向けも増加。

❾ 国際投資で配当や利子、**キャピタル・ゲイン**獲得を目的とした投資を ☐ という。

間接投資
対して、外国企業の経営に参加することを目的とした投資を「**直接投資**」という。

常識チェック！ 解答　**1.** 米ドル　**2.** 為替

国際情勢 **21** 国際経済

国際社会

常 識 チ エ ッ ク ! ●次の名称の略称は？ 解答は右ページ下▶

□ **1. アジア太平洋経済協力** □ **2. 石油輸出国機構**

ランク **A** 必ず覚える！ 常識問題　　　　　解答・解説

●次の空欄に適する語句を答えなさい。

□ **❶** 主要（先進）国首脳会議（**G7サミット**）の参加国は、**日、米、独、英、仏、伊**、□ である。

カナダ（加）
ロシアは2014年以降参加停止。その他、議長国が招待した国も参加。

□ **❷** ヨーロッパの地域共同体である**EU**（□ ）の加盟国は、**イギリス**の離脱で現在**27**カ国。

欧州連合
本部はベルギーのブリュッセルにある。

□ **❸** □ （**OECD**）は、**先進国**が国際経済全般について協議するための国際機関である。

経済協力開発機構
年に1度開催される閣僚理事会が最高機関。

□ **❹** □ （**ODA**）は、開発途上国の自立のための経済開発や福祉向上に対し、**各国政府**や**政府機関**が行う援助のことである。

政府開発援助
贈与・借款などの資金援助と、技術者派遣などの技術援助がある。

□ **❺** **ASEAN**（□ ）加盟**10**カ国に**日・中・韓**を加えた**首脳会議**が定期的に開催されている。

東南アジア諸国連合
「ASEAN＋3」と呼ばれる。1997年のアジア通貨危機を契機に3カ国が招待された。

□ **❻** 2020年、□ （地域的な包括的経済連携）が、**ASEAN**加盟国及び**日・中・韓・豪州・ニュージーランド**の**15**カ国で合意。

アールセップ
RCEP
「東アジア地域包括的経済連携」とも。2022年1月、日本や中国など10カ国がまず先に発効（韓国は2月）。RCEPにより、世界のGDPの30%を占める広域経済圏が誕生した。

●次の空欄に適する語句を答えなさい。

☐ ① 中東などの**石油輸出国機構**と、<u>ロシア</u>など非加盟の**主要産油国**でつくる組織が ☐ 。

OPECプラス
世界の石油生産の4割ほどを占め、原油需給の調整弁となっている。

☐ ② 第二次世界大戦終結後、西側諸国によって結成された**軍事同盟**が ☐ （<u>NATO</u>）である。

北大西洋条約機構
中心はアメリカ。加盟国はほかにイギリス、カナダ、ドイツなど。

☐ ③ ☐ とは、従来の不均衡・不公平な貿易取引を改革し、<u>公正な取引を目指す活動</u>のこと。

フェアトレード
途上国の原料や produce 品物を適正な価格で買うことで、生産者の生活改善と自立を支援する。

☐ ④ <u>イギリス</u>は、2016年実施の ☐ の結果、**欧州連合（EU）からの離脱**を決定した。

国民投票
このEU離脱問題をBrexit（ブレグジット：Britainとexitを合わせた造語）という。

☐ ⑤ **日本、アメリカ、豪州、<u>インド</u>の首脳ら**による**安全保障**などを協議する枠組みが通称 ☐ 。

Quad （クアッド）
「4つの」の意味。「日米豪印戦略対話」と呼ばれている。

☐ ⑥ **非政府組織**（略称 ☐ ）とは、政府系組織ではなく民間人や民間団体による機構・組織。

NGO
国境なき医師団（医療）、赤十字国際委員会（医療）、アムネスティ・インターナショナル（人権）などが有名。

☐ ⑦ **ブラジル、ウルグアイ、アルゼンチン、パラグアイ**は、関税同盟である ☐ （**南米南部共同市場**）を形成している。

メルコスール
同盟国内では原則、関税を撤廃し、同盟国外には共通関税を実施する。

☐ ⑧ **国際犯罪の防止**を目的に、世界各国の警察機関により設立された組織が ☐ （**国際刑事警察機構**）である。

ICPO
「インターポール」とも呼ばれる。刑事事件の調査、情報交換、各国警察との捜査協力などが主な任務。

☐ ⑨ ☐ とは、**新型コロナウイルス**のワクチンを**共同購入し公平に分配**する国際的枠組み。

COVAX （コバックス）
ファシリティー
世界保健機関（WHO）が主導して2020年に発足した。

国際連合

常識チェック！ ●次の空欄に入る語句は？　　解答は右ページ下▶

☐ **1.** 国連本部の所在地はアメリカの ☐ である。

☐ **2.** 「安保理」とは ☐ の略称である。

ランク A **必ず覚える！ 常識問題**　　　　　　　　　　解答・解説

●次の空欄に適する語句を答えなさい。

☐ **1** 国際連合(国連)が正式に発足したのは、第二次世界大戦終戦の年の ☐ **年10月**である。

1945
原加盟国は第二次世界大戦時の連合国を中心に51カ国だった。

☐ **2** 日本は、☐ **年12月**に国連に加盟し、**80番目**の加盟国となった。

1956
2023年9月現在の加盟国は193カ国。北朝鮮も加盟国である。

☐ **3** 第一次世界大戦後の **1920年**、**国連の前身**にあたる ☐ が設立された。

国際連盟
1919年のベルサイユ条約で規定。

☐ **4** **国連の設立の根拠**となったのは、1944年に原案作成が開始された ☐ である。

国連憲章(国際連合憲章)
1945年のサンフランシスコ会議で採択された。

☐ **5** 国連の**事務総長**は、世界の各地域から順に ☐ ごとに選出される慣例である。

大陸
慣例として事務総長は、安保理常任理事国からは選出されない。

☐ **6** ☐ は、国際紛争の解決に必要な**経済制裁・外交制裁・軍事制裁**の権限を有する。

安全保障理事会
国連の6つの主要機関の中で最大の権限を持ち、事実上の最高意思決定機関である。

☐ **7** 安全保障理事会の**常任理事国**は**5カ国**、非常任理事国は ☐ **カ国**である。

10
評決は9理事国以上の賛成で決まる。

8 安全保障理事会の**常任理事国**は、**アメリカ**、**イギリス**、**フランス**、**ロシア**と ☐ である。

中国
第二次大戦の戦勝国（連合国）の中心国で構成されている。

9 安全保障理事会の**常任理事国**は ☐ を有し、**1カ国**でも反対すれば決議は**不成立**となる。

拒否権
「大国一致の原則」と呼ばれる。現在、アメリカ、ロシアによる拒否権の行使が急増。

10 安全保障理事会の**非常任理事国の任期**は、☐ である。

2年
日本は2016～2017年に加盟国最多の11期目を務めた。

11 「**国際連合**」の略称は UN、英語表記は ☐ である。

United Nations
第二次大戦中の連合国の意。

12 2017年より、国連の**事務総長**は、**元ポルトガル首相**の ☐ 氏が務めている。

アントニオ・グテーレス
任期は5年。2期10年務めるのが慣例。

13 ☐ (**ICJ**)は、国家間の法律的紛争を裁判したり勧告的意見を与える**世界法廷**である。

国際司法裁判所
International Court of Justice
本部はオランダのハーグにあり、自治的な国際司法機関。

14 ☐ (**UNESCO**)は、**教育・科学・文化**の面で国際協力・交流を通じて、世界の**平和と福祉を促進**する国連の専門機関である。

ユネスコ
正式名称は「国際連合教育科学文化機関」。1946年設立。本部はパリにある。

15 ☐ は、すべての加盟国が参加する、国連の**最高機関**である。

国連総会
開催は1年に1回。毎年9月の3週目の火曜日にスタートする。

16 問15の投票は、**1国1票**で行われ、一般事項は**過半数**で、重要事項は ☐ **以上の賛成**で可決される。

3分の2
国際法、安全保障、経済などについて問題を討議・決定したり、事務総長を選出したりする。

17 地域紛争に対して、部隊や人員を派遣し、**停戦・休戦の監視**、**選挙監視**、**治安維持**などにあたる国連の**平和維持**活動を ☐ という。

PKO
United Nations Peacekeeping Operations
介入は紛争当事国（者）の同意を前提としている。

常識チェック❶ 解答　**1.** ニューヨーク　**2.** 国連安全保障理事会

●次の空欄に適する語句を答えなさい。

❶ 1951年、☐☐☐**講和条約**に調印して独立を回復した日本は、1956年10月の<u>日ソ</u>**共同宣言**調印の2カ月後に国連に加盟した。

サンフランシスコ
1933年3月の国際連盟脱退から20年あまりで国際社会への復帰となった。

❷ 現在、国際連合は主に☐☐☐**つの主要機関**と<u>15</u>**の専門機関**で組織されている。

6
総会、安全保障理事会、経済社会理事会、国際司法裁判所、信託統治理事会、事務局。

❸ <u>国際通貨基金</u>（略称☐☐☐）は、**為替相場の安定**を図ることを目的とした国際機関である。

IMF
International Monetary Fund

❹ 1919年に国際連盟の専門機関として設立された<u>国際労働機関</u>（略称☐☐☐）は、**労働条件の向上**を目指す国際機関である。

ILO
International Labour Organization

❺ スイスのジュネーヴに本部を置く<u>世界保健機関</u>（略称☐☐☐）は、健康を基本的人権の1つと位置付け、その達成を目的として設立された。

WHO
World Health Organization

❻ <u>世界知的所有権機関</u>（略称☐☐☐）は、全世界的な**知的財産権**の保護促進を目的とした国際連合の専門機関である。

ワ イ ポ
WIPO
World Intellectual Property Organization
本部所在地はスイスのジュネーブ。1970年設立。

❼ <u>国連児童基金</u>（略称☐☐☐）は、開発途上国・紛争国の子どもの支援や「**児童の権利に関する条約**」の普及活動を行っている。

ユ ニ セ フ
UNICEF
United Nations Children's Fund

❽ 1950年に設立された、迫害や紛争による難民に関する諸問題の解決を任務とする国連の機関を☐☐☐（<u>UNHCR</u>）**事務所**という。

国連難民高等弁務官
United Nations High Commissioner for Refugees
本部所在地はジュネーブ。

9 漁業や資源開発など、経済活動の権利を沿岸国に認める**海域**を ☐ (EEZ)という。

排他的経済水域
Exclusive Economic Zone
国連海洋法条約に基づく海岸線から200海里までの海域。

10 国連の通常経費として加盟国が提供する ☐ は、**アメリカ**が最も多くの資金を提供している。

国連分担金
アメリカの22%、中国の約15%、日本の約8%が上位3位（2022～2024年の予算）。

11 食糧生産と分配の改善、生活向上を目的とする**国連の専門機関**を ☐ (FAO)という。

国連食糧農業機関
Food and Agriculture Organization of the United Nations
本部所在地はローマ。

12 ☐ (ECOSOC)は、国連の主要機関の1つで、主に**経済や社会問題**に関しての決議を行う。

国際連合経済社会理事会
略称「経社理」。

13 **国際復興開発銀行**(略称 ☐)は、開発途上国の発展を目的に、長期的な**資金の融資**を行う。

IBRD
1945年、戦後復興に必要な長期性の資金を融資する機関として設立された。

14 **宇宙空間**、**大気圏**、**水中**、**地下**における、あらゆる**核実験**を**禁止**する ☐ は、1996年に国連で採択された。

包括的核実験禁止条約
略称はCTBT。発効要件国44カ国の一部が批准していないため条約は発効していない。

15 国際的な重大な犯罪について責任ある**個人を裁く**のは、☐ (ICC)である。

国際刑事裁判所
International Criminal Court
オランダのハーグにある。

16 国連に加盟していないが、国連の会議などに**参加を認められた国や組織**を ☐ という。

国連オブザーバー
投票権はないが提案や発言はできる。現在、バチカン市国などが常駐を認められている。

17 **国際連合貿易開発会議**(略称 ☐)は、開発途上国の経済開発促進と南北問題の**経済格差是正**のための機関である。

UNCTAD
United Nations Conference on Trade and Development
本部所在地はジュネーブで、4年に1回の開催。

18 国連安全保障理事会に付託された国際紛争に関する決議には、**5常任理事国全部の賛成**が必要であるということを ☐ の原則という。

5大国一致
米、露、英、仏、中の5カ国がすべて賛成していなければ、議案が可決されない。

国際情勢

24 国際法・国際条約

出題率 ★★

常識チェック! ●次の空欄に入る語句・数字は？ 解答は右ページ下▶

- [ ] 1. 主権国家の三要素とは、主権・領土・ [ ] である。
- [ ] 2. 領海の範囲は [ ] 海里(約22km)である。

ランク A 必ず覚える! 常識問題　　　　　　　解答・解説

●次の空欄に適する語句を答えなさい。

[ ] **1** 国内を支配する権利、外国からの支配・干渉を受けない権利を**国家の** [ ] という。

主権
国家の意思や政治のあり方を最終的に決定する権利。

[ ] **2** 国家の主権下にある**領域**は、**領土**と**領海**、及び [ ] からなる。

領空
高度については、特に制限はない。

[ ] **3** 沿岸国の**経済的主権**が及ぶ海域を**排他的経済水域**といい、**海岸線**から [ ] **海里**とされる。

200
権利を得た国は、その資源の管理などの義務も負う。

[ ] **4** [ ] とは、どこの国のものでもなく、自由に**航行や漁業が行える海域**のことである。

公海
いずれの国の領海・排他的経済水域にも含まれない海域。

[ ] **5** 国家間または国家と国際機関との間の、**文書による合意**を [ ] という。

条約
協約・規約・憲章・協定・取り決め・宣言・覚書・議定書・交換公文等も広義の条約。

[ ] **6** **国家間の合意**に基づく [ ] は、国と国の関係を**規定・維持する法律**とされる。

国際法
主に「条約」と、国際慣行が法的に認められた「慣習国際法」からなる。

[ ] **7** 第二次世界大戦の終結に際し、**連合国**側が日本に対して行った**共同宣言**が [ ] である。

ポツダム宣言
1945年7月。アメリカ、イギリス、中国の3カ国の名で宣言。

70

ココで差をつける! 必修問題　　　　解答・解説

● 次の空欄に適する語句を答えなさい。

☐ **❶** **近代国際法**の基礎となった「**戦争と平和の法**」の著者はオランダの法学者 ☐ である。

グロティウス
フーゴー・グロティウス。「国際法の父」と称される。

☐ **❷** 交戦当事国による**戦争終結の条約**を、☐ 条約という。

講和（平和）
第一次世界大戦後、連合国とドイツの間で交わされたベルサイユ講和条約など。

☐ **❸** 1948年の国連総会で、「すべての人民とすべての国とが達成すべき**共通の基準**」の宣言である ☐ (UDHR)が採択された。

世界人権宣言
採択日12月10日が「世界人権デー」となった（第5回国連総会）。

☐ **❹** 1959年に採択された ☐ **条約**は、同地域における**領土主権・請求権の凍結**、**軍事利用の禁止**、**科学調査**の自由を明文化した。

南極
南極地域の継続的な平和的利用のために締結された国際条約。12カ国により採択された。

☐ **❺** ☐ **条約**は、**絶滅**のおそれがある**野生動植物**の国際的な取引を規制している。

ワシントン
1975年発効。絶滅危惧種を、希少性に応じて3ランクに分類している。

☐ **❻** **世界遺産条約**とは、世界の**文化遺産**や ☐ を保護し、国際的に援助するための条約。

自然遺産
1972年に採択。遺産への登録で地域の知名度が上がり、観光業の発展が期待できる。

☐ **❼** 国際法上の統一規則である**一般条約の締結**における手順は、①主権国家の代表者による ☐ 、②各国で**承認手続き**（批准・受託など）、③**発効**となる。

署名
国連が条約に関する慣習国際法を法典化したものが「条約法に関するウィーン条約」である。

☐ **❽** 領海の範囲、船舶の航行、生物資源の利用など、海洋における諸問題の**包括的なルール**は、☐ (UNCLOS)で定められている。

国連海洋法条約
正式名称は「海洋法に関する国際連合条約」。1994年発効。条約に基づき国際海洋法裁判所などが設立された。

国際情勢

24
● **国際法・国際条約**

25 国際関係・安全保障

解答は右ページ下▶

常識チェック！
●次の空欄に語句を入れ、質問に答えよ。

☐ 1. 核保有国が、自国と同盟国の安全を守る態勢を ☐ という。

☐ 2. 核兵器禁止条約(TPNW)に日本は参加・不参加のどちらか？

ランク **A** 必ず覚える！ 常識問題

解答・解説

●次の空欄に適する語句を答えなさい。

☐ ❶ **非核保有国**による核兵器の**新たな**保有や、**保有国**から非保有国への**核兵器の**供与を禁止する条約が ☐ (NPT)である。

核兵器不拡散条約
Treaty on the Non-Proliferation of Nuclear Weapons
核拡散防止条約とも。1970年発効。日本は1976年に批准。

☐ ❷ 問1の条約で核兵器保有が認められているのは、**国連安保理常任理事国**の ☐ カ国である。

5
条約ではアメリカ、イギリス、中国、フランス、ロシアを核兵器保有国と定めた。

☐ ❸ ☐ (IAEA)は、原子力の**平和的利用**の促進と軍事的利用への**転用防止**を目指す国際機関。

国際原子力機関
International Atomic Energy Agency
本部所在地はウィーン。

☐ ❹ **核兵器の全廃**を目指す ☐ **条約**が、**批准国・地域**が規定の**50**に達したため、2021年1月より発効。核兵器による使用の"威嚇"も禁止。

核兵器禁止
核保有を認められた5カ国は、核の抑止力を重視し、核兵器削減は保有国間で協議すべきなどとして条約に不参加。

☐ ❺ ある国が武力攻撃を受けた場合に、その国と**密接な関係にある国**が当事国と共同して防衛や反撃を行う権利を ☐ という。

集団的自衛権
国連憲章第51条で認められている。日本では「必要最小限度の実力の行使であり、憲法9条に反しない」との憲法解釈がとられている。

☐ ❻ 核爆発を伴う核実験の**全面廃止**を求める ☐ **条約**は、**核保有国の批准**が進まず未発効。

包括的核実験禁止
略称CTBT。1996年に国連で採択されたが、アメリカ、中国、インドなどが批准せず。

ランク B ココで差をつける！ 必修問題　　　　解答・解説

● 次の空欄に適する語句を答えなさい。

☐ ❶ ◻◻ の**核開発**で、濃縮ウラン製造停止などの見返りに**国際的**<u>経済制裁</u>**を解除**する ◻◻ 核合意は、前政権でのアメリカの脱退で崩壊寸前に。

イラン
2015年、対6カ国（米・英・仏・独・中・露）で締結。現在、アメリカの復帰も含めて合意再建を協議している。

☐ ❷ 核兵器不拡散条約（NPT）に**非加盟の核保有国**は**インド**、<u>パキスタン</u>、**北朝鮮**で、保有を確実視されているのが ◻◻ である。

イスラエル
インド、パキスタン、北朝鮮は核実験を行っている（北朝鮮は2003年に条約脱退）。

☐ ❸ 2023年2月、ロシアのプーチン大統領は、アメリカとの**核軍縮条約**である ◻◻（<u>新戦略兵器削減条約</u>）の**履行停止**を表明した。

新START
START（Strategic Arms Reduction Treaty/1991年調印）の後継条約（2011年発効）。議論再開の目処は立っていない。

☐ ❹ 戦闘終結後も人的被害を与えている ◻◻ は、**オタワ条約**で使用・貯蔵・生産などが法的に禁止された。

（対人）地雷
条約を推進した「地雷廃絶国際キャンペーン-（ICBL）」は、1997年にノーベル平和賞を受賞。条約の発効は1999年。

☐ ❺ 多量の子爆弾を内蔵する ◻◻ **爆弾**は、不発弾の問題で国際条約（<u>オスロ条約</u>）で禁止された。

クラスター
2010年発効。使用や移譲、製造を禁止するほか、被害者への支援が盛り込まれている。

☐ ❻ **2カ国**の外交と防衛担当代表が、**安全保障**や**防衛政策**問題を**協議**する会議を ◻◻ という。

ツープラスツー
2＋2
日本からは**外務大臣**と防衛大臣が出席する。

☐ ❼ 人工衛星などで探知・迎撃する現在の**弾道ミサイル防衛網**を突破する ◻◻ の登場で、世界の軍事情勢に波紋が広がっている。

極超音速ミサイル
低高度で変則軌道を描くため、探知困難とされる。中国やロシア、北朝鮮などで開発・配備が進んでいる。

☐ ❽ **核兵器のない世界**を目指すとして、<u>日本政府</u>は、毎年国連に ◻◻ **決議案**を提出している。

核兵器廃絶
1994年から提出。毎年連続で採択されるが、意思表示的なもので法的拘束力はない。

国際情勢
25
●
国際関係・安全保障

常識チェック！ 解答　**1.** 核の傘　**2.** 不参加

出題率 ★★★

26 日本の外交

常識チェック！ ●次の空欄に入る語句は？　解答は右ページ下▶

☐ **1. ** ロシアとの間にある4島をめぐる領土問題を □□ という。

☐ **2. ** 外交を行う国内機関→日本は □□ 、アメリカは □□ 。

ランク A　必ず覚える！ 常識問題　　　　　　　解答・解説

●次の空欄に適する語句を答えなさい。

❶ 現在の日米同盟の根幹である □□ **条約**に基づき、**在日米軍**に関する取り決めを定めたものが<u>日米地位協定</u>である。

日米安全保障
1951年締結の旧条約を改定し、1960年に新たに締結。地位協定にはアメリカ側の特権的要項もあり、度々問題化されている。

❷ 核兵器を「**持たず、つくらず、<u>持ち込ませず</u>**」とする □□ は、日本の基本政策の1つである。

非核三原則
1967年12月に佐藤栄作首相が国会で表明した。

❸ 1956年、□□ **宣言**により、**日本**と<u>ソ連</u>の国交が回復し、関係が正常化した。

日ソ共同
この国交回復が、日本の国連加盟の前提となった。

❹ 1972年、<u>日中共同声明</u>により日本と中国が**国交**を結んだことを「□□」という。

日中国交正常化
田中角栄首相と周恩来首相が署名。1949年成立の中華人民共和国とは国交がなかった。

❺ 北方領土問題とは、<u>択捉島（えとろふとう）</u>、<u>国後島（くなしりとう）</u>、<u>色丹島（しこたんとう）</u>、□□ の**4島**をめぐる**日露間**の領土問題である。

歯舞群島（はぼまいぐんとう）
現在ロシアが実効支配しており、日本が返還を求めている。

❻ <u>韓国</u>との間で**領有権**が争われている**島**は □□ 。

竹島
韓国名は「独島（トクト）」。

❼ 日本が領土として**実効支配**している □□ は、**中国**と<u>台湾</u>も領有権を主張している。

尖閣諸島
中国名は「釣魚群島」。2012年に日本が国有化したことに反発。

●次の空欄に適する語句を答えなさい。

❶ 日本最南端の島、□□□（東京都）を「島」とする
日本と、「岩」と主張する<u>中国</u>や<u>台湾</u>との間で、
対立が起きている。

沖ノ鳥島
岩であれば、排他的経済水域
（EEZ）として認められなく
なる。

❷ 2002年、当時の**小泉純一郎**首相と北朝鮮の
金正日総書記が首脳会談で□□□に署名。北
朝鮮による<u>拉致</u>問題の解決や**日朝国交正常化
交渉**の開始などが盛り込まれた。

日朝平壌宣言
この会談により、日本人拉致
被害者5人が帰国した。

❸ 1972年、<u>アメリカ</u>との「□□□返還協定（略
称）」で□□□の**施政権**が日本へ返還された。

沖縄
施政権とは、信託統治におい
て立法・司法・行政の三権を
行使する権限。

❹ **在日米軍専用施設**の総面積の約□□□割が<u>沖
縄県</u>に集中している。

7
沖縄本島の約15%を占め、
駐留する米軍関係者は約5万
人（2021年3月現在）。

❺ 防衛省予算に計上されている**在日米軍駐留経
費負担**は、一般に□□□と呼ばれる。

思いやり予算
2021年より「同盟強靱化
予算」に。基地従業員の人件
費、光熱水費など、日米地位
協定に定められている。

❻ 1992年、**PKO協力法**の成立で、文民・□□□
による<u>平和維持</u>活動への参加が開始された。

自衛隊
1992年のカンボジア派遣を
はじめ、南スーダンなどへの
派遣も行われた。

❼ 2014年、<u>武器輸出三原則</u>に代わり、日本政府
の武器輸出入に関する原則として、□□□**三原
則**が制定された。

防衛装備移転
武器の輸出入を原則認める方
向へ転換。安倍内閣で決まっ
た方針。

❽ 第二次世界大戦中の**強制労働を主張**する□□□
の**損害賠償訴訟**で、韓国の最高裁判所は
2023年12月、**三菱重工業**と**日本製鉄**に賠償
の支払いを命じ、判決が確定することとなった。

元徴用工
1965年の<u>日韓請求権</u>協定で
解決済みとする日本政府は
「判決は日韓請求権協定の第
2条に明らかに反し、極めて
遺憾」との声明を発表した。

27 主要国の情勢

解答は右ページ下▶

常識チェック！ ●次の空欄に入る語句は？

☐ **1. アメリカの二大政党とは** ☐ **と** ☐ **。**

☐ **2. 中国の立法機関とされる** ☐ **は1院制議会である。**

ランク A 必ず覚える！ 常識問題

解答・解説

●次の空欄に適する語句を答えなさい。

☐ **①** 議会の信任に基づいた**内閣**が、**議会**に対し、**連帯して責任を負う制度**を ☐ という。

議院内閣制
主な採用国はイギリス、イタリア、ドイツ、日本など。

☐ **②** **大統領**が行政府の長として実権を有し、☐ から独立した権力を持つ制度を**大統領制**という。

議会
首脳が「大統領」の国は大統領制。これが「首相」の国は、国家元首が大統領であっても大統領制とはいえない。

☐ **③** ☐ とは、**中国が提唱する**、陸路・海路で**アジアと欧州**をつなぎ**貿易圏を拡大**する構想。

一帯一路
「一帯」が陸路、「一路」が海路を表す。中国資本でインフラ整備が進んでいる。

☐ **④** 「**一つの中国**」とは、☐ は中国の一部であり不可分の領土だとする中国の政治的主張。

台湾
蔡英文政権は統一を拒否し、中国は武力威嚇を背景に平和統一を迫っている。

☐ **⑤** 植民地返還後50年間は**香港・マカオ**の自治・資本主義を認め、**中国本土と異なる制度**を適用することを ☐ という。

一国二制度
制度維持の約束も、2020年の国民安全維持法の施行で香港自治は事実上消滅。マカオへも統制強化している。

☐ **⑥** 2022年5月、**スウェーデン**と**フィンランド**両国は、ロシアの**ウクライナ**侵攻を受けて、☐ への加盟を申請した。

ナトー
NATO
加盟には、全加盟国の承認が必要。2023年4月、フィンランドが正式加盟となった。スウェーデンの2024年内の加盟が実現すると、NATOは32カ国体制となる。

●次の空欄に適する語句を答えなさい。

1 資源が豊富で重要な航路でもある □□ の**領有権**をめぐり、**中国**と**沿岸諸国**(台湾・ベトナム・**フィリピン**など)が対立を深めている。

南シナ海
中国が独自の領海線を引き、南沙諸島の岩礁に人工島を造るなど、実効支配を続行中。

2 中国支配下の**自治区**とされる □□ の宗教最高指導者**ダライ・ラマ14世**は、1959年に亡命してインド北部に亡命政権を樹立している。

チベット
ダライ・ラマ14世はノーベル平和賞受賞者(1989年)。習近平政権による、55も存在するとされる中国の少数民族への弾圧・抑制が近年も問題に。

3 9.11米同時テロ以来、軍を駐留させていた**アメリカ**が**イスラム主義組織タリバン**との和平合意に基づき2021年、□□ から**撤退**した。

アフガニスタン
タリバンの政権掌握後、経済混乱や食料不足などに対して国際機関の人道的支援が急がれている。

4 **パレスチナ地方**にユダヤ人国家「**イスラエル**」が成立し、元住民のアラブ人が大量の難民に。その後の話し合いで、**ヨルダン**川西岸地区と**ガザ地区**は □□ 人による自治区となっている。

パレスチナ
イスラエルとアラブ諸国間で何度も中東戦争が繰り返された。ガザ地区では武力闘争を続けるイスラム原理主義組織「ハマス」が実効支配。

5 **インド**と**パキスタン**は**イギリス**から独立して以来、□□ 地方の領有権を争い続けている。

カシミール
第二次世界大戦後から継続。インドへの帰属を表明する藩王に対して圧倒的多数のイスラム教国民が反発。

6 □□ **国家主席**が率いる**中国**は、**国家安全維持法**の実施などで、アメリカと対立を激化させている。

習近平 シーチンピン
国家主席の任期制限を撤廃し、事実上無期限に。

7 2022年2月、**ロシア軍**による**ウクライナ侵略**が始まり、ウクライナの □□ **大統領**も停戦に応じない構えで、戦況はこう着状態が続く。

ゼレンスキー
米欧は、ロシアの侵略を受けるウクライナへの軍事支援のため、長射程の巡航ミサイルなどの供与を行っている。

8 **EU加盟27カ国**のうち、単一通貨である**ユーロ**を導入しているのは □□ **カ国**である。

20
2023年より、**クロアチア**が正式に導入開始。(2024年3月現在)

国際情勢

27
●主要国の情勢

常識チェック！ 解答　**1.** 共和党、民主党(順不同)　**2.** 全国人民代表大会(全人代)

28 地理学・地図

常識チェック！　●次の空欄に入る語句は？　解答は右ページ下▶

☐ **1.** 六大陸中、面積が最大なのは ☐ 大陸、最小なのは ☐ 大陸。

☐ **2.** 赤道と平行に走る線は ☐ 線、北極と南極を結ぶ線は ☐ 線。

ランク A　必ず覚える！ 常識問題　　　　解答・解説

●次の空欄に適する語句を答えなさい。

☐ **1** 地球の**円周**の長さは約 ☐ kmである。

4万
地球の円周は赤道の全周。表面積は約5.1億km²。

☐ **2** 赤道を**0度**、南北極を**90度**とする地球上の位置を表す**座標**を ☐ という。

緯度
地球の南北の位置を示す。東西の位置を示すのは経度。

☐ **3** **経度0度**に位置する欧州の都市は、☐ である。

ロンドン
旧グリニッジ天文台（現在は移転）が基準。

☐ **4** **経度135度**の日本標準時の基準地は、兵庫県 ☐ 市である。

明石
イギリスのグリニッジからちょうど135度にある位置上の時刻を、日本の標準時として定めたため。

☐ **5** ☐ は、時刻の公式記録基準である。

UTC（協定世界時）
世界標準時（GMT：グリニッジ標準時）に代わる基準に。

☐ **6** **東経180度**の経線に沿って南北に走るのは ☐ 線である。

国際日付変更
単に「日付変更線」とも呼ぶ。また、経線は別名「子午線」とも。

☐ **7** 北半球の夏至のときに、**太陽と90度**の関係になるのは ☐ 線である。

北回帰
北緯23度。最も高緯度で太陽が天頂に来る地域。

☐ **8** 経度15度で時差1時間のため、**日本標準時**と**協定世界時**の時差は ☐ 時間である。

9
135度（明石市）÷15度＝9。経度0度のロンドンと9時間の差。

ランク **B** ココで差をつける！必修問題　　　　解答・解説

●次の空欄に適する語句を答えなさい。

□ **1** 面積が正確に表せて、**高緯度地方**を描くのに
適するのは、□□**図法**である。

モルワイデ
メルカトル図法は形のゆがみが少ないが、高緯度になるにつれて面積が拡大される。

□ **2** □□は、火山の陥没による窪地に水がたまってできた**湖**である。

カルデラ湖
大規模な噴火などによりできる。日本最大は北海道の屈斜路湖。

□ **3** **インド洋・南太平洋**で発生し最大風速が秒速約33m以上の**熱帯低気圧**を□□と呼ぶ。

サイクロン
北西太平洋では「台風」。北東太平洋・北大西洋では「ハリケーン」と呼ばれる。

□ **4** **竜巻**(トルネード)を強度別に分類する国際的尺度を、□□**スケール**、または**Fスケール**という。

藤田
気象庁では、改良版藤田スケール（JEFスケール）を策定し、平成28年4月より突風調査に使用している。

□ **5** 中心市街地の人口が<u>減少</u>し、郊外の人口が**増加**する人口移動現象を□□という。

ドーナツ化現象
中心部が空洞化することから。生活水準向上、中心部の住居費の高騰などが原因。

□ **6** 海岸線から<u>200海里以内</u>の□□では、天然資源などに関する主権的権利が及ぶ。

排他的経済水域
略称EEZ。200海里は約370km。

□ **7** <u>国土交通省</u>の機関である□□は、日本国内の基本測量を行い、地形図を発行している。

国土地理院
本院は茨城県つくば市。測量士試験なども行う。

□ **8** **ケッペン**の気候区分では、**熱帯、乾燥帯**、□□、**亜寒帯、寒帯**の5つに大きく分けられる。

温帯
気温と降水量から区分が決まる。日本国内の大部分は温帯である。

□ **9** 寒帯は最暖月平均気温が0℃以上10℃未満の□□**気候**、0℃未満の**氷雪気候**に分けられる。

ツンドラ
主に北米大陸やユーラシア大陸北部などに分布。高山地帯を含むことも。

□ **10** 熱帯は**熱帯雨林気候**、**熱帯モンスーン気候**、雨季と乾季が明確な□□**気候**に分けられる。

サバンナ(サバナ)
サバンナとは乾燥に強い樹木がまばらに生える草原地帯のこと。

地理・歴史
28
●
地理学・地図

常識チェック！　解答　**1.** ユーラシア、オーストラリア　**2.** 緯、経（子午）

29 都道府県の特徴

出題率 ★★★

✏️ **常識チェック！** ● 次の空欄に入る数字・都道 府県名は？ 〔解答は右ページ下▶〕

☐ **1.** 政令指定都市は、法定人口 [___] 万人以上の都市。

☐ **2.** 人口が最多である都道府県は [___]、最少は [___]。

ランク A **必ず覚える！ 常識問題** 解答

● 次の特色や説明にあてはまる都道府県名とその県庁所在地を答えなさい。

☐ **❶** 加賀百万石。兼六園。輪島塗。山中塗。金箔。 石川県、金沢市

☐ **❷** 恐山。りんごの収穫量日本1位。ねぶた祭。 青森県、青森市

☐ **❸** 茶の生産量1位。登呂遺跡。浜名湖のウナギ。 静岡県、静岡市

☐ **❹** 越後平野の水田。米所。燕の洋食器。信濃川。 新潟県、新潟市

☐ **❺** 豊田市の自動車製造。瀬戸市の陶磁器。尾張。三河。 愛知県、名古屋市

☐ **❻** 琉球文化。パイナップルの収穫量日本1位。首里城。 沖縄県、那覇市

☐ **❼** 中華街。みなとみらい地区。古都鎌倉。箱根寄木細工。 神奈川県、横浜市

☐ **❽** 竿燈祭り。きりたんぽ。田沢湖。八幡平。ナマハゲ。 秋田県、秋田市

☐ **❾** 砺波のチューリップ。氷見のブリ。魚津の埋没林。 富山県、富山市

☐ **❿** 西陣織。日本三景の一天橋立。宇治の茶。清水焼。 京都府、京都市

☐ **⓫** 南部鉄瓶。前沢牛。面積日本2位。平泉。北上川。 岩手県、盛岡市

★=都道府県と異なる都市名の県庁所在地。

☐ ⑫	和三盆。面積日本最小。<u>讃岐</u>うどん。	香川県、高松市
☐ ⑬	<u>道後温泉</u>。坊っちゃん列車。<u>伊予</u>絣。<u>伊予柑</u>。	愛媛県、松山市
☐ ⑭	<u>さつまいも</u>の収穫量、豚肉の生産量日本1位。<u>桜島</u>。	鹿児島県、鹿児島市
☐ ⑮	世界遺産の<u>石見</u>銀山。竹島。<u>宍道</u>湖。出雲大社。	島根県、松江市
☐ ⑯	日本三景の一つ、<u>厳島</u>神社（宮島）。牡蠣の養殖。	広島県、広島市
☐ ⑰	ハウステンボス。<u>出</u>島。<u>大浦天主堂</u>。	長崎県、長崎市
☐ ⑱	富士山。<u>ぶどう</u>・桃・すももの収穫量1位。	山梨県、甲府市
☐ ⑲	たまねぎ・小麦・<u>馬鈴薯</u>の収穫量・作付面積、日本1位。	北海道、札幌市
☐ ⑳	<u>日光</u>東照宮。那須高原。<u>益子</u>焼。いちご。	栃木県、宇都宮市
☐ ㉑	<u>鳴子</u>のこけし。リアス式海岸。日本三景の一<u>松島</u>。	宮城県、仙台市
☐ ㉒	<u>鯖江</u>のメガネフレーム。羽二重織り。越前がに。	福井県、福井市
☐ ㉓	<u>諏訪</u>の精密機械。日本アルプス。信濃の国。	長野県、長野市
☐ ㉔	住民所得・人口密度日本1位。<u>皇居</u>。小笠原諸島。	東京都、東京(新宿区)
☐ ㉕	<u>阿蘇山</u>の大カルデラ。天草諸島。水俣病発生地域。	熊本県、熊本市
☐ ㉖	<u>日南海岸</u>。シーガイア。プロ野球キャンプ地。	宮崎県、宮崎市
☐ ㉗	清流<u>四万十川</u>。足摺岬。よさこい祭り。土佐の国。	高知県、高知市
☐ ㉘	博多どんたく。久留米絣。<u>北九州</u>工業地帯。	福岡県、福岡市
☐ ㉙	中京工業地帯。世界遺産の<u>熊野古道</u>。伊勢神宮。	三重県、津市

常識チェック！ 解答　**1.** 50　**2.** 東京都、鳥取県

☐ ㉚	日本最大の琵琶湖。近江商人。信楽焼。	滋賀県、大津市
☐ ㉛	阪神工業地帯。通天閣。岸和田だんじり祭。	大阪府、大阪市
☐ ㉜	人口が日本最少。日本最大級の鳥取砂丘。二十世紀梨。	鳥取県、鳥取市
☐ ㉝	秩父のセメント。内陸県。狭山湖。武蔵の国。	埼玉県、さいたま市
☐ ㉞	サクランボの収穫量日本1位。天童の将棋駒。	山形県、山形市
☐ ㉟	会津塗。赤べこ(張り子)。阿武隈川。喜多方ラーメン。	福島県、福島市
☐ ㊱	富岡製糸場跡地。桐生の絹織物。下仁田ねぎ。	群馬県、前橋市
☐ ㊲	飛騨。和紙。高山の家具。スーパーカミオカンデ。	岐阜県、岐阜市
☐ ㊳	日本海と瀬戸内海に接する。但馬牛。灘の酒。	兵庫県、神戸市
☐ ㊴	吉野杉。飛鳥京。平城京。大仏。高野豆腐。	奈良県、奈良市
☐ ㊵	別府温泉。国東半島。カボス。	大分県、大分市
☐ ㊶	秋芳洞(カルスト地形の鍾乳洞)。萩焼。下関の漁業。	山口県、山口市
☐ ㊷	電気産業。鹿島臨海工業地域。東海村。結城紬。	茨城県、水戸市
☐ ㊸	野田・銚子の醤油。成田空港。落花生の収穫量日本1位。	千葉県、千葉市
☐ ㊹	西部のリアス式海岸。南高梅。紀伊山地。南紀白浜。	和歌山県、和歌山市
☐ ㊺	阿波踊り。阿波人形浄瑠璃。鳴門の渦潮。	徳島県、徳島市
☐ ㊻	瀬戸内工業地域。白桃。倉敷。後楽園。	岡山県、岡山市
☐ ㊼	伊万里・有田・唐津の陶磁器。嬉野茶。	佐賀県、佐賀市

ランク B ココで差をつける！ 必修問題　　　　解答

● 次の各設問に答えなさい。

☐	❶	政令指定都市とは法定人口何万人以上の都市か。	50
☐	❷	中核市とは、法定人口何万人以上の都市か。	20
☐	❸	中部地方をさらに３つに区分した地域名を挙げよ。	北陸、東海、中央高地
☐	❹	海に面していない都道府県、計８県を挙げよ。	群馬県、栃木県、埼玉県、岐阜県、滋賀県、山梨県、長野県、奈良県

● 次の地名や場所が属する都道府県名を答えなさい。

☐	❺	津和野	**ヒント** 山陰の小京都。文豪、森鴎外の出身地	島根県
☐	❻	関ヶ原	**ヒント** 濃尾平野を見下ろす伊吹山	岐阜県
☐	❼	角館 _{かくのだて}	**ヒント** 仙北平野の北部に位置する城下町	秋田県
☐	❽	観音寺 _{かんおんじ}	**ヒント** 西は瀬戸内海に面し、四国の東北部	香川県
☐	❾	尾道	**ヒント** 山陽地方の中南部。坂の街、文学の街	広島県
☐	❿	指宿 _{いぶすき}	**ヒント** 九州地方、温泉が有名。開聞岳	鹿児島県
☐	⓫	白神山地	**ヒント** 世界最大級のブナ原生林	青森県
☐	⓬	三番瀬	**ヒント** 干潟。東京湾内屈指の漁場の１つ	千葉県
☐	⓭	宍道湖 _{しんじ}	**ヒント** シジミ漁で有名。水鳥の渡来地	島根県
☐	⓮	石狩川	**ヒント** 三日月湖。日本３位の長さ	北海道
☐	⓯	黒部ダム	**ヒント** 黒部川に建設されたダム	富山県
☐	⓰	志摩半島	**ヒント** リアス式海岸。真珠の養殖	三重県

地理・歴史

29
● 都道府県の特徴

30 日本の地理

出題率 ★★

ランク A 必ず覚える！常識問題

解答・解説

● 次の空欄に適する語句を答えなさい。

☐ **1** 日本列島の太平洋側を北上する**暖流**は<u>黒潮</u>、千島列島に沿って南下する**寒流**は □ である。

親潮(千島海流)
太平洋最大の寒流。黒潮は「日本海流」とも。

☐ **2** 夏、東北地方の**太平洋側**に<u>冷害</u>をもたらす、冷たく湿った**北東風**とは □ である。

やませ
親潮(千島海流)の上を吹く。

☐ **3** **三陸海岸**や**若狭湾**、<u>志摩</u>**半島**は、日本の代表的な □ 海岸である。

リアス式
岬と入り江が入り組んだ地形。水産・鉱山資源が豊富。

☐ **4** オホーツク海のような**遠浅な海底**を □ という。

大陸棚
多くは水深200m以下。

☐ **5** 日本で1番大きい湖は<u>琵琶湖</u>(滋賀県)、2番目に大きい湖は □ (茨城県・千葉県)である。

霞ヶ浦
面積は琵琶湖の約670kmに次ぐ約168km²。

☐ **6** 日本の山の高さの1位は<u>富士山</u>、2位は □ 、3位は**奥穂高岳**と**間ノ岳**である。

北岳
1位の標高は3,776mで、2位は3,193m、3位は3,190m。

☐ **7** 三大工業地帯とは、□ 、<u>中京</u>**工業地帯、阪神工業地帯**である。

京浜工業地帯
東京都大田区、神奈川県川崎市と横浜市が中心。

●次の空欄に適する語句を答えなさい。

1 北の ☐ 山脈、中央の木曽山脈、南の赤石山脈の３つを総称して日本アルプスと呼ぶ。

飛騨
ヨーロッパのアルプス山脈が由来。本州の中部地方にある。

2 日本を西南と東北に二分する地溝帯を ☐ という。

フォッサマグナ
東日本と西日本に分ける。西南日本を内帯と外帯に分ける断層線は「中央構造線」。

3 夏は太平洋から小笠原気団の季節風が吹くが、冬に大陸から吹くのは ☐ 気団の季節風である。

シベリア
冬に北西の季節風が吹く。

4 日本三名園とは、兼六園、偕楽園と ☐ である。

岡山後楽園
岡山市にある。兼六園は金沢市、偕楽園は水戸市。

5 日本最北端は択捉島(えとろふ)(北方領土)、最西端は ☐ 島(沖縄県)である。

与那国(よなぐに)
日本の東西南北端のうち唯一、民間人が自由に立ち入れる。

6 ☐ は、河川が山地から平野部に移る箇所で土砂が堆積してできる地形である。

扇状地
流れが急に緩やかになる所に堆積物がたまって扇形を形成する。

7 関東地方の高台を覆っている赤褐色の火山灰層を ☐ という。

関東ローム層
富士山ほか、関東地方の西・北にある火山からの火山灰などによる。

8 日本の河川で、最長は信濃川、最大の流域面積を持つのは、 ☐ である。

利根川
信濃川は新潟県で日本海に、利根川は関東地方から太平洋に注ぐ。

9 ロシアと領土問題を抱える北方領土は国後島(くなしりとう)、択捉島(えとろふとう)、歯舞群島(はぼまいぐんとう)、 ☐ の四島からなる。

色丹島(しこたんとう)
現在はロシアの占拠下にある。択捉島は日本最北端の島。

10 九州南部に数多く分布する、火山噴出物からなる台地を ☐ という。

シラス台地
鹿児島県本土の52%の面積を占める。

常識チェック① 解答 **1.** 38、2,400 **2.** 南鳥、沖ノ鳥

出題率 ★★★

31 日本の貿易

常 識 チ ェ ッ ク ! ●次の空欄に入る国名・数字は？ 解答は右ページ下▶

☐ **1. 日本の貿易相手国1位は ☐ 、2位は ☐ 。** (2023年分貿易統計)

☐ **2. 日本の食料自給率は、カロリーベースで ☐ %。** (2022年度)

ランク A 必ず覚える！常識問題

解答・解説
資料：財務省貿易統計

●次の空欄に適する語句や数字を答えなさい。

☐ **❶** 2023年の日本の**輸出額1位**の製品は ☐ である。

自動車
輸出金額は17.3兆円。輸出数量は17.9%増の約597万台。

☐ **❷** 2023年の日本の<u>貿易総額</u>は**約 ☐ 兆円**である。

210.9
年間輸出総額100.9兆円＋輸入総額110兆円。

☐ **❸** 2023年の日本の<u>貿易収支</u>は**約 ☐ 兆円**の赤字だが、輸出額が伸びて、赤字は大幅に改善。

9
輸出額が初めて100兆円を突破。貿易赤字は、2022年比で54.3%縮小した（財務省2023年1月発表）。

☐ **❹** 資源や原料を輸入し、**製品化して輸出**することを ☐ という。

加工貿易
明治中期以降、日本が経済成長を遂げてきた要因の1つ。

☐ **❺** 2022年度の<u>食料自給率</u>(カロリーベース)において、☐ は<u>99</u>%、**畜産物**は ☐ %。

米、17
小麦16%、野菜75%、果実30%、大豆25%、砂糖類34%（カロリーベース）。

☐ **❻** 2023年の日本の**輸出相手国1位**は ☐ で、輸出額は**約<u>20.2</u>兆円**である。

アメリカ
4年ぶりに首位となった。2位中国、3位韓国。

☐ **❼** 2023年の日本の**輸入相手国1位**は ☐ で、輸入額は**約<u>24</u>兆円**である。

中国
2位アメリカ、3位オーストラリア。

資料：財務省貿易統計、農林水産省統計データ（2022年）、厚生労働省

●次の資源や農産物について、最大の輸入相手国を答えなさい。

☐	❶	原粗油	サウジアラビア
☐	❷	液化天然ガス（LNG）	オーストラリア
☐	❸	医薬品	アメリカ
☐	❹	非鉄金属鉱（原料）	チリ
☐	❺	小麦	アメリカ
☐	❻	大豆	アメリカ
☐	❼	牛肉	アメリカ
☐	❽	とうもろこし	アメリカ
☐	❾	コーヒー豆	ブラジル
☐	❿	たばこ	イタリア

●次の品目に関して、日本が輸出している最大の相手国を答えなさい。

☐	⓫	自動車	アメリカ
☐	⓬	アルコール飲料	中国
☐	⓭	りんご	台湾
☐	⓮	牛肉	アメリカ
☐	⓯	鉄鋼（原料）	タイ
☐	⓰	プラスチック（化学製品）	中国
☐	⓱	船舶	パナマ
☐	⓲	真珠	香港
☐	⓳	清涼飲料水	中国
☐	⓴	緑茶	アメリカ

常識チェック！ 解答 **1.** アメリカ、中国 **2.** 38（生産額ベースでは58%）

地理・歴史
31
●
日本の貿易

32 世界の地理

出題率 ★★

✎ 常識チェック！ ●次の空欄に入る地名・数字は？ 解答は右ページ下▶

☐ **1.** 世界は、◻︎◻︎つの大陸と、◻︎◻︎つの大洋からなる。

☐ **2.** 世界の全人口は約◻︎◻︎億人、地球の表面積は約◻︎◻︎億km^2。

ランク A 必ず覚える！ 常識問題   解答・解説

●次の空欄に適する語句を答えなさい。

☐ **1** 面積が世界最大の国は、◻︎◻︎、2位は**カナダ**、3位は**アメリカ**である。

ロシア
世界最小はバチカン市国。

☐ **2** 世界の人口1位は**インド**、2位は**中国**、3位は、◻︎◻︎である。

アメリカ
4位インドネシア、5位パキスタン、6位ナイジェリア（世界人口白書2023）。

☐ **3** 世界三大宗教とは、**キリスト教**、**仏教**、◻︎◻︎である。

イスラム教
その聖地はメッカ（サウジアラビア中西部）である。

☐ **4** 国内総生産(GDP)が大きい上位3カ国とは、**アメリカ**、**中国**、◻︎◻︎である。

ドイツ
2023年のドル建ての名目GDPでドイツが日本を抜いて世界3位となり、日本は4位に後退。

☐ **5** **アンデス**山脈、**ロッキー**山脈、**日本列島**を含む山地の連なりを◻︎◻︎**造山帯**という。

環太平洋
二大造山帯のもう1つはアルプス・ヒマラヤ造山帯。

☐ **6** 石油輸送路として重要な拠点とされ、**オマーン湾**と**ペルシャ湾**を結ぶ海峡を◻︎◻︎という。

ホルムズ海峡
エネルギー安全保障4大拠点の1つ。ほかはマラッカ海峡、マンデブ海峡、スエズ運河。

☐ **7** **領土**と**領海**の上空で、国の**主権**が及ぶ領域を◻︎◻︎という。

領空
一般的には人工衛星の最低軌道が領空の限界とされている。

●次の特色に当てはまるものを答えなさい。

☐ **8** 中緯度の温帯地方に吹く**西よりの風**
偏西風
極を中心に西から東へ吹く。

☐ **9** 亜熱帯高圧帯から**赤道に吹く風**
貿易風
北半球では北東の風、南半球では南東の風。

☐ **10** 母語としての**使用人口が世界一多い言語**
中国語
約8億人。2位英語。

☐ **11** **世界最長**の河川
ナイル川
長さ2位はアマゾン川。

☐ **12** 世界最大の**流域面積**を持つ河川
アマゾン川
南米ブラジルと周辺国に流れる。

☐ **13** **北アメリカ最長**の河川
ミシシッピ川
北アメリカ大陸を流れる河川の1つ。

☐ **14** **アジア最長**の河川
長江(揚子江)
約6300㎞。中国を流れる。

☐ **15** 世界最大の**湖沼**
カスピ海
面積約37万㎢でほぼ日本と同じ。

☐ **16** **アフリカ最大**の湖
ヴィクトリア湖
ケニア、ウガンダ、タンザニアに接する。

☐ **17** **世界最大**の島
グリーンランド
デンマークに属する。

☐ **18** 地球の**赤道の全周**(km)
約4万km
春分と秋分の年2回、太陽が真上に昇る。

☐ **19** **世界最大面積**の砂漠
サハラ砂漠
2位はアラビア砂漠。

☐ **20** **太平洋と大西洋**を結ぶ運河
パナマ運河
国際運河であり、船籍問わず通行可能。

☐ **21** **紅海と地中海**を結ぶ運河
スエズ運河
1956年、エジプトにより国有化。

☐ **22** 世界の**最高峰の山**
エベレスト(チョモランマ)
標高8,848m。欧州最高峰はモンブラン。

☐ **23** **アジア**と**欧州**を隔てる海峡
ボスポラス海峡

常識チェック! 解答 **1.** 6(ユーラシア、アフリカ、南・北アメリカ、オーストラリア、南極の各大陸)、3(太平洋、大西洋、インド洋) **2.** 80、5

●次の特色が示す国名を答えなさい。

☐ ❶ **人口世界第__1__位。**__茶__の生産量世界**第__2__位**。IT産業。　インド

☐ ❷ **国土面積世界最大。天然ガスの生産量世界第__2__位。**　ロシア

☐ ❸ BRICSの１つ。94年__アパルトヘイト__**廃止。**　南アフリカ共和国

☐ ❹ 英語とフランス語が公用語。**世界第__2__位の国土面積。**　カナダ

☐ ❺ **世界最大の島**__グリーンランド__を領有。酪農国。　デンマーク

☐ ❻ クメール王朝の**遺跡**__アンコール・ワット__。　カンボジア

☐ ❼ **ぶどう**生産量世界**第__2__位**。__ポンペイ__**遺跡。**　イタリア

☐ ❽ 名目__GDP__世界**第__1__位。牛肉**の生産量世界**第__1__位。**　アメリカ合衆国

☐ ❾ __コーヒー豆__の生産量世界**第__1__位**。サンバ。　ブラジル

☐ ❿ キリスト教、ユダヤ教、イスラム教の聖地__エルサレム__。　イスラエル

☐ ⓫ __イースター__島。元スペインの植民地。　チリ

☐ ⓬ アーリア系__ペルシャ人__。__イスラム教__が国教。　イラン

☐ ⓭ __バルカン__半島。クレタ島。地中海性気候。古代遺跡。　ギリシャ

☐ ⓮ __バリ__島。仏教遺跡ボロブドール。　インドネシア

☐ ⓯ 国土の４分の１は__海面下__に位置。**風車。**チューリップ。　オランダ

☐ ⓰ EU加盟国で人口最大。ビール生産量世界**第__4__位**。　ドイツ

☐ ⓱ 中米の社会主義政権。__カリブ__に浮かぶ赤い島。　キューバ

☐ ⓲ **タリバン**による実効支配。__バーミヤン__仏教遺跡。　アフガニスタン

☐ ⓳ __平昌__冬季五輪。**北緯__38__度線。**　韓国

☐ ⓴ __ロヒンギャ__問題。エーヤワディー川。　ミャンマー

● 次の国の首都を答えなさい。　　　　● 次の観光地のある国名を答えなさい。

☐ ㉑	アイルランド	ダブリン	☐ ㉛	カッパドキア	トルコ
☐ ㉒	スイス	ベルン	☐ ㉜	エアーズロック	オーストラリア
☐ ㉓	北朝鮮	平壌 ピョンヤン	☐ ㉝	王家の谷	エジプト
☐ ㉔	サウジアラビア	リヤド	☐ ㉞	ナスカの地上絵	ペルー
☐ ㉕	イラク	バグダッド (バグダード)	☐ ㉟	グランド・キャニオン	アメリカ
☐ ㉖	アフガニスタン	カブール (カーブル)	☐ ㊱	ストーンヘンジ	イギリス
☐ ㉗	タイ	バンコク	☐ ㊲	マチュピチュ	ペルー
☐ ㉘	スペイン	マドリード	☐ ㊳	アンコール・ワット	カンボジア
☐ ㉙	モンゴル	ウランバートル	☐ ㊴	タージ・マハル	インド
☐ ㉚	パキスタン	イスラマバード	☐ ㊵	万里の長城	中国

● 次の各項目に関して、世界第1位の国を答えなさい。

☐ ㊶	米・小麦の生産量	中国
☐ ㊷	天然ゴムの生産量	タイ
☐ ㊸	ウランの生産量	カザフスタン
☐ ㊹	金の産出量	中国
☐ ㊺	大豆の生産量	ブラジル
☐ ㊻	バナナの生産量	インド
☐ ㊼	船の生産量（造船）	中国
☐ ㊽	天然ガスの生産量	アメリカ
☐ ㊾	鉄鉱石の生産量	オーストラリア
☐ ㊿	原油（石油）の1日当たりの生産量	アメリカ

資料：財務省、外務省、GLOBAL NOTE

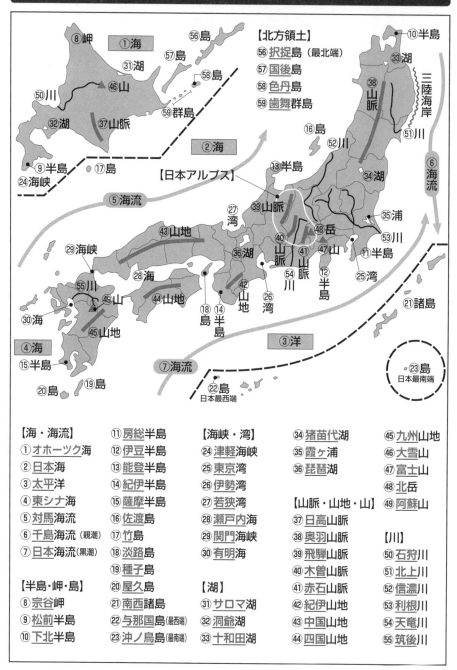

⑧岬　①海　㉖島
　　　　　　㉗島
　　　㉛湖
　　　　　　㉘島
　⑨山
⑤川　　　　　⑨群島
　　　　　　　②海
　③湖　㊲山脈
　⑨半島　⑰島
㉔海峡

【北方領土】
㊶択捉島（最北端）
㊷国後島
㊸色丹島
㊹歯舞群島

⑩半島
㉝湖
㊳山脈
三陸海岸
⑪川

⑯島
㊵川
⑬半島
【日本アルプス】
⑨山脈
㉗湾
⑥海流
㉞湖
㉟浦
㊸岳
㊷山
㊱湖　④川
⑰半島
⑫半島
㉕湾
㉑諸島

㊺山地
㉙海峡　㉘海
㊻川　　㊹山
㉚海　　㊺山地
㊺山地
④海
⑮半島
⑳島　⑲島

㊲山脈　㊲山地
㊵川　⑤山脈
㊴山　㊵川
⑱島　⑭半島
㊶山地
㉖湾
③洋
⑦海流

㉒島
日本最西端

㉓島
日本最南端

【海・海流】
①オホーツク海
②日本海
③太平洋
④東シナ海
⑤対馬海流
⑥千島海流（親潮）
⑦日本海流（黒潮）

【半島・岬・島】
⑧宗谷岬
⑨松前半島
⑩下北半島

⑪房総半島
⑫伊豆半島
⑬能登半島
⑭紀伊半島
⑮薩摩半島
⑯佐渡島
⑰竹島
⑱淡路島
⑲種子島
⑳屋久島
㉑南西諸島
㉒与那国島（最西端）
㉓沖ノ鳥島（最南端）

【海峡・湾】
㉔津軽海峡
㉕東京湾
㉖伊勢湾
㉗若狭湾
㉘瀬戸内海
㉙関門海峡
㉚有明海

【湖】
㉛サロマ湖
㉜洞爺湖
㉝十和田湖

㉞猪苗代湖
㉟霞ヶ浦
㊱琵琶湖

【山脈・山地・山】
㊲日高山脈
㊳奥羽山脈
㊴飛騨山脈
㊵木曽山脈
㊶赤石山脈
㊷紀伊山地
㊸中国山地
㊹四国山地

㊺九州山地
㊻大雪山
㊼富士山
㊽北岳
㊾阿蘇山

【川】
㊿石狩川
51北上川
52信濃川
53利根川
54天竜川
55筑後川

世界の地形 まとめてチェック！

【海】
❶ 地中海
❷ バルト海
❸ 北海
❹ 黒海
❺ 紅海
❻ インド洋
❼ 東シナ海
❽ 南シナ海

大西洋

【砂漠・盆地】
❾ サハラ砂漠
❿ コンゴ盆地
⓫ カラハリ砂漠
⓬ ゴビ砂漠
⓭ グレートビクトリア砂漠

【川】
⓮ 黄河
⓯ 長江（揚子江）
⓰ ナイル川
⓱ アマゾン川
⓲ ミシシッピ川

【山脈】
⓳ アルプス山脈
⓴ ウラル山脈
㉑ ヒマラヤ山脈
㉒ ロッキー山脈
㉓ アンデス山脈

【海峡・湾・運河】
㉔ ジブラルタル海峡
㉕ スエズ運河
㉖ マラッカ海峡
㉗ 間宮（タタール）海峡
㉘ 宗谷海峡
㉙ ベーリング海峡
㉚ パナマ運河
㉛ マゼラン海峡
㉜ ペルシャ湾
㉝ メキシコ湾

【その他】
㉞ フィヨルド
㉟ 喜望峰
㊱ グレートバリアリーフ
㊲ イラン高原
㊳ デカン高原

【湖】
㊴ カスピ海
㊵ ビクトリア湖
㊶ スペリオル湖

【山】
㊷ エベレスト山
㊸ モンブラン山
㊹ キリマンジャロ山

【半島・島】
㊺ スカンディナビア半島
㊻ マダガスカル島
㊼ アラビア半島
㊽ グリーンランド

太平洋

地理・歴史
32
● 世界の地理〈日本の地形・世界の地形〉

93

地理・歴史

出題率 ★

33 日本史

常識チェック！ ●次の空欄に入る語句・数字は？ 解答は右ページ下▶

☐ **1.** 邪馬台国は女王 ☐ が統治したとされる。

☐ **2.** ☐ 年に第二次世界大戦が勃発した。

ランク **A** 必ず覚える！常識問題　　　　　　　　　解答・解説

●次の空欄に適する語句を答えなさい。

☐ **①** **十七条の憲法**(604年)や<u>冠位十二階</u>を制定したのは ☐ である。

> **聖徳太子**
> 遣隋使の派遣も実施。

☐ **②** 645年、☐ **皇子**らは、朝廷による律令国家の確立を目指して「<u>大化の改新</u>」を起こした。

> **中大兄**
> 権勢を誇った蘇我氏が滅亡。

☐ **③** 701年制定の ☐ **律令**によって、中国に範をとった日本の**律令制度**が整った。

> **大宝**
> 律令制度とは中央集権的な法による統治体制。

☐ **④** ☐ **法**(743年)によって開墾地の**永世私有**が認められ、<u>荘園</u>発生の基礎となった。

> **墾田永年私財**
> 三代のみに私有を認める「三世一身法」(723年)にかわるもの。

☐ **⑤** 600年から618年まで<u>遣隋使</u>が派遣され、630年から894年まで ☐ が派遣された。

> **遣唐使**
> 廃止により国風文化が盛んになった。

☐ **⑥** 平安中期以降の、外戚である<u>摂政</u>または**関白**主導で行われた政治形態を ☐ という。

> **摂関政治**
> 藤原道長の時代に頂点を極めた。

☐ **⑦** 1086年に ☐ **上皇**が始めた、天皇を譲位した**上皇**や**法皇**が政治を行う体制を<u>院政</u>という。

> **白河**
> 藤原氏に対抗するために始まった。

94

8 平治の乱で勝利者となった [　　] は、武士として初めて太政大臣となった。

平清盛
宋銭を国内で流通させて貨幣経済の基礎を築いた。

9 1185年、守護・地頭を設置して鎌倉幕府を開いた [　　] は、1192年征夷大将軍に任命された。

源頼朝
守護とは地方の軍事・警察権掌握機関で、国ごとに1人置かれた。

10 三代将軍源実朝以降は、[　　] の座にあった北条氏が鎌倉幕府の実権を握った。

執権
武家最初の整った法典「御成敗式目（貞永式目）」を制定。

11 1274年の文永の役と、1281年の [　　] の役を合わせて元寇という。

弘安
元（モンゴル）のフビライによる対日侵攻。

12 1333年に鎌倉幕府を滅ぼした後醍醐天皇が始めた政治形態を [　　] という。

建武の新政
新田義貞、足利尊氏、楠木正成らが協力した。

13 1336年、光明天皇(北朝)を立てた [　　] と、吉野に逃れた後醍醐天皇(南朝)の間で、南北朝の動乱が始まった。

足利尊氏
三代将軍足利義満が南北朝合体を実現するまで動乱は続いた。

14 室町時代後期、京都を中心に続き、戦国時代の幕開けとなった戦乱を [　　] という。

応仁の乱
1467〜1477年。

15 1543年、ポルトガル人の乗った船が種子島に漂着したことにより、[　　] が日本にもたらされた。

鉄砲
日本の戦争の仕方を変えた。

16 1549年、イエズス会(耶蘇会)の宣教師フランシスコ・ザビエルが日本に [　　] 教を伝えた。

キリスト
イエズス会は宗教改革に対抗し設立された。

17 [　　] は室町幕府を倒し、安土城を築いた。

織田信長
楽市楽座などの革新政策も。

18 江戸幕府は禁教と貿易統制を目的に、中国や [　　] とのみ貿易を許可する鎖国政策をとった。

オランダ
主な貿易港は長崎。

常識チェック！ 解答　1. 卑弥呼　2. 1939

⑲ 江戸時代の三大改革とは、**享保の改革**、[___] の改革、天保の改革である。

寛政
老中松平定信が行った幕府の政治改革。"享保"は徳川吉宗が、"天保"は水野忠邦が主導した。

⑳ 1853年、アメリカのペリーが軍艦を率いて浦賀に来航し、翌年幕府と [___] **条約**を締結した。

日米和親
日本側に不利な内容だった。

㉑ アメリカと日米修好通商条約を結んだ大老井伊直弼が行った政治弾圧を「[___] **の大獄**」という。

安政
吉田松陰らが刑死した。

㉒ 江戸幕府**第15代将軍** [___] は大政奉還を行い、朝廷に政権を返上した。

徳川慶喜
江戸幕府最後の将軍。

㉓ 1868年に発布された明治**政府**の基本方針を [___] という。

五箇条の(御)誓文
公議世論と開国和親が重点内容。

㉔ 1873年に明治政府が行った、**土地や税に関する変革**を [___] という。

地租改正
同年には徴兵令も出された。

㉕ 1885年に**内閣制度**が開始され、**初代**総理大臣として [___] が就任した。

伊藤博文
長州藩、松下村塾出身。中国のハルビンで暗殺される。

㉖ 1894年、日本は [___] の支配権をめぐって清と対立し、日清**戦争**に突入した。

朝鮮
日本の勝利後、「下関条約」を締結。

㉗ 1902年、[___] のアジアへの南下を牽制するため、日英**同盟**が締結された。

ロシア
日英同盟は1923年まで続いた。

㉘ 1904年勃発の日露**戦争**は、[___] **条約**により日本が勝利して終結した。

ポーツマス
「日露講和条約」とも。日本側を代表して小村寿太郎外務大臣があたった。仲介した米大統領はセオドア・ルーズベルト。

㉙ 1910年、日本は [___] を**併合**し、植民地として朝鮮総督府を設置した。

韓国
京城(現在のソウル)に設置。

☐ **30** 1925年、☐法が制定され、**25歳以上の男子**に**選挙権**が与えられた。

普通選挙
衆議院議員選挙法を改正し、納税額による制限選挙から、納税要件が撤廃された。

☐ **31** 1937年の☐**事件**を発端に、**日中戦争（支那事変）**が勃発した。

盧溝橋（ろこうきょう）
北京郊外での日中の軍隊衝突事件。

☐ **32** 1941年、日本がハワイの☐を攻撃し、**アメリカ**との間に**太平洋戦争**が始まった。

真珠湾
アメリカ太平洋艦隊に大打撃を与えた。

☐ **33** 1945年の☐**宣言**の受諾によって、日本は**連合国軍**に占領されることになった。

ポツダム
連合国軍最高司令官にはアメリカのマッカーサーが就任した。

☐ **34** 1951年、旧連合国**48カ国**と日本との間に☐**講和（平和）条約**が締結された。

サンフランシスコ
日本側の代表は吉田茂首相。この条約により、日本の独立が回復した。

☐ **35** 1972年、**田中角栄首相**は日本と☐との**国交正常化**を実現させた。

中国
中国側は周恩来首相が調印。また、同年に沖縄の施政権がアメリカから返還された。

☐ **36** 1956年、☐により**ソ連**との国交が回復し、日本は**国際連合**に加盟した。

日ソ共同宣言
国境確定問題は先送りにされたまま現在に至る。

☐ **37** 1985～1987年、☐**内閣**において、**電電公社、専売公社、国鉄**の民営化を行った。

中曽根康弘
それぞれNTT、JT、JRとなった。

☐ **38** 1989年、**竹下登首相**は税制改革として☐を導入した。

消費税
導入時は3%。これに伴い物品税が廃止された。

☐ **39** 2009年の総選挙で**民主党**が初めて第1党となり、☐**代表**が首相に就任した。

鳩山由紀夫
民主党政権は2012年まで続いた。

☐ **40** 2009年、**市民が刑事裁判に参加する**☐が始まった。

裁判員制度
殺人罪など重大な犯罪についての裁判で適用される。

日本略史年表 日本史の流れをざっくりとチェック!

時代	西暦	主な出来事
縄文	B.C.12000頃	土器・磨製石器
	B.C.8000頃	竪穴住居・貝塚
弥生	B.C.400頃	水稲農業・金属器の使用
	57	奴国王、後漢より金印を授かる
	239	邪馬台国の女王卑弥呼、魏に遣使
飛鳥	604	聖徳太子が憲法十七条を制定
	630	遣唐使開始
	645	大化の改新(蘇我氏滅亡)
	701	大宝律令完成〈律令政治の基礎〉
奈良	710	平城京遷都
	723	三世一身の法
	743	墾田永年私財法
平安	794	平安京遷都
	1017	藤原道長が太政大臣に〈摂関政治の絶頂期〉
	1086	白河上皇が院政開始
	1156・59	保元の乱・平治の乱
	1167	平清盛が太政大臣に
鎌倉	1185	平氏滅亡。鎌倉幕府成立
	1192	源頼朝が征夷大将軍に
	1219	三代将軍源実朝暗殺
	1232	北条泰時が御成敗式目制定〈執権政治〉
	1274・81	文永の役(元寇)・弘安の役(元寇)
	1333	鎌倉幕府滅亡
南北朝	1334	後醍醐天皇による建武の新政
室町	1338	足利尊氏が征夷大将軍に。京都室町に幕府を開く
	1392	南北朝合一
	1467	応仁の乱
戦国	1543	鉄砲伝来
安土・桃山	1549	キリスト教伝来
	1573	織田信長が将軍を追放。室町幕府滅亡
	1590	豊臣秀吉が日本を統一
	1592・97	文禄の役・慶長の役(秀吉朝鮮侵略)
江戸	1603	徳川家康が征夷大将軍に。江戸に幕府を開く
	1614・15	大坂冬の陣・夏の陣(豊臣氏滅亡)

江戸	1639	鎖国体制完成（中国・オランダを除く）
	1716	享保の改革（八代将軍吉宗）
	1787	寛政の改革（老中松平定信）
	1841	天保の改革（老中水野忠邦）
	1853	ペリーが浦賀に来航
	1854	日米和親条約
	1858	日米修好通商条約、安政の大獄
	1867	大政奉還
明治	1868	五箇条の御誓文〈明治維新〉
	1873	徴兵令・地租改正
	1889	大日本帝国憲法の発布
	1894	日清戦争
	1902	日英同盟締結
	1904	日露戦争
	1910	韓国併合
大正	1914	第一次世界大戦勃発
	1918	原敬内閣発足
昭和	1931	満州事変
	1936	二・二六事件
	1937	日中戦争開始
	1939	第二次世界大戦勃発
	1941	太平洋戦争開始
	1945	ポツダム宣言受諾、第二次世界大戦終結
	1946	日本国憲法発布
	1951	サンフランシスコ平和条約
	1956	日ソ国交回復・国連加盟
	1972	沖縄復帰、日中国交正常化
	1978	日中平和友好条約調印
平成	1989	消費税導入
	1992	カンボジアへPKO派遣（～2017年）
	2004	イラクへ自衛隊を派遣（～2006）
	2009	裁判員制度施行
	2011	東日本大震災、福島第一原発事故発生
	2013	特定秘密保護法成立
	2016	改正公職選挙法施行、選挙権年齢が18歳以上に
令和	2021	オリンピック・パラリンピック東京大会開催

34 世界史

常 識 チ ェ ッ ク ! ●次の問いの答えは？　解答は右ページ下▶

☐ 1. 1789年、ブルボン朝の絶対君主制を倒した市民革命とは？

☐ 2. 第二次大戦時「枢軸国」と呼ばれた三国とは？

ランク A　必ず覚える！ 常識問題　　　　　　解答・解説

●次の空欄に適する語句を答えなさい。

☐ **1** モヘンジョ・ダロなどの計画都市を建設し、象形文字を用いたのは □ 文明である。

インダス
インダス川流域で発展。エジプト文明が発祥した川（流域）はナイル川。

☐ **2** 紀元前8世紀頃の**古代ギリシャでシノイキスモス**により成立した独立都市国家を □ という。

ポリス
中心となる丘「アクロポリス」と公共広場「アゴラ」があった。シノイキスモスは集合住居の意。

☐ **3** アレクサンダー大王の東方遠征により、2つの文化が融合して、新しく □ 文化が生まれた。

ヘレニズム
ギリシャとオリエントの2つの文化が融合して生まれた。

☐ **4** 紀元前221年に**中国を統一**したのは、秦の □ である。

始皇帝
中国最初の皇帝。「万里の長城」「兵馬俑」「焚書坑儒」でも知られる。

☐ **5** 古代の**通商路** □ によって、中国から西方に絹がもたらされた。

シルク・ロード（絹の道）
東アジアから地中海域までを結んだ。

☐ **6** □ は、アラビア半島の**メッカ**に生まれ、7世紀初め頃に**イスラム教**を創始した。

ムハンマド（マホメット）
610年頃、唯一絶対の神「アラー」の啓示を受けた。

☐ **7** □ は、隋の**楊堅(文帝)**が始め、清朝まで行われた中国の官吏登用試験である。

科挙
1905年に廃止。

☐ **⑧** 中世のヨーロッパ都市でみられた、商工業者の**特権的**協同組合を ☐ という。

ギルド
都市の実権を握ったが、近代産業の成立と共に衰退。

☐ **⑨** ローマ教皇に破門された**神聖ローマ皇帝ハインリヒ4世**が、雪中で武装を解き赦免を請うた事件(1077年)を ☐ という。

カノッサの屈辱
この歴史的経緯から「強制されて屈服、謝罪すること」の慣用句としてよく用いられる。

☐ **⑩** 1206年、 ☐ は**モンゴル帝国**を建国した。

チンギス・ハーン

☐ **⑪** 1215年、**イングランド国王ジョン**に対し、貴族や僧侶が王権の制限を認めさせた文書を ☐ という。

マグナ・カルタ(大憲章)
イギリス立憲政治の三大法典の1つ。

☐ **⑫** 三十年戦争後に締結された**講和条約**(1648年)で、初の本格的な多国間条約として**近代国際法発展**の元になったのが ☐ である。

ウェストファリア(ヴェストファーレン)条約
三十年戦争は神聖ローマ帝国を舞台に、カトリック陣営とプロテスタント陣営が争った。

☐ **⑬** 第一次世界大戦後、戦勝国と敗戦した**ドイツ**との間で ☐ **(講和)条約**が締結された。

ヴェルサイユ
ドイツに膨大な賠償金を課す内容で、その後の民族意識高揚を招く結果となった。

☐ **⑭** 1917年に起った**ロシア**革命では、 ☐ が中心的指導者となった。

レーニン
ソビエト連邦の成立(1922〜1991年)。

☐ **⑮** 1912年、**南京**で ☐ が樹立され、**清朝**の皇帝が廃位した。

中華民国
清は276年の歴史に幕を閉じた。

☐ **⑯** 1989年、 ☐ が崩壊し、翌年**東西ドイツ**が再統一された。

ベルリンの壁
東ドイツが西ドイツに編入される形で国家統一となった。

☐ **⑰** **2008年**、連鎖的に発生した世界的な**金融危機**を ☐ と呼ぶ。

リーマン・ショック
アメリカの投資銀行リーマン・ブラザーズ・ホールディングスの経営破綻が発端。

常識チェック！ 解答 **1.** フランス革命 **2.** ドイツ、イタリア、日本

●次の空欄に適する語句を答えなさい。

1 1400年頃、<u>ペルー</u>高原に □ 帝国が建設された。

インカ
1533年スペイン人のピサロに征服され滅亡。

2 1517年、□ は「<u>九十五箇条の論題</u>」を発表し、<u>宗教改革</u>の中心人物となった。

マルチン・ルター
ドイツの神学者、聖職者。キリスト教の新宗派プロテスタントを誕生させた。

3 <u>火薬</u>・<u>羅針盤</u>・□ は、**ルネサンスの三大発明**と呼ばれている。

活版印刷術
いずれも中国が起源。

4 1649年、<u>クロムウェル</u>率いる議会派が共和制を樹立させた市民革命は □ 革命である。

清教徒(ピューリタン)
その後、イングランドの王権は徐々に縮小されていった。

5 1776年に採択された<u>アメリカ独立</u>宣言の起草者は □ である。

ジェファーソン
第3代大統領。アメリカ独立宣言は近代民主政治の理念の原型とされる。

6 1871年、ヴィルヘルム1世のもとに統一された**ドイツ**で、□ は「<u>鉄血宰相</u>」と呼ばれた。

ビスマルク
統一は鉄（武器）と血により成されると主張した演説から。

7 20世紀初頭、□ **半島**は「ヨーロッパの<u>火薬庫</u>」と呼ばれた。

バルカン
複数の民族と大国の思想が絡み合う地域であり、第一次世界大戦のきっかけを生んだ。

8 1945年、**イギリス**、**アメリカ**、□ の最高指導者が集まり、<u>ヤルタ</u>会談が開かれた。

ソビエト連邦
スターリン（ソ連）、ルーズベルト（米）、チャーチル（英）が参加。第二次世界大戦の戦後処理について話し合った。

9 <u>毛沢東</u>**主席**の指導のもと、中国国内で起きた大規模な思想的・政治的動乱を □ という。

文化大革命
1965〜1976年。プロレタリア文化大革命とも。

10 2002年、<u>EU</u>**域内**で単一通貨 □ の流通が開始された。

ユーロ
EU＝欧州連合体。本部はベルギーのブリュッセル。

世界略史年表　世界史の流れをざっくりとチェック！

四大文明
- ①**エジプト**　②**メソポタミア**　③**インダス**　④**黄河**
  - ▶ナイル川流域　▶チグリス・ユーフラテス川流域　▶インダス川流域　▶黄河流域

ローマ帝国
- ●皇帝を中心とする強大国家　●**キリスト教**の国教化
  - ▶初代皇帝オクタビアヌス（BC27即位）　▶4世紀末

375年ゲルマン民族の大移動開始→ローマ帝国の弱体化→強大国家の消滅

中世
キリスト教が絶対の時代
- ●諸侯による地方分権の**封建社会**　●**ローマ＝カトリック**教会
  - ▶社会での役割に応じた身分階層が固定化。　▶絶対的な権威を持つ→十字軍遠征→末期ローマ教皇の権威の衰退

VS　VS

ルネサンスと宗教改革
- ●**ルネサンス**：人間尊重の意識　●**宗教改革**：聖書への回帰
  - ▶イタリアで始まる。芸術や科学の発展　▶ドイツのルターがカトリック教会を批判

絶対王政
国王を頂点とする中央集権国家
- ●イギリス：**エリザベス1**世　●フランス：**ルイ14**世
  - ▶スペインの無敵艦隊を撃破、イギリス国教会を確立　▶ヴェルサイユ宮殿を建立。栄華を極める

VS

市民革命
産業や農業の発展により新興中産階級が発生
- ▼イギリス
  清教徒革命(1642)
  →**名誉革命**（1688）
  →議会政治の発展
- ▼フランス
  フランス革命(1789)
  →人権宣言(自由・平等・国民主権)
  →**ナポレオン**台頭
- ▼アメリカ
  イギリスからの
  独立戦争(1775)
  →独立宣言

産業革命
- ▶18世紀後半**イギリス**から始まる。軽工業から**重工業**へ（道具から機械へと生産手段が変化）→大量生産が可能になり、**独占資本**主義発生

列強のアジア侵略
市場と資源を求め、欧米諸国がアジア諸国を植民地化
- ▶中国(清)：**アヘン戦争**でイギリスに破れ香港割譲。**日清戦争**で日本に破れ台湾割譲
- ▶インド：セポイ(シパーヒー)の乱→**ムガル帝国**滅亡→イギリスの植民地に
- ▶ヴェトナム：フランスの植民地　▶インドネシア：オランダの植民地　▶韓国：日本の占領

第一次世界大戦
独占資本主義と結びついた国家権力（英VS独）の対立
- ●**三国同盟**：**ドイツ**、**オーストリア**、イタリア
  VS
- ●**三国協商**：**イギリス**、**ロシア**、フランス　▶同盟側の敗戦→**国際連盟**設立

第二次世界大戦
持てる国と持たざる国の対立から全世界を巻き込む史上最大の戦争へ
- ●**連合国**：持てる国（**イギリス**、アメリカ、フランス）＋**ソ連**、中国
  VS
- ●**枢軸国**：持たざる国(日本、**ドイツ**、イタリア)▶連合国の勝利→**国際連合**設立

第二次世界大戦後
- ●**アメリカ**を中心とする**西側陣営**(北大西洋条約機構(NATO))と**ソ連**を中心とする**東側陣営**(ワルシャワ条約機構)の対立→**冷戦**の始まり

冷戦終結　世界は多極化の時代へ
- ▶1989年終結。欧州：**東西ドイツ**統一、**ソ連**解体、**EU**(ヨーロッパ連合)発定

映画・演劇

解答は右ページ下

常識チェック！ ●次の空欄に入る語句は？

☐ 1. 次の国際映画祭最高賞の名称はそれぞれ、
カンヌ➡ ① 、ベルリン➡ ② 、ヴェネツィア➡ ③ 。

☐ 2. サスペンス映画の神様と呼ばれるイギリスの監督は ☐ 。

ランク A 必ず覚える！ 常識問題　　　　解答・解説

●次の空欄に適する語句を答えなさい。

☐ **1** 米映画の三大喜劇王とは、バスター・キートン、ハロルド・ロイドと ☐ を指す。

チャールズ・チャップリン
代表作に『モダン・タイムス』『ライムライト』など。

☐ **2** 1950年代末にフランスで起こった新しい映画作りの潮流を ☐ という。

ヌーベル・バーグ
ゴダール監督作品『勝手にしやがれ』などが代表例。

☐ **3** 日本で最も長い歴史を持つ映画雑誌が選ぶ映画賞が、 ☐ ベスト・テンである。

キネマ旬報
大正13年（1924年）創設。興行成績によらない選考基準に定評がある。

☐ **4** ☐ は、ニューヨーク・ブロードウェイの劇場で公演された演劇やミュージカルを対象に、年に一度贈られる賞である。

トニー賞
正式名称は「アントワネット・ペリー賞」。名女優アントネット・ペリーを称えて名付けられた。

☐ **5** 日本映画の歴代興行成績（洋画・邦画総合）第1位は『 ☐ 』、第2位は『千と千尋の神隠し』である。

劇場版「鬼滅の刃」無限列車編
2020年公開。興行収入約404億円。3位は1997年公開の「タイタニック」。

☐ **6** 日本アニメ映画の歴代興行成績3位を記録した、新海誠監督作品は『 ☐ 』である。

君の名は。
2016年公開。2位は宮崎駿監督の『千と千尋の神隠し』。

☐ **❼** 1970年代、**演劇グループ** ☐ の<u>寺山修司</u>は、アングラ四天王の1人と呼ばれ、小劇場ブームの立役者となった。

天井桟敷
アングラ四天王は、ほかに状況劇場の唐十郎、早稲田小劇場の鈴木忠志、黒テントの佐藤信。

☐ **❽** **松尾スズキ、阿部サダヲ**、脚本家でもある<u>宮藤官九郎</u>が所属する劇団は ☐ である。

大人計画
90年代小劇場演劇を代表する劇団。

ランク B ■ **ココで差をつける！ 必修問題**　　　解答・解説

● 次の作品の監督、舞台作品の劇作家をそれぞれ答えなさい。

☐ **❶** 映画 『<u>東京物語</u>』『麦秋』『秋刀魚の味』　　**小津安二郎**

☐ **❷** 映画 『影武者』『<u>七人の侍</u>』『どですかでん』　　**黒澤明**

☐ **❸** 映画 『<u>楢山節考</u>』『うなぎ』　　**今村昌平** この2作品でカンヌ最高賞を2度受賞。

☐ **❹** 映画 『殯の森』『<u>萌の朱雀</u>』『あん』　　**河瀬直美**

☐ **❺** 映画 『<u>シン・ゴジラ</u>』『新世紀エヴァンゲリオン』　　**庵野秀明**

☐ **❻** 演劇 『ゴドーを待ちながら』　　**サミュエル・ベケット** 不条理劇の代表作。

☐ **❼** 演劇 『欲望という名の電車』　　**テネシー・ウィリアムズ**

☐ **❽** 演劇 『東京ノート』　　**平田オリザ**

● 次の劇団と舞台作品の組み合わせについて、それぞれ正誤を答えなさい。

☐ **❾** NODA・MAP ―― 『髑髏城の七人』　　**✕** 『髑髏城の七人』は劇団☆新感線の代表作。

☐ **❿** 宝塚歌劇団 ―――― 『エリザベート』　　**○** もとはウィーン発のミュージカル。

☐ **⓫** 演劇集団キャラメルボックス ―― 『光の帝国』　　**○** 早稲田大学の演劇サークル「てあとろ50」出身メンバーが結成。

☐ **⓬** 劇団四季 ――――― 『ミュージカル南十字星』　　**○** 「昭和三部作」のうちの1作。

☐ **⓭** 劇団☆新感線 ―― 『贋作・桜の森の満開の下』　　**✕** 『贋作・桜の森の満開の下』は野田秀樹が主宰する劇団NODA・MAPの作品。

常識チェック！ 解答　1. ①パルムドール　②金熊賞　③金獅子賞
2. アルフレッド・ヒッチコック

文化
35
●
映画・演劇

文化 36 美術・建築

出題率 ★★

常識チェック!
● 次の絵画の画家名、建築物
の建築家名は？ 　解答は右ページ下▶

☐ 1.『睡蓮』　　　　　　　☐ 2.『ひまわり』

☐ 3. サグラダファミリア　☐ 4. 国立西洋美術館本館

ランク A 　必ず覚える! 常識問題　　　　　　　　　解答・解説

● 次の空欄に適する語句を答えなさい。

☐ **1** ドイツの<u>ケルン</u>**大聖堂**に代表される垂直性を
強調した中世の建築様式を ☐ **様式**という。

ゴシック
尖頭アーチやステンドグラス
を特徴とする。半円アーチの
手法と単純な平面を特徴とす
るのがロマネスク様式。

☐ **2** 14世紀末から<u>イタリア</u>で起こった、**神中心**の
中世的な文化から**人間中心**の近代的な文化の
創造を目指した運動を ☐ という。

ルネサンス
フランス語で「再生」の意味。
三大巨匠と呼ばれるレオナル
ド・ダ・ヴィンチ、ミケラン
ジェロ、ラファエロら芸術家
が活躍。

☐ **3** <u>ヴェルサイユ</u>**宮殿**に代表される、絶対王政期
の華麗で豪壮な建築様式を ☐ **様式**という。

バロック
ヴェルサイユ宮殿はルイ14
世の時代に完成。

☐ **4** 対象の全体の雰囲気や外光の効果を明確に表
現しようとする絵画の運動を ☐ **主義**という。

印象
モネの作品『印象 - 日の出』
(1872年)から「印象派」と呼
ばれる。

☐ **5** <u>マティス</u>や<u>ルオー</u>らが起こした大胆な筆致や
原色を特徴とする**芸術運動**を ☐ という。

フォービスム(野獣派)
20世紀初頭。フォービ(ヴィ)
ズムともいう。

☐ **6** <u>ピカソ</u>や**ブラック**は、立体を分解し、幾何学
的に再構成する手法で立体の表現方法を一変
させた、 ☐ の代表的な画家である。

キュビスム(立体派)
20世紀初めに起こった芸術
運動。「キュービズム」とも
いう。

☐ **⑦** 19世紀末に起きた、**装飾的な曲線**を多用した西洋建築や工芸品などの芸術様式が ☐ 。

アール・ヌーヴォー
植物などをモチーフに、当時の新素材（鉄・ガラス）を利用。代表的作家にミュシャ、クリムトなど。

☐ **⑧** 1920～30年に起きた、機械文明を肯定し**直線的な機能美を強調**する様式を ☐ という。

アール・デコ
日本の東京都庭園美術館（旧朝香宮邸）など。

☐ **⑨** 1919年、建築家**グロピウス**らは、機械技術と芸術との統合を目指す芸術学校 ☐ をドイツの**ワイマール**に建設した。

バウハウス
近代建築運動はここから始まった。教授陣にクレー、**カンディンスキー**など。

ランク **B** ココで差をつける！ 必修問題　　　　解答

● 次の画家と関連するものをア～オから選んで正しく組み合わせなさい。

☐ **❶** 上村松園　　　　　　　　　　　　　　①ウ

☐ **❷** クロード・モネ　　　　　　　　　　　②オ

☐ **❸** 俵屋宗達　　　　┌──────────┐③エ
　　　　　　　　　　　│ **ア** 抽象主義　│
☐ **❹** アンディ・ウォーホル│ **イ** ポップアート│④イ
　　　　　　　　　　　│ **ウ** 美人画　　│
☐ **❺** ワシリー・カンディンスキー│ **エ** 琳派　　│⑤ア
　　　　　　　　　　　│ **オ** 印象派　　│
　　　　　　　　　　　└──────────┘

● 次の建物と建築家ア～オを正しく組み合わせなさい。

☐ **❻** 東京都庁舎第一本庁舎　　　　　　　　⑥イ

☐ **❼** 東京文化会館　　　　　　　　　　　　⑦オ

☐ **❽** 国立新美術館　　┌──────────────┐⑧ア
　　　　　　　　　　　│ **ア** 黒川紀章　　　　　│
☐ **❾** 旧帝国ホテル本館│ **イ** 丹下健三　　　　　│⑨ウ
　　　　　　　　　　　│ **ウ** フランク・ロイド・ライト│
☐ **❿** 新国立競技場　│ **エ** 隈研吾　　　　　　│⑩エ
　　　　　　　　　　　│ **オ** 前川國男　　　　　│
　　　　　　　　　　　└──────────────┘

常識チェック！ 解答　1. モネ　2. ゴッホ　3. ガウディ　4. ル・コルビュジエ

37 音楽

出題率 ★★

□ **1.** 無伴奏の合唱曲を □ という。

□ **2.** サンバ発祥の地は ① で、レゲエは ② である。

ランク A 必ず覚える！ 常識問題

解答・解説

●次の空欄に適する語句を答えなさい。

□ **1** ドイツの三(大)Bといわれる作曲家は、バッハ、ベートーヴェン、□ である。

ブラームス
バッハは「近代音楽の父」、ベートーヴェンは「楽聖」の異名を持つ。

□ **2** 18世紀以降の音楽の主流である**和製音楽の**ホモフォニーに対して、**多声音楽**を □ という。

ポリフォニー
複旋律の音楽で、中世からルネサンス期の音楽に多用された。

□ **3** 「神童」と呼ばれた<u>モーツァルト</u>の作品は □ 番号によって整理されている。

ケッヘル
略号は「K.」または「K.V.」。オーストリアのケッヘルが付けたことによる。

□ **4** 『月に憑かれたピエロ』等を作曲した □ は無調音楽の研究から <u>12音技法</u>を創始し、20世紀の音楽に大きな影響を与えた。

シェーンベルク
オーストリアの作曲家でアメリカに帰化。20世紀の西洋音楽に多大な影響を与えた。

□ **5** 作曲家ガーシュインは『ラプソディー・イン・ブルー』でクラシックと □ の融合を試みた。

ジャズ
ほかに『パリのアメリカ人』等。

□ **6** 作曲家 □ は、超絶的な技巧を持つピアニストでもあり、「ピアノの<u>魔術師</u>」とも呼ばれた。

リスト
ハンガリー出身で、「交響詩」を確立した。『超絶技巧練習曲』『ハンガリー狂詩曲』等。

□ **7** 「<u>ワルツ王</u>」と称された作曲家は □ である。

ヨハン・シュトラウス2世

●次の空欄に適する語句を答えなさい。

❶ バロック後期の作曲家 ☐ は、協奏曲『**四季**』を作曲するなど、**独奏協奏曲**の形式を大成した。

ヴィヴァルディ
500曲超の協奏曲、オペラ、室内楽曲などを作曲。

❷ 作曲家 ☐ は、「<u>交響曲の父</u>」、「**弦楽四重奏曲の父**」と呼ばれる。

ハイドン
モーツァルト、ベートーヴェンと並んで古典派を代表する。

❸ 多くの**ピアノ独奏曲**を作曲した ☐ は、「<u>ピアノの詩人</u>」と称された。

ショパン
19世紀の前期ロマン派音楽の代表的存在。

❹ <u>ロシア</u>の作曲家 ☐ は、バレエ音楽の傑作と呼ばれる**三大バレエ音楽**を作曲した。

チャイコフスキー
三大バレエとは、『白鳥の湖』『眠れる森の美女』『くるみ割り人形』。

❺ 1950年代、アメリカで**リズム＆ブルース**や<u>ジャズ</u>をもとに誕生した大衆音楽が ☐ 。

ロックンロール
後に幅広く多様化するロックの起源となった。

❻ ロックバンド ☐ の代表曲には、『**ヘイ・ジュード**』『<u>レット・イット・ビー</u>』などがある。

ザ・ビートルズ
イギリス出身。主に1960年代に活動。多数のアーティストに影響を与えた。

❼ ☐ は、アメリカ**四大音楽賞**の1つで、日本人受賞者には<u>小澤征爾</u>氏、**松本孝弘**氏など。

グラミー賞
ほかに「アメリカン・ミュージック・アワード」「ビルボード・ミュージック・アワード」「ロックの殿堂」。

❽ **ニューヨーク**の ☐ は、<u>音楽の殿堂</u>と称されている。

カーネギー・ホール
クラシックやポピュラー音楽の演奏会が頻繁に行われる。

❾ 複数の曲から**メロディ**と伴奏を別々に取り出して組み合わせる手法を ☐ という。

マッシュアップ
2000年前後から話題に。web用語としても使われる。

❿ 日本最大規模の**ロック・フェスティバル**として、<u>新潟県苗場</u>で ☐ が開催されている。

フジロックフェスティバル
サマーソニック、ロック・イン・ジャパン・フェスティバルが日本三大音楽フェス。

常識チェック! 解答 **1.** ア・カペラ **2.** ①ブラジル、②ジャマイカ

文化

37

●音楽

思想・哲学

☐ **1.**『**君主論**』の著者で、**イタリアの政治学者**は ☐ である。

☐ **2. 世界三大宗教**とは、**キリスト教**、**イスラム教**、☐ である。

ランク **A** 必ず覚える！ 常識問題   解答・解説

●次の空欄に適する語句を答えなさい。

☐ **①** 儒教の思想家で、<u>**孟子**</u>は「**性善説**」を、☐ は「**性悪説**」を唱えた。

荀子
性善説も性悪説も共に道徳的教育の重要性を説く。

☐ **②** 「**汝自身を知れ**」「**無知の知**」の言葉で有名な古代ギリシアの哲学者は ☐ である。

ソクラテス
弟子のプラトンの著書『ソクラテスの弁明』などでその思想を知ることができる。

☐ **③** <u>**イデア**</u>**論**を唱えた**古代ギリシャ**の哲学者は ☐ である。

プラトン
著書に『饗宴』『国家』など。

☐ **④** <u>中庸の徳</u>を重んじた、**古代ギリシャの哲学者**は ☐ である。

アリストテレス
プラトンの弟子。個人の善より国家の善を重んじた。

☐ **⑤** **中国春秋時代**の思想家 ☐ の言行録『**論語**』は、後の中国社会に多大な影響を与えた。

孔子
儒教の始祖。

☐ **⑥** 『<u>**ユートピア**</u>』を著した、**イギリスの人文主義**者は ☐ である。

トマス・モア
ヘンリー8世の離婚に反対したため死刑となった。

☐ **⑦** ☐ は、経験の積み重ねから法則を見出す**帰納法**を重視し、「<u>**知は力なり**</u>」の言葉を残した。

ベーコン
イギリスの経験論を代表する思想家。主著『ノヴム・オルガヌム（新機関）』。

⑧ 近代合理主義哲学の祖 ☐ は、「**我思う、故に我あり**」の言葉で知られている。

デカルト
ラテン語の「コギト-エルゴ-スム」の訳。

⑨ ルソーは「ロマン主義の父」とも呼ばれ、その著書『 ☐ 』で独自の教育論を展開した。

エミール
スイス出身のフランスの思想家。人民にこそ主権が存するという「**人民主権**」を主張。

⑩ 『純粋理性批判』を著した**ドイツの哲学者**は ☐ である。

カント
ドイツ観念論を確立した哲学者。

⑪ デンマークの哲学者 ☐ は、「**絶望とは死に至る病である**」という言葉で知られる。

キルケゴール
実存主義の先駆けと評価されている。

⑫ ドイツの哲学者 ☐ は、**エンゲルス**の協力を得て、共に社会主義思想を確立した。

マルクス
著書に『**資本論**』『共産党宣言』など。

⑬ 「神は死んだ」という言葉で有名な**ドイツの哲学者**は ☐ である。

ニーチェ
著書に『ツァラトゥストラはかく語りき』など。

⑭ フランスの哲学者サルトルは、「**実存は ☐ に先立つ**」と主張し無神論的実存主義を唱えた。

本質
著書に『文学とは何か』『嘔吐』『存在と無』など。

⑮ 中国春秋時代に孔子の教説を中心に成立した**実践的倫理思想**や教学の総称を ☐ と呼ぶ。

儒教
四書（『論語』『大学』『中庸』『孟子』）五経を経典とする。

⑯ **老子**、荘子の思想をもとに成立した民衆の宗教を ☐ という。

道教
道に従った無為自然な生き方を理想とする。儒教、仏教と共に中国三大宗教の1つとされる。

⑰ 哲学者 ☐ は、日本の古代史や、精神文化の探求を行った。著書に『**地獄の思想**』がある。

梅原猛<small>（うめはらたけし）</small>
ものつくり大学初代総長。著書に『隠された十字架—法隆寺論』『ヤマトタケル』など。

⑱ ☐ とは、**仏の救済**を否定する思想で、日本では**平安時代後期**に流行した。

末法思想
正法・像法・末法の最後である、教えだけがあり修行も悟りもない時代。

古典芸能

常識チェック！ ●次の空欄に入る語句は？ 　解答は右ページ下▶

☐ **1.** 人形浄瑠璃は別名 ⬚ とも呼ばれる。

☐ **2.** 17世紀初頭、⬚ が踊った踊りが歌舞伎の発祥とされる。

ランク **A** 　**必ず覚える！ 常識問題**　　　　　　　　　　解答・解説

●次の空欄に適する語句を答えなさい。

☐ **1** 人形浄瑠璃は、<u>太夫</u>、**人形遣い**、⬚ の三業をそれぞれ受け持つ男性によって演じられる。

三味線
人形浄瑠璃は、現在「文楽」として受け継がれている。

☐ **2** 安土桃山時代の茶人 ⬚ は、**織田信長、豊臣秀吉**に仕え、<u>侘茶</u>を大成した。

千利休
「茶聖」とも呼ばれ、茶湯の天下三宗匠とされた。

☐ **3** 室町時代、父の**観阿弥**と共に「能」を大成した ⬚ は、『<u>花伝書（風姿花伝）</u>』を書いた。

世阿弥
能の作者であり、能役者でもあった。観阿弥の死後、観世流2代目を継ぐ。

☐ **4** **浄瑠璃、人形浄瑠璃**で<u>三味線</u>を伴奏に太夫が語る音曲を ⬚ という。

義太夫節
人形浄瑠璃を大成した竹本義太夫から。国の重要無形文化財。

☐ **5** 江戸時代までは「<u>猿楽</u>」と呼ばれ、その後発展した歌舞劇を ⬚ という。

能
舞の演技と、謡（うたい）、囃子（はやし）の音楽によって構成された演劇。

☐ **6** 江戸初期に流派（**大蔵流、鷺流、<u>和泉流</u>**）が確立した台詞劇を ⬚ という。

狂言
猿楽の笑いの要素を洗練させた。

☐ **7** <u>歌舞伎</u>の演目で、**江戸庶民**の生活に題材をとったものを ⬚ と呼ぶ。

世話物
『曽根崎心中』『女殺油地獄』など。武士や公家階級に題材をとったものが「時代物」。

□ **⑧** 日本の伝統芸能において、名跡（みょうせき）を継ぐことを □ という。

襲名
主に歌舞伎の世界で行われる。

□ **⑨** 人形浄瑠璃から取り入れた**歌舞伎**の演目は、□ と呼ばれる。

義太夫狂言
（丸本歌舞伎、丸本物）
代表的作品は『国性爺合戦』
『義経千本桜』など。

□ **⑩** 日本の神事において、奉納を目的として行われる**歌舞**を □ という。

神楽（かぐら）
古事記などでは、岩戸の前でアマノウズメが踊ったものが起源とされている。

□ **⑪** 日本の伝統文化の基本教養である三道とは、**茶道**、□ 、**香道**もしくは**書道**を指す。

華道
茶道（表千家、裏千家）、華道（池坊、草月流）、香道（志野流）などが代表の流派。

□ **⑫** 能は、中心となる □ 方のほか、**ワキ方**、音楽を担当する**囃子方**（はやしかた）によって演じられる。

シテ
現在、シテ方には、観世流・宝生流・金春流・金剛流・喜多流の5つの流儀がある。

□ **⑬** 落語の**寄席**で、その日の最後に高座に上がり、トリを任される**最上格の落語家**を □ と呼ぶ。

真打ち
ロウソクの芯を打つ（消す）のは最後の人の役目であることから。

□ **⑭** **雅楽**のうち、笛や太鼓、琴などの伴奏で、日本古来の民謡や漢詩に節付けをする平安時代に作られた**歌曲**を □ とよぶ。

謡い物（うたもの）（歌い物）
雅楽はアジア古来の伝統音楽。日本の雅楽は、大きく分けて管絃・謡い物・舞楽・国風歌舞の4つに分類することができる。

□ **⑮** □ は、舞と踊りを合わせた演芸で、**花柳流**や**藤間流**など、五大流派を持つ。

日本舞踊
流派は大正時代に急増し、現在200を超えるとされる。

□ **⑯** ユネスコの世界無形文化遺産に登録された日本の伝統芸能には、**能楽**、**人形浄瑠璃**、□ 、**雅楽**などがある。

歌舞伎
芸能のほか、和食や和紙なども無形文化遺産に登録された。

□ **⑰** 仏教の経典に節を付けた**和讃**（わさん）や □ は、日本の伝統音楽の成立に大きな影響を与えた。

声明（しょうみょう）
インドで生まれ、6世紀の仏教伝来とともに日本にもたらされた。

文化
39
● 古典芸能

文化 40 エンタテインメント

出題率 ★★★

常識チェック！ ●次の質問に答えよ。　解答は右ページ下▶

☐ 1. 発行部数1億5000万部超、映画興行収入歴代1位の漫画とは？

☐ 2. 日本の家庭用ゲームの業界団体「CESA」とは何の略称か？

ランク **A** 必ず覚える！常識問題　　　　　　　　解答・解説

●次の空欄に適する語句を答えなさい。

☐ **❶** ナレーターや声優が**書籍**を朗読した<u>音声をデータ化</u>したデジタルコンテンツを ☐ という。

オーディオブック
「耳で聴く本」とも呼ばれ、"ながら読書"ができるメリットがある。

☐ **❷** 2022年の世界ゲームコンテンツ市場規模は、約 ☐ **兆円**（前年比約**7.0%**減）と推定。

26.8
『ファミ通ゲーム白書2023』より。国内市場は約2兆円を維持。

☐ **❸** ☐ は、年1回開催される日本最大規模の**コンピュータエンタテイメント**の総合展示会である。

東京ゲームショウ（TGS）
2024年は9月に幕張メッセでの開催予定。CESAが主催。

☐ **❹** ☐ は、映画の映像を**無断使用**し、内容を10分程度に**要約**した<u>違法性</u>の高い映画のこと。

ファスト映画
被害総額は2兆円前後との試算。違反者に5億円の損害賠償が命じられた事例も。

☐ **❺** ☐ **八冠**は、**最年少**で将棋界の**8大タイトル**を**独占**する前人未到の快挙を達成した。

藤井聡太（ふじい そうた）
竜王・名人・王位・叡王・王座・棋王・王将・棋聖の八冠を2023年10月に獲得。

☐ **❻** **映画に連動**して座席が動いたり水や風を感じたりする**体感型**の<u>上映システム</u>を ☐ という。

4DX
3面マルチプロジェクション・映画上映システムの「SCREEN X」と合わせた「4DX SCREEN」もある。

☐ **❼** 漫画・アニメなど、**日本のサブカルチャー**が集まる世界最大の<u>同人誌即売会</u>を ☐ という。

コミックマーケット
年2回開催。コスプレも人気。2023年12月は過去最大規模で開催された。

⑧ 15〜60秒の動画を投稿・シェアして楽しむ SNSプラットフォームを ☐ という。

TikTok（ティックトック）
中国企業が開発・運営するアプリ。無料で利用でき、世界中の若年層に人気。

---

⑨ 動画配信サービスABEMAの、2023年年間アニメ再生数ランキング1位は『 ☐ 』であった。

【推しの子】
2位は「鬼滅の刃・刀鍛冶の里編」、3位は「映画クレヨンしんちゃん」。

---

⑩ 複数の企業が出資して、テレビ番組や映画、舞台などを製作する手法を ☐ 方式という。

製作委員会
出資リスクを分散できるメリットがある。作品の権利・損益は出資各社で分配する。

---

⑪ 自身のアバターを通した仮想空間でライブ配信を行うエンターテイナーのことを ☐ という。

バーチャルライバー（Vライバー）
YouTubeを中心に動画配信・投稿するのがVTuber。

---

⑫ 故・手塚治虫氏の代表作の1つ『 ☐ 』の新作が、生成AIを活用して制作された。

ブラック・ジャック
「週刊少年チャンピオン」に掲載。生成AIは主にストーリーを担当した。

---

⑬ 複数のメディアを組み合わせて商品やサービスを展開する広告活動を ☐ という。

メディアミックス
漫画が原作の『鬼滅の刃』やゲームが原作の『ウマ娘 プリティーダービー』など。

---

⑭ ☐ とは、映画やテレビ番組のロケ撮影が円滑に進むよう、協力・調整を行う非営利組織。

フィルムコミッション（FC）
自治体が町おこし事業の一環として組織することも多い。

---

⑮ 2023年、『THE FIRST SLAM DUNK』など3本の ☐ 映画が興行収入100億円を超えた。

アニメ
『ザ・スーパーマリオブラザーズ・ムービー』、「名探偵コナン 黒鉄の魚影』」が続く。

---

⑯ 韓国発の、スマートフォンを縦スクロールで読むフルカラーの電子コミックを ☐ という。

Webtoon（ウェブトゥーン）
スマートフォンでの漫画の読み方に合わせたスタイルが世界中に拡大している。

---

⑰ ☐ とは、SNSなどで情報やPRを発信し、フォロワー数が多く、大きな影響力を持つ人物のこと。

インフルエンサー
企業と提携して購買意欲を促進させることも多い。

---

⑱ 18時から翌朝6時までの夜間帯に、観光や体験、飲食などを行う経済活動を ☐ という。

ナイトタイムエコノミー
観光客に多様な地域の魅力や文化を発信し、夜間消費を促す。

🌟常識チェック❗ 解答　**1.** 鬼滅の刃　**2.** コンピュータエンタテインメント協会

日本の文学

常識チェック！ ●次の文学作品の作者は？　解答は右ページ下▶

☐ 1.『峠』『梟の城』　　　　☐ 2.『金色夜叉』

☐ 3.『土佐日記』　　　　　　☐ 4.『青春の門』

ランク A	必ず覚える！常識問題	解答・解説

●次の空欄に当てはまる作者名または作品名を答えなさい。

❶ 『　　　』は『日本書紀』と並び、日本最古の歴史書とされている。

古事記
712年成立。

❷ 紫式部が書いた『　　　』は、日本最古の長編小説である。

源氏物語
他の著書に『紫式部日記』など。

❸ 『風姿花伝(花伝書)』は、能を芸術として大成した　　　が著した能楽論である。

世阿弥
室町時代の能役者・能作者。父は観阿弥。

❹ 元禄文化を代表する作家　　　は、『好色一代男』『日本永代蔵』を著して浮世草子を創始した。

井原西鶴
他に『好色五人女』『世間胸算用』など。

❺ 清少納言による随筆『　　　』は『源氏物語』と並ぶ平安女流文学の傑作である。

枕草子
宮廷生活での日常や、四季などについて書かれている。

❻ 二葉亭四迷により、言文一致体で書かれた最初の近代小説が『　　　』である。

浮雲
坪内逍遙と共に近代日本文学の基礎を確立。

❼ 作家　　　は、『仮面の告白』『金閣寺』『潮騒』など、唯美主義とされる小説世界を構築した。

三島由紀夫
後年、ナショナリズムへ傾倒し割腹自殺。

● 次の文学作品の作者名を答えなさい。

☐ ⑧	『点と線』『砂の器』『黒革の手帳』『日本の黒い霧』	松本清張
☐ ⑨	『たけくらべ』『にごりえ』『十三夜』	樋口一葉
☐ ⑩	『徒然草』	吉田兼好 (兼好法師)
☐ ⑪	『放浪記』『浮雲』	林芙美子
☐ ⑫	『吉里吉里人』『父と暮せば』『東京セブンローズ』	井上ひさし
☐ ⑬	『細雪』『春琴抄』『卍』	谷崎潤一郎
☐ ⑭	『曽根崎心中』『国性爺合戦』『女殺油地獄』	近松門左衛門
☐ ⑮	『キッチン』『うたかた／サンクチュアリ』『TUGUMI』	吉本ばなな
☐ ⑯	『壬生義士伝』『プリズンホテル』『鉄道員 ぽっぽや』	浅田次郎
☐ ⑰	『暗夜行路』『城の崎にて』『小僧の神様』	志賀直哉
☐ ⑱	『ノルウェイの森』『羊をめぐる冒険』『1Q84』	村上春樹
☐ ⑲	『竜馬がゆく』『坂の上の雲』『世に棲む日日』	司馬遼太郎
☐ ⑳	『銀河鉄道の夜』『注文の多い料理店』『風の又三郎』	宮沢賢治
☐ ㉑	『人間失格』『津軽』『斜陽』『走れメロス』	太宰治
☐ ㉒	『破戒』『夜明け前』	島崎藤村
☐ ㉓	『飼育』『万延元年のフットボール』『ヒロシマ・ノート』	大江健三郎
☐ ㉔	『坊っちゃん』『草枕』『吾輩は猫である』	夏目漱石
☐ ㉕	『鼻』『羅生門』『或阿呆の一生』『藪の中』	芥川龍之介

常識チェック！ 解答　1. 司馬遼太郎　2. 尾崎紅葉　3. 紀貫之　4. 五木寛之

●次の空欄に適する語句を答えなさい。

❶ ドイツ留学した官吏と、踊り子との悲恋を描いた小説『　　』は、<u>森鷗外の処女作</u>である。

舞姫
他に『雁』『阿部一族』『高瀬舟』など。

❷ 弥次さん、喜多さんが東海道を旅する滑稽本『<u>東海道中膝栗毛</u>』の作者は、　　である。

十返舎一九
各地の名所・風俗なども紹介し、大好評を博して続編多数。

❸ 東京近郊の風物を散文詩的に描いた小説、『　　』は、<u>国木田独歩</u>の代表作である。

武蔵野
徳冨蘆花の『自然と人生』と併称される。

❹ 詩集『<u>智恵子抄</u>』『**道程**』、翻訳『**ロダンの言葉**』の作者　　は、彫刻家としても著名である。

高村光太郎
父は彫刻家高村光雲。智恵子は妻。

❺ 現実をあるがままに写しとることを本旨とする文学上の立場を　　**主義**という。

自然
明治時代、雑誌『早稲田文学』が中心。

❻ 人道主義、理想主義を掲げて台頭した作家グループを　　**派**という。

白樺
大正時代、自然主義に対抗したもの。

❼ 『<u>蟹工船</u>』を書いた　　は、**プロレタリア文学**の代表的作家の一人である。

小林多喜二
ほかに徳永直『太陽のない街』などがある。

❽ 第二次世界大戦後に登場した<u>野間宏</u>、**大岡昇平**、**埴谷雄高**、**武田泰淳**らの一派を　　文学という。

戦後派
野間宏『真空地帯』、大岡昇平『俘虜記』、埴谷雄高『死霊』など。

❾ <u>遠藤周作</u>、**吉行淳之介**、<u>曾野綾子</u>ら、昭和20年代後半に登場した作家らを「<u>第三の</u>　　」と呼ぶ。

新人
ほかに、安岡章太郎、小島信夫など。

❿ 『　　』は、<u>曲亭馬琴</u>が著した、8人の剣士が活躍する痛快娯楽読本である。

南総里見八犬伝
中国の水滸伝に構想を得た。

● 次の文で始まる文学作品名と作者名を答えなさい。

⑪「男もすなる日記といふものを、女もしてみむ
とてするなり」

土佐日記／紀貫之
日記文学の嚆矢(こうし)として
有名。

⑫「ゆく河の流れは絶えずして、しかも、もとの
水ににあらず」

方丈記／鴨長明
鎌倉時代の随筆。

⑬「国境の長いトンネルを抜けると雪国であった。
夜の底が白くなった。信号所に汽車が止まった」

雪国／川端康成
日本初のノーベル文学賞受賞者
(1968年)。

⑭「月日は百代の過客にして、行きかふ年もまた
旅人なり」

**奥の細道／
松尾芭蕉**

⑮「私はその人を常に先生と呼んでいた。だから
ここでもただ先生と書くだけで本名は打ち明
けない」

こころ／夏目漱石
他に『三四郎』『それから』『門』
『明暗』など。

● 次の作品の作者名を答えなさい。

⑯『コインロッカー・ベイビーズ』『半島を出よ』 村上龍

⑰『容疑者Ⅹの献身』『白夜行』『流星の絆』『変身』 東野圭吾

⑱『舟を編む』『まほろ駅前多田便利軒』 三浦しをん

⑲『新世界より』『青の炎』『悪の教典』 貴志祐介

⑳『ゴールデンスランバー』『アヒルと鴨のコインロッカー』 伊坂幸太郎

㉑『サラバ！』『きいろいゾウ』『さくら』 西加奈子

㉒『とんび』『流星ワゴン』『青い鳥』『エイジ』 重松清

㉓『告白』『リバース』『Nのために』 湊かなえ

42 芥川賞・直木賞

ランク A 必ず覚える！ 常識問題　　　　　　　　　　解答・解説

●次の作品で芥川賞を受賞した作家を答えなさい。▶は同作家の他の作品。

	作品	他の作品	作家
☐ ❶	『闘牛』	▶『氷壁』『天平の甍』	井上靖 ・第22回（1949年）
☐ ❷	『壁－S・カルマ氏の犯罪』	▶『砂の女』『箱男』	安部公房 ・第25回（1951年）
☐ ❸	『或る「小倉日記」伝』	▶『ゼロの焦点』『点と線』	松本清張 ・第28回（1952年）
☐ ❹	『白い人』	▶『海と毒薬』『沈黙』	遠藤周作 ・第33回（1955年）
☐ ❺	『裸の王様』	▶『輝ける闇』『巨人と玩具』	開高健 ・第38回（1957年）
☐ ❻	『飼育』	▶『ヒロシマ・ノート』	大江健三郎 ・第39回（1958年）
☐ ❼	『忍ぶ川』	▶『ユタとふしぎな仲間たち』	三浦哲郎 ・第44回（1960年）
☐ ❽	『感傷旅行』	▶『ジョゼと虎と魚たち』	田辺聖子 ・第50回（1963年）
☐ ❾	『岬』	▶『十九歳の地図』『枯木灘』	中上健次 ・第74回（1975年）
☐ ❿	『蛍川』	▶『泥の河』『優駿』	宮本輝 ・第78回（1977年）
☐ ⓫	『佐川君からの手紙』	▶『海星・河童』『朝顔男』	唐十郎 ・第88回（1982年）
☐ ⓬	『火花』	▶『劇場』『東京百景』	又吉直樹 ・第153回（2015年）

●次の作品で直木賞を受賞した作家を答えなさい。▶は同作家の他の作品。

☐ ⑬ 『ジョン万次郎漂流記』　　▶『山椒魚』『黒い雨』　　井伏鱒二
　　　　　　　　　　　　　　　　　　　　　　　　　　　　・第6回（1937年）

☐ ⑭ 『花のれん』　　　　　　　▶『白い巨塔』『沈まぬ太陽』　山崎豊子
　　　　　　　　　　　　　　　　　　　　　　　　　　　　・第39回（1958年）

☐ ⑮ 『錯乱』　　　　　　　　　▶『鬼平犯科帳』『剣客商売』　池波正太郎
　　　　　　　　　　　　　　　　　　　　　　　　　　　　・第43回（1960年）

☐ ⑯ 『蒼ざめた馬を見よ』　　　▶『朱鷺の墓』『青春の門』　五木寛之
　　　　　　　　　　　　　　　　　　　　　　　　　　　　・第56回（1966年）

☐ ⑰ 『アメリカひじき』『火垂るの墓』　▶『同心円』『文壇』　野坂昭如
　　　　　　　　　　　　　　　　　　　　　　　　　　　　・第58回（1967年）

☐ ⑱ 『一絃の琴』　　　　　　　▶『櫂』『序の舞』『蔵』　宮尾登美子
　　　　　　　　　　　　　　　　　　　　　　　　　　　　・第80回（1978年）

☐ ⑲ 『花の名前』『かわうそ』『犬小屋』　▶『父の詫び状』『あ・うん』　向田邦子
　　　　　　　　　　　　　　　　　　　　　　　　　　　　・第83回（1980年）

☐ ⑳ 『人間万事塞翁が丙午』　　▶『ぴいひゃらどんどん』　青島幸男
　　　　　　　　　　　　　　　　　　　　　　　　　　　　・第85回（1981年）

☐ ㉑ 『蒲田行進曲』　　　　　　▶『熱海殺人事件』　つかこうへい
　　　　　　　　　　　　　　　　　　　　　　　　　　　　・第86回（1981年）

☐ ㉒ 『最終便に間に合えば』『京都まで』　▶『みんなの秘密』　林真理子
　　　　　　　　　　　　　　　　　　　　　　　　　　　　・第94回（1985年）

☐ ㉓ 『マークスの山』　　　　　▶『レディ・ジョーカー』　高村薫
　　　　　　　　　　　　　　　　　　　　　　　　　　　　・第109回（1993年）

☐ ㉔ 『理由』　　　　　　　　　▶『龍は眠る』『模倣犯』　宮部みゆき
　　　　　　　　　　　　　　　　　　　　　　　　　　　　・第120回（1998年）

☐ ㉕ 『悼む人』　　　　　　　　▶『永遠の仔』『白の家族』　天童荒太
　　　　　　　　　　　　　　　　　　　　　　　　　　　　・第140回（2008年）

☐ ㉖ 『利休にたずねよ』　　　　▶『火天の城』『いっしん虎徹』　山本兼一
　　　　　　　　　　　　　　　　　　　　　　　　　　　　・第140回（2008年）

☐ ㉗ 『下町ロケット』　　　　　▶『民王』『空飛ぶタイヤ』　池井戸潤
　　　　　　　　　　　　　　　　　　　　　　　　　　　　・第145回（2011年）

☐ ㉘ 『何者』　　　　　　　　　▶『桐島、部活やめるってよ』　朝井リョウ
　　　　　　　　　　　　　　　　　　　　　　　　　　　　・第148回（2012年）

☐ ㉙ 『蜜蜂と遠雷』　　　　　　▶『夜のピクニック』　恩田陸
　　　　　　　　　　　　　　　　　　　　　　　　　　　　・第156回（2016年）

☐ ㉚ 『ファーストラヴ』　　　　▶『ナラタージュ』『Red』　島本理生
　　　　　　　　　　　　　　　　　　　　　　　　　　　　・第159回（2018年）

文化

42
●
芥川賞・直木賞

常識チェック❗ 解答　1. 菊池寛、2　2. 純、大衆

43 世界の文学

出題率 ★★

常識チェック！ ●次の空欄に入る作品名は？ 解答は右ページ下▶

☐ 1. シェークスピア四大悲劇：『[　　　]』『オセロ』『[　　　]』『ハムレット』

☐ 2. 四書(儒教の経書)：『[　　　]』『中庸』『論語』『[　　　]』

ランク A 必ず覚える！ 常識問題 　　　　　　　　解答・解説

●次の文学作品の作者名を答えなさい。

☐ ❶ 『ロミオとジュリエット』

シェークスピア
『真夏の夜の夢』『ヴェニスの商人』

☐ ❷ 『失楽園』

ミルトン
詩人。『復楽園』

☐ ❸ 『ロビンソン・クルーソー』

デフォー
『モル・フランダース』

☐ ❹ 『ガリバー旅行記』

スウィフト
諷刺作家、社会時評家

☐ ❺ 『二都物語』

ディケンズ
『大いなる遺産』

☐ ❻ 『嵐が丘』

エミリー・ブロンテ
姉シャーロットは『ジェーン・エア』の著者

☐ ❼ 『宝島』

スティーブンソン
『ジキル博士とハイド氏』

☐ ❽ 『シャーロック・ホームズの冒険』

ドイル
推理小説の生みの親

☐ ❾ 『月と六ペンス』

モーム
小説家、劇作家

☐ ❿ 『オリエント急行殺人事件』

クリスティ
ミステリーの女王

☐ ⓫ 『ハリー・ポッター』シリーズ

ローリング
児童文学作家

☐ ⓬ 『ジェームズ・ボンド』シリーズ

フレミング
別名は『007』シリーズ

☐ ⑬ 『ジャン・クリストフ』	ロラン 『魅せられたる魂』
☐ ⑭ 『赤と黒』	スタンダール 『恋愛論』『パルムの僧院』
☐ ⑮ 『モンテ・クリスト伯』	デュマ(父) 『三銃士』『王妃マルゴ』
☐ ⑯ 『レ・ミゼラブル』	ユゴー ロマン主義の詩人、小説家
☐ ⑰ 『居酒屋』	ゾラ 『ナナ』『パスカル博士』
☐ ⑱ 『女の一生』	モーパッサン 自然主義の作家、劇作家
☐ ⑲ 『狭き門』	ジイド 『背徳者』『田園交響楽』
☐ ⑳ 『地獄の季節』	ランボー フランス象徴主義の詩人
☐ ㉑ 『異邦人』	カミュ 『ペスト』『カリギュラ』
☐ ㉒ 『星の王子さま』	サン=テグジュペリ 『夜間飛行』
☐ ㉓ 『悲しみよこんにちは』	サガン 『ブラームスはお好き』
☐ ㉔ 『恐るべき子どもたち』	コクトー 映画『オルフェ』を監督
☐ ㉕ 『1984年』	オーウェル 『動物農場』『カタロニア讃歌』
☐ ㉖ 『ファウスト』	ゲーテ 『若きウェルテルの悩み』
☐ ㉗ 『車輪の下』	ヘッセ 『デミアン』『知と愛』
☐ ㉘ 『マルテの手記』	リルケ ドイツの詩人
☐ ㉙ 『ベニスに死す』	トーマス・マン 『魔の山』『トーニオ・クレーガー』
☐ ㉚ 『モモ』	ミヒャエル・エンデ 児童文学作家
☐ ㉛ 『ブリキの太鼓』	グラス 『猫と鼠』『犬の年』

常識チェック！ 解答　**1.** リア王、マクベス（順不同）　**2.** 大学、孟子（順不同）

☐ ㉜ 『白鯨』	メルヴィル	『タイピー』
☐ ㉝ 『若草物語』	オルコット	『昔気質の一少女』
☐ ㉞ 『トム・ソーヤの冒険』	マーク・トウェイン	『ハックルベリー・フィンの冒険』
☐ ㉟ 『大地』	パール・バック	『大地』でピュリッツァー賞受賞
☐ ㊱ 『風と共に去りぬ』	ミッチェル	南北戦争時代の南部が舞台
☐ ㊲ 『怒りの葡萄』	スタインベック	『エデンの東』『二十日鼠と人間』
☐ ㊳ 『ライ麦畑でつかまえて』	サリンジャー	『ナイン・ストーリーズ』
☐ ㊴ 『戦争と平和』	トルストイ	『アンナ・カレーニナ』
☐ ㊵ 『罪と罰』	ドストエフスキー	『カラマーゾフの兄弟』
☐ ㊶ 『どん底』	ゴーリキー	社会主義リアリズム
☐ ㊷ 『桜の園』	チェーホフ	『かもめ』『ワーニャ伯父さん』
☐ ㊸ 『ドン・キホーテ』	セルバンテス	『模範小説集』
☐ ㊹ 『即興詩人』	アンデルセン	童話作家として有名
☐ ㊺ 『人形の家』	イプセン	『ペール・ギュント』
☐ ㊻ 『青い鳥』	メーテルリンク	ノーベル文学賞受賞者
☐ ㊼ 『変身』	カフカ	『審判』『失踪者』
☐ ㊽ 『阿Q正伝』	魯迅	『狂人日記』『故郷』
☐ ㊾ 『デカメロン』	ボッカチオ	フィレンツェ出身の散文小説家
☐ ㊿ 『ゴドーを待ちながら』	ベケット	不条理演劇を代表する劇作家

ランク B ココで差をつける！ 必修問題　　　　　　　　解答・解説

● 次の空欄に適する語句を答えなさい。

❶ キリスト教の精神をトスカナ語（現イタリア語）
で描いた<u>ダンテ</u>の叙事詩は『 ⬜ 』である。

神曲
中世からルネサンスへの橋渡
し的な役割を果たした。

---

❷ 「花咲く乙女たちのかげに」など七編からなる
<u>プルースト</u>の長編小説は『 ⬜ 』である。

失われた時を求めて
フランスの作家。

---

❸ 『<u>日の名残り</u>』でブッカー賞を受賞し、2017年に
ノーベル文学賞を受賞した作家は ⬜ である。

カズオ・イシグロ
日系イギリス人。『わたしを
離さないで』など。

---

❹ <u>ヘミングウェイ</u>は、晩年の小説『 ⬜ 』にお
いて、**老漁師とカジキマグロとの闘い**を描いた。

老人と海
1954年ノーベル文学賞。『日
はまた昇る』など。

---

❺ **トロイ戦争**の英雄を称える叙事詩『**イーリアス**』
の作者は、古代ギリシャの詩人 ⬜ とされる。

ホメロス
『オデュッセイア』。

---

❻ 著者トールキンによる、妖精や魔法使いたちが
登場する**ファンタジー文学作品**が『 ⬜ 』である。

指輪物語
イギリスの作家、詩人。『ホ
ビットの冒険』。

---

❼ 『<u>冷血</u>』により**ノンフィクション・ノベル**という
ジャンルを確立した米国人作家は、 ⬜ である。

カポーティ
『ティファニーで朝食を』『ミ
リアム』。

---

❽ 膨大な資料を駆使して**ソ連の強制収容所**の内情
を描いた『<u>収容所群島</u>』の著者は、 ⬜ である。

ソルジェニーツィン
1970年ノーベル文学賞。『煉
獄のなかで』など。

---

❾ **前漢の歴史家** ⬜ は、上古の**黄帝**から前漢
の武帝までの歴史を記した『<u>史記</u>』の著者である。

司馬遷
『史記』は、中国初の正史で、
不朽の名作と評価されている。

---

❿ **キリスト教、ユダヤ教**および<u>イスラム</u>**教**の**教典**
『 ⬜ 』は、世界一の発行部数とされている。

聖書
ギネス・ワールド・レコーズ
に登録されている。

文化

43
●
世界の文学

125

野球

<image> 常 識 チ ェ ッ ク ! </image> ●次の空欄に入る語句は？　解答は右ページ下▶

☐ **1.** 野球の打順で、3・4・5番打者を □ と呼ぶ。

☐ **2.** 野球の世界一を決める国際大会の名称は □ である。

ランク
A 必ず覚える! 常識問題　　　　　解答・解説

●次の空欄に適する語句を答えなさい。

☐ **❶** 米国プロ野球のメジャーリーグは、□ リーグと**ナショナルリーグ**の2つからなる。

アメリカン
それぞれ3地区に分けられ、両リーグ計30チームが年間162試合を戦う。

☐ **❷** メジャーリーグの**優勝決定戦**を □ という。

ワールドシリーズ

☐ **❸** **日本野球機構(NPB)**には**セントラル・リーグ**と □ の2つあり、計<u>12</u>**球団**で構成される。

パシフィック・リーグ
両リーグ各6球団を擁する。2024年より2軍は14球団に拡大。

☐ **❹** 日本のプロ野球で、日本シリーズへの出場権をかけ、両リーグの公式戦上位<u>3</u>**チーム**が争う**プレーオフ制度**を □ という。

クライマックスシリーズ(CS)
消化試合を少なくできる、短期決戦を楽しめるなどのメリットがある。

☐ **❺** 1人の打者が1試合で、**単打、二塁打、三塁打、**<u>本塁打</u>を打つことを □ という。

サイクルヒット
「サイクル安打」とも。英語では hit for the cycle。

☐ **❻** 投手が<u>完投</u>し、相手チームに**得点を与えずに勝つ**ことを「□ **勝利**」という。

完封
「完投」は、1人の投手が試合終了まで投げ抜くこと。

☐ **❼** 先発投手が、<u>四死球</u>や失策なども含め、**走者**を1人も出さずに勝利する試合を □ という。

完全試合
27人の打者をすべて凡退させる必要がある。

☐ **⑧** 投手が四死球や失策以外の走者を出さず、**無安打無失点**で完投することを ☐ という。

ノーヒットノーラン
2023年は石川柊太、山本由伸（2年連続）の2選手が達成。

☐ **⑨** プロ野球選手が所属球団との契約を終了し、**他球団とも交渉できる制度**を ☐ 制度という。

フリーエージェント (FA)
戦力外通告は対象外。国内・海外FA権の取得選手のみ。

☐ **⑩** 海外**FA**資格を持たない日本選手が**メジャー移籍を目指すための制度**を ☐ という。

ポスティングシステム
プロ（NPB）在籍6年以上で25歳以上の選手が対象。元の球団に譲渡金が支払われる。

☐ **⑪** メジャーリーグ（ア・リーグ）で日本人初の**ホームラン王**(44本)を獲得したのは ☐ **選手**である。

おおたにしょうへい
大谷翔平
2023年は2度目の最優秀選手（MVP）に選ばれた。

☐ **⑫** ⑪の選手は**ベーブ・ルース**の記録を超え、史上初の**2年連続**「 ☐ 」の偉業を達成した。

2桁勝利・2桁本塁打
2023年に達成。ほかにもハンク・アーロン賞など、多数受賞。

☐ **⑬** 本拠地が最北の球団は**北広島市**の**日本ハムファイターズ**、最南は**福岡市**の ☐ である。

ソフトバンクホークス
両球団ともパ・リーグ。日本ハムは、2023年より札幌市から移転。

☐ **⑭** **日本野球機構(NPB)**に属さず、**独自に組織・運営するリーグ**を総称して ☐ という。

独立リーグ
四国アイランドリーグplus、ルートインBCリーグ、さわかみ関西独立リーグなど。

☐ **⑮** プロ野球日本シリーズ(2023年)は、 ☐ が**オリックス・バファローズ**を破って優勝した。

阪神タイガース
日本一は1985年以来、38年ぶり2度目。

☐ **⑯** 2023年の**NPB首位打者**は、パ・リーグが**頓宮裕真選手**、セ・リーグが ☐ **選手**である。

みやざきとしろう
宮﨑敏郎
宮﨑選手（DeNA）が.326、頓宮選手（オリックス）が.307。

☐ **⑰** 2023年の**NPB最多本塁打**は、セ・リーグの ☐ **選手**(巨人)の**41**本であった。

おかもとかずま
岡本和真
歴代最多はバレンティン選手の60本（2013年）。

☐ **⑱** 2023年の**NPB最優秀選手(MVP)**は、セ・リーグが ☐ **選手**、パ・リーグが ☐ **選手**。

むらかみむねき　やまもとよしのぶ
村上頌樹、山本由伸
村上選手（阪神）は新人王も獲得。山本選手（オリックス）は3年連続3度目。

常識チェック❶ 解答 1. クリーンアップ（クリーンナップ）
2. WBC（ワールド・ベースボール・クラシック）

45 サッカー

出題率 ★★★

✏️

常識チェック! ●次の空欄に入る語句は? 解答は右ページ下▶

☐ **1. 次の国のサッカーのトップリーグの名称を挙げよ。**
  ドイツ➡ ① イギリス➡ ② イタリア➡ ③

☐ **2. 2026年のW杯は、☐・アメリカ・カナダの共同開催となる。**

ランク
A **必ず覚える! 常識問題** 解答・解説

●次の空欄に適する語句を答えなさい。

① 日本が**W杯(ワールドカップ)**に初出場した大 会は、<u>1998年</u>の☐である。

> **フランス大会**
> 日本の初勝利は2002年の日韓大会での対ロシア戦。

② 日本サッカーの**オリンピック最高成績**は、男 子が<u>銅</u>メダル、女子が☐である。

> **銀メダル**
> 男子はメキシコシティ大会(1998年)、女子はロンドン大会(2012年)で獲得。

③ **Jリーグ**は<u>1991</u>年に**10チーム**で発足。現在、 J1には☐のクラブが所属している。

> **20**
> 2024年シーズンは、全体で60クラブが所属(J2が20、J3が20)。

④ 国際サッカー連盟の略称は<u>FIFA</u>、**日本サッカー 一協会**の略称は☐である。

> **JFA**
> 1921年設立。FIFAへの加盟は1929年。

⑤ **Jリーグ**では、**J1**の下位☐**チーム**が自動 降格、**J2**の上位<u>2</u>**チーム**が自動昇格する。

> **3**
> J2の3位〜6位のチームがJ1参入プレーオフを行い、優勝チームがJ1に昇格する。

⑥ ☐は、**欧州サッカー連盟**(<u>UEFA</u>)主催のク ラブチームの国際サッカー大会である。

> **UEFAチャンピオンズリーグ**
> 毎年、9月から翌年の5月にかけて行われる。

⑦ 1930年より始まった**FIFAワールドカップ**の **最多<u>優勝</u>国**は☐である。

> **ブラジル**
> 通算5回。次いでイタリアとドイツが4回、アルゼンチンが3回。

☐ **⑧** 6大陸のチャンピオンチームと開催国の国内リーグ優勝チームで、**クラブチーム世界一**を決定する大会が ☐ である。

FIFAクラブワールドカップ
毎年開催。各国の代表チームによる国際大会はFIFAワールドカップ（4年に1度）。

☐ **⑨** 守備側の反則により、攻撃側がゴールより約**11m**の位置から**ゴールキーパー**以外に妨害されずにボールを蹴ることを ☐ という。

ペナルティキック
「PK」と略されることが多い。

☐ **⑩** **1991年**が第1回となった**FIFA女子**ワールドカップの**最多優勝国**は ☐ である。

アメリカ
8大会うち4回優勝。次いでドイツが2回。

☐ **⑪** サッカー女子日本代表は、FIFA女子ワールドカップ**2011年** ☐ **大会**で初優勝した。

ドイツ
同大会は1991年に中国で初開催。ドイツ大会は第6回。

☐ **⑫** 「なでしこリーグ」の上位リーグにあたる、日本初の**女子プロサッカーリーグ**を ☐ という。

WEリーグ
Women Empowerment Leagueの略。2021年に開幕。

☐ **⑬** 攻撃側選手がボールや守備側選手より**前**でプレーする反則を ☐ という。

オフサイド
守備側選手は一番後ろの1人（通常はキーパー）を除く。

☐ **⑭** **試合映像**を見ながら、主審をサポートする**審判員**を ☐ という。

ビデオアシスタントレフェリー(VAR)
W杯では、2018年のロシア大会から導入された。

☐ **⑮** 1試合の中で1人の選手が**3点以上得点を挙げる**ことを ☐ という。

ハットトリック
アイスホッケーなどでも使う。J1で日本人選手最多記録は中山雅史の7回。

☐ **⑯** Jリーグ開幕から30年の節目を迎えた**2023**シーズンの**優勝チーム**は ☐ である。

ヴィッセル神戸
参入して27年目での初優勝。

☐ **⑰** Jリーグで、**年間王者**になった**回数**が最も多いチームは ☐ である。

鹿島アントラーズ
優勝8回。2位は横浜Fマリノス5回、3位は川崎フロンターレ4回である。

常識チェック❶ 解答　**1.** ①ブンデスリーガ　②プレミアリーグ　③セリエA
2. メキシコ

46 オリンピック / パラリンピック

出題率 ★★★

☐ **1.** 近代オリンピックの提唱者は ☐ 男爵である。

☐ **2.** 東京大会は ☐ 年に初めて開催された。

ランク A 必ず覚える！ 常識問題

解答・解説

●次の空欄に適する語句を答えなさい。

☐ **①** 近代オリンピック**第1回大会**が開催された都市は、**ギリシャ**の ☐ である。

アテネ
1896年開催。男子選手のみ241人が出場。

☐ **②** ☐ は、オリンピックを開催する、**国際オリンピック委員会**の略称である。

IOC
International Olympic Committee
本部はスイスのローザンヌ。

☐ **③** オリンピックの**公用語**は ☐ （第一公用語）と**英語**である。

フランス語
近代オリンピックの提唱者であるクーベルタン男爵がフランス出身であったことから。

☐ **④** 日本が初めてオリンピックに参加した大会は、1912年開催の ☐ **大会**である。

ストックホルム
陸上短距離の三島弥彦選手、マラソンの金栗四三選手の2人が参加した。

☐ **⑤** 日本での開催は、夏季が**東京大会**（2回）と冬季が**札幌**大会と ☐ （各1回）である。

長野大会
東京：1964年と2021年、札幌：1972年、長野：1998年。

☐ **⑥** **国際オリンピック委員会**(IOC)の会長はドイツ出身の ☐ 氏である。

トーマス・バッハ
第9代会長。2013年より就任。

☐ **⑦** オリンピックと同じ年に同じ場所で開催される、**障がい者**のスポーツ大会を ☐ という。

パラリンピック
もうひとつの（Para）＋オリンピックという意味。

8 第1回**パラリンピック**は1960年の<u>ローマ</u>**大会**。冬季大会は1976年の ☐ **大会**から。

スウェーデン
日本は第2回東京大会から参加。メダル獲得数はアテネ大会（2004年）の52個が最多。

9 オリンピックの商業主義が加速したといわれ始めたのは ☐ **大会**（1984年）からである。

ロサンゼルス
開催費用の財源として、テレビ放映料、スポンサー協賛金、記念グッズ販売、入場料などが充てられた。

10 オリンピックでの<u>聖火リレー</u>は、ナチス政権のプロパガンダ色が濃かったといわれる ☐ **大会**（1936年）で初めて行われた。

ベルリン
ベルリンオリンピックの記録映画『オリンピア』（レニ・リーフェンシュタール監督）は不朽の名作との声も高い。

11 オリンピックの**近代五種競技**とは、<u>フェンシング</u>、<u>水泳</u>、<u>馬術</u>、☐ である。

レーザーラン（射撃）
各々異なる性質の競技を1人で行い、万能性を競う複合競技。「キング・オブ・スポーツ」とも言われる。

12 アムステルダム大会（1928年）で、<u>三段跳</u>の ☐ **選手**が日本人初の**金メダル**を獲得した。

<ruby>織田幹雄<rt>お だ みき お</rt></ruby>
アジア人個人としても初の金メダル。

13 <u>フィギュアスケート</u>男子・シングル ☐ **選手**は、**ソチ大会**（2014年）、**平昌大会**（2018年）の2大会連続で金メダルを獲得した。

<ruby>羽生結弦<rt>は にゅう ゆ づる</rt></ruby>
男子シングルでの金メダルは日本人初。また、同種目での五輪2大会連続は66年ぶりの偉業。

14 夏季オリンピック**4連覇**を成し遂げた**女子レスリング**の選手は ☐ である。

<ruby>伊調馨<rt>い ちょうかおり</rt></ruby>
2004年・2008年・201年・2016年。女子個人としては世界初。

15 2021年開催の**東京（2020）大会**で日本の獲得メダル総数は**過去最多**の ☐ **個**であった。

58
金メダル27個、銀メダル14個、銅メダル17個。

16 冬季北京（2022）大会で、スノーボード男子<u>ハーフパイプ</u>で ☐ が金メダルを獲得した。

<ruby>平野歩夢<rt>ひら の あゆ む</rt></ruby>
日本は、冬季五輪での過去最多18個（金3、銀6、銅9）のメダルを獲得。

17 パリ（2024）**大会**では、新種目の ☐ 、東京大会に続き、**スケートボード**、**スポーツクライミング**、<u>サーフィン</u>の4種目が実施される。

ブレイキン（ブレイクダンス）
野球、ソフトボール、空手が正式競技から除外された。

スポーツ
47 スポーツ一般

出題率 ★★★

常識チェック！ ●次の空欄に入る語句は？　解答は右ページ下▶

- ☐ 1. テニスの全英オープンの別名は ☐ 。
- ☐ 2. アメリカのバスケットボールプロリーグの略称は ☐ 。

ランク
A | 必ず覚える！ 常識問題　　　　　　　　　　　　解答・解説

●次の空欄に適する語句を答えなさい。

☐ **❶** 水泳（スイム）・<u>自転車（バイク）</u>・ランニング（ラン）の**3種目**を続けて行う競技を ☐ という。

トライアスロン
その過酷さから「鉄人レース」とも呼ばれる。

☐ **❷** テニスの世界四大大会とは**全英**、**全仏**、<u>全米</u>と ☐ である。

全豪
4つの大会すべてを制することを「グランドスラム」という。

☐ **❸** 大相撲の三役とは、**大関**、<u>関脇</u>、☐ である。

小結

☐ **❹** プロボクシングの階級は **17** に分かれ、最軽量は<u>ミニマム級</u>、最重量は ☐ 級である。

ヘビー
200ポンド（90.719kg）以上。ミニマム級は105ポンド（47.62kg）以下。

☐ **❺** 競馬のクラシック三冠レースとは、<u>皐月賞</u>、**菊花賞**、☐ をいう。

日本ダービー
「東京優駿」とも。イギリスのダービーステークスに由来。

☐ **❻** ☐ は、例年、1月2日・3日の2日間で、都内から**箱根・芦ノ湖**までの**往復217.1km**を走る。

箱根駅伝
「東京箱根間往復大学駅伝競走」が正式名称。2024年は100回目の記念大会。

☐ **❼** 主なスキー競技は、<u>アルペン</u>、ジャンプ、クロスカントリー、<u>ノルディック複合</u>、バイアスロン、☐ の6種類ある。

フリースタイル
エアリアル・モーグル・ハーフパイプ・スキークロス・スロープスタイル・ビッグエアで構成される。

132

●次の空欄に適する語句を答えなさい。

□ **❶** ゴルフの世界四大大会とは、**全米オープン**、**全英オープン**、**全米プロ**と ☐ である。

マスターズ
2021年、松山英樹選手が初優勝。メジャー大会制覇は日本男子史上初の快挙。

□ **❷** 国際柔道連盟の審判規定では、「 ☐ 」または「**技あり**」2回（合わせ技一本）で勝利となる。

一本
消極的な試合姿勢に与えられる「指導」3回で反則負け。

□ **❸** **フランス**開催の世界最大の**自転車ロードレース**は、 ☐ という。

ツール・ド・フランス
1903年から開催。約3週間をかけて争われる。

□ **❹** 主にスポーツ施設などの名称にスポンサー企業の**社名やブランド名を付与**し、建設や運営資金を調達する方法を ☐ という。

ネーミングライツ
味の素スタジアム、MAZDA Zoom-Zoom スタジアム広島、京セラドーム大阪、バンテリンドーム ナゴヤなど。

□ **❺** 1チーム**15人**でプレーする**ラグビー**で、日本国内最高峰のリーグ名称を ☐ という。

リーグワン
「JAPAN RUGBY LEAGUE ONE」が正式名称。

□ **❻** バレーボールで**レシーブ**を主とする後衛専門のプレーヤーを ☐ と呼ぶ。

リベロ(・プレーヤー)
リベロは随時交代できる。

□ **❼** フランスで開催される自動車の**24時間(耐久)レース** ☐ は、24時間で走った**周回数**を競う。

ル・マン
世界三大レースの1つとされている。

□ **❽** ☐ は、**コンピュータゲーム**、**ビデオゲームによる対戦**をスポーツ競技として捉える名称で、オリンピック種目採用も検討されている。

eスポーツ
国際オリンピック委員会が2023年6月に「eスポーツウィーク」を開催した。

□ **❾** スポーツ界での**禁止薬物**の使用検査など、**反ドーピング**活動を行う国際機関を ☐ という。

世界アンチ・ドーピング機構(WADA)
World Anti-Doping Agency

スポーツ **47** ●スポーツ一般

常識チェック❗ 解答　1. ウィンブルドン　2. NBA

敬語・言葉づかい

常識チェック！ ●次の言葉は尊敬語？謙譲語？ 解答は右ページ下▶

☐ 1. 伺う　☐ 2. 召し上がる　☐ 3. 差し上げる

ランク A　必ず覚える！ 常識問題　　　　解答・解説

●次の下線部分は、ア 尊敬語、イ 謙譲語、ウ 丁寧語のうち、どれに当たるか記号で答えなさい。

☐ ❶ お迎えの車が<u>参りました</u>。　イ 「来る」が基本語 ▶尊敬…いらっしゃる

☐ ❷ 明日、<u>お目にかかる</u>予定です。　イ 「会う」が基本語 ▶尊敬…お会いになる

☐ ❸ 確かに<u>おっしゃる</u>通りです。　ア 「言う」が基本語 ▶謙譲…申す

☐ ❹ お名前だけは<u>存じております</u>。　イ 「知っている」が基本語 ▶尊敬…ご存じ

☐ ❺ 私が荷物を<u>持ちましょう</u>。　ウ 「持つ」が基本語

☐ ❻ どうぞ<u>召し上がって</u>ください。　ア 「食べる（飲む）」が基本語 ▶謙譲…いただく

☐ ❼ ご注文の商品で<u>ございます</u>。　ウ 「ある」が基本語

☐ ❽ おいしく<u>いただきました</u>。　イ 「食べる」が基本語 ▶尊敬…召し上がる

☐ ❾ 今後はどう<u>なさいますか</u>。　ア 「する」が基本語 ▶謙譲…いたす

☐ ❿ 免許証を<u>拝見します</u>。　イ 「見る」が基本語 ▶尊敬…ご覧になる

☐ ⓫ お客様が<u>いらっしゃいました</u>。　ア 「来る」が基本語 ▶謙譲…まいる

☐ ⓬ お言葉を<u>賜り</u>、感激しております。　イ 「もらう」が基本語 ▶尊敬…下賜する

●下線部分の敬語の元になる語を、下のア～シから選びなさい。

☐ ⑬ 普段から和服を<u>お召しになる</u>。　　　　　　　　　　キ

☐ ⑭ お詫びに<u>うかがい</u>ます。　　　　　　　　　　　　　エ

☐ ⑮ 詳細を<u>ご存じ</u>ないとは驚きました。　　　　　　　サ

☐ ⑯ <u>おっしゃる</u>意味がわかりかねます。　　　　　　　コ

☐ ⑰ 佐藤様が<u>お見えです</u>。　　　　　　　　　　　　　ケ

☐ ⑱ お手元の企画書を<u>ご覧ください</u>。　　　　　　　ア

☐ ⑲ 私がお話を<u>うかがい</u>ます。　　　　　　　　　　　イ

☐ ⑳ そこまで一緒に<u>参り</u>ます。　　　　　　　　　　　エ

☐ ㉑ 社長にも資料を<u>差し上げてください</u>。　　　　　ウ

☐ ㉒ 先生のことは<u>存じ上げております</u>。　　　　　　サ

☐ ㉓ 改めて、今回の件について<u>申し上げます</u>。　　　コ

☐ ㉔ コーヒーでも<u>召し上がります</u>か。　　　　　　　カ

☐ ㉕ 大臣が<u>おいでになられました</u>。　　　　　　　　ケ

☐ ㉖ 貴重なご意見を<u>拝聴させていただきました</u>。　　イ

☐ ㉗ 担当の方は<u>いらっしゃいます</u>か。　　　　　　　ク

☐ ㉘ <u>お目にかかる</u>のは初めてですね。　　　　　　　シ

☐ ㉙ お祝いの品を<u>いただきました</u>。　　　　　　　　オ

ア　見る	イ　聞く	ウ　与える	エ　行く
オ　もらう	カ　食べる(飲む)	キ　着る	ク　いる
ケ　来る	コ　言う	サ　知る	シ　会う

常識チェック❶ 解答　1. 謙譲語　2. 尊敬語　3. 謙譲語

		解答

●文中の下線部分の敬語の使い方が正しければ○を、誤りがあれば正しなさい。

❶	どうぞ遠慮なくお茶を**いただいて**ください。	召し上がって
❷	順番にお名前を**呼ばさせて**いただきます。	呼ばせて
❸	部長はもう新製品を**拝見なさい**ましたか。	ご覧になり
❹	昨日、取引先の田中様が**おいでになりました。**	○
❺	先方が**申される**ことはもっともだと思います。	おっしゃる
❻	先輩は、何かスポーツを**おやりになりますか。**	なさいますか
❼	お客様は直接、会場へ**参られます。**	いらっしゃいます
❽	私の考えを**申し上げても**よろしいでしょうか。	○
❾	**お読みになられた**本は必ずご返却ください。	お読みになった
❿	今日、奥様はご自宅に**おられますか。**	いらっしゃいますか
⓫	母もそのように**おっしゃっております。**	申しております
⓬	当社の会長が、画伯の作品を**見たいと申しております。**	見たい→拝見したい
⓭	先生が私にお祝いを**差し上げた。**	くださった
⓮	先生、ぜひ父に**お目にかかって**いただけませんか。	会って
⓯	ご意見を**お聞かせください**ませ。	○
⓰	拙宅を、どうぞ**拝見なさって**ください。	ご覧ください
⓱	私の説明で**納得して**いただけましたでしょうか。	○
⓲	拝啓 さわやかな秋となりましたが、 いかが**過ごしておられますか。**	お過ごしですか

●ビジネス現場で使う場合の敬語表現をそれぞれ答えなさい。

☐ ⑲ 「相手の会社」を指す表現は？ 御社／貴社

☐ ⑳ 「自分の会社」をへりくだって指す言葉は？ 小社／弊社

☐ ㉑ 「君たち」の尊敬語は？ あなたがた／皆様

☐ ㉒ 「誰」の尊敬語は？ どなた／どなた様

☐ ㉓ 「私の家」(自宅)をへりくだって指す言葉は？ 拙宅／小宅

☐ ㉔ 「わかりました」の敬語表現は？ 承知(いた)しました／承りました

☐ ㉕ 「どうですか」の敬語表現は？ いかがでしょうか／いかがですか

☐ ㉖ 「できません」の敬語表現は？ いたしかねます

☐ ㉗ 「悪いですが」の敬語表現は？ 恐れ入りますが

●次の場面で、仕事上の言葉づかいとして適切な方を記号で答えなさい。

☐ ㉘ お客様に忘れ物を尋ねるとき
　　ア　お忘れ物をなさった方はございませんか。
　　イ　忘れ物をなさった方はいらっしゃいませんか。
　　　　イ　「ございます」は単なる丁寧語。

☐ ㉙ 上司の外出中に電話を受けたとき
　　ア　小林部長はあいにく外出しております。
　　イ　あいにく小林は外出しております。
　　　　イ　対外的には、社内の人間はすべて呼び捨てにするのが正しい。

☐ ㉚ 上司から資料の受け取りを指示されたとき
　　ア　すぐに、いただきにあがります。
　　イ　すぐに、取りに参ります。
　　　　ア　「取りに」には敬語表現が欠けている。

☐ ㉛ 窓口で問い合わせに応対するとき
　　ア　では、ご用件をお聞きいたします。
　　イ　では、ご用件を承ります。
　　　　イ　謙譲語「承る」の方が敬意が篤い印象。

手紙の書き方

常 識 チ ェ ッ ク ！
● 次の言葉はそれぞれ
何月を表している？
解答は右ページ下 ▶

☐ 1. **酷暑**の候 　☐ 2. **梅花**の候 　☐ 3. **薫風**の候

ランク A	必ず覚える！ 常識問題	解答

● 次の空欄を埋めて、適切な前文、末文を完成させなさい。

☐ ❶	「その後、☐ ございませんか」	お変わり
☐ ❷	「ご ☐ でいらっしゃることと推察いたします」	清祥
☐ ❸	「ご ☐ のことと、お慶び申し上げます」	清栄
☐ ❹	「ますますご ☐ のことと、お祝い申し上げます」	隆盛
☐ ❺	「平素より格別のご ☐ を賜り、深く感謝申し上げます」	厚情
☐ ❻	「日頃格別のご ☐ をいただき、御礼申し上げます」	愛顧
☐ ❼	「ご ☐ のほど、お祈りいたします」	自愛
☐ ❽	「いっそうのご活躍（ご多幸）を ☐ いたします」	お祈り
☐ ❾	「今後ともご指導ご ☐ のほど、お願い申し上げます」	鞭撻
☐ ❿	「引き続きご ☐ を賜りますようお願い申し上げます」	高配/愛顧
☐ ⓫	「まずは ☐ をもちまして、お祝いを申し上げます」	書中
☐ ⓬	「皆様のご ☐ とご繁栄を心よりお祈り申し上げます」	健勝/健康

●次の手紙文について、内容が正しければ○を、間違っていれば×をつけなさい。

❶ 手紙を「拝啓」で書き出し、「拝復」で結んだ。　× 「拝復」は返信用の頭語。

❷ 取引先への手紙で、書き出しを「謹言」にした。　× 「謹言」は結語。

❸ 急ぎの連絡をする場合の冒頭に「急呈」と書いた。　○

❹ 頭語が「謹啓」ならば、結語は「草々」が正しい。　× 「草々」は急ぎの場合や、前文省略の場合。

❺ 「前略」で書き出し、結語は「敬具」にした。　× 「前略」なら「草々」。

❻ 男性の書き手が女性への手紙を「かしこ」で結んだ。　× 「かしこ」は書き手が女性の場合のみ使う。

❼ 8月に出す手紙で書き出しを「盛夏の候」とした。　× 「盛夏」は7月。

❽ 10月に出す手紙で書き出しを「仲秋の候」とした。　○

❾ 副文の書き出しを「再伸」または「追啓」とした。　○ 「追伸」「二伸」など。

●次の封筒の宛名書きについて、内容が正しければ○を、間違っていれば×をつけなさい。

⓾ 最初に「(株)○○」と社名を記入した。　× 社名は正式に「株式会社」と略さずに書く。

⓫ 社名の後に「総務部御中　○○様」と書いた。　× 「御中」は社名・部署名だけを書く場合に使う。

⓬ 得意先の課長宛なので「○○課長様」とした。　× 役職名のあとに「様」は付けない。「課長○○様」とする。

⓭ 「社名−部署名−役職−個人名」の順で宛名を書いた。　○

⓮ 2人連名の宛名の中央に「様」を1つ書いた。　× それぞれに「様」をつける。

⓯ 複数の個人宛に「関係者各位様」と書いた。　× それぞれに個人の宛名を書く。

⓰ Aを介してBへ送るので「A様方　B様」と書いた。　○

常識チェック❗ 解答　**1.** 7月　**2.** 2月　**3.** 5月

50 国語の常識

✏️ **常識チェック！** ●次の空欄に入る語句は？ 解答は右ページ下▶

☐ **1.** 年齢を二字熟語で表すと、30歳は □□□ 、40歳は □□□ 。

☐ **2.** 日本三景とは厳島(宮島)・ □□□ ・ □□□ である。

ランク A	必ず覚える！常識問題	解答

●仮名遣いとして正しい方を（　）から選びなさい。

☐ **❶**	観光地を訪れる。（おとずれる／おとづれる）	おとずれる
☐ **❷**	指示された通りに動く。（とうり／とおり）	とおり
☐ **❸**	力の差が著しい。（いちじるしい／いちぢるしい）	いちじるしい
☐ **❹**	階段で躓いた。（つまずいた／つまづいた）	つまずいた
☐ **❺**	会場に大勢の人が集う。（おうぜい／おおぜい）	おおぜい
☐ **❻**	寒さで体を縮める。（ちじめる／ちぢめる）	ちぢめる
☐ **❼**	納得して頷いた。（うなずいた／うなづいた）	うなずいた
☐ **❽**	嵐が近付いている。（ちかずいて／ちかづいて）	ちかづいて
☐ **❾**	舞台で扇を使って舞う。（おうぎ／おおぎ）	おうぎ
☐ **❿**	土壇場で底力を出す。（そこじから／そこぢから）	そこぢから
☐ **⓫**	事件を公にする。（おうやけ／おおやけ）	おおやけ
☐ **⓬**	仕事が滞る。（とどこおる／とどこうる）	とどこおる

● 次の月の異称を答えなさい。

⑬	12月	師走	しわす
⑭	11月	霜月	しもつき
⑮	10月	神無月	かんなづき かみなづき
⑯	9月	長月	ながつき ながづき
⑰	8月	葉月	はづき はつき
⑱	7月	文月	ふづき ふみづき
⑲	6月	水無月	みなづき みなつき
⑳	5月	皐月	さつき
㉑	4月	卯月	うづき
㉒	3月	弥生	やよい
㉓	2月	如月	きさらぎ
㉔	1月	睦月	むつき

● 賀寿に当てはまる年齢を答えなさい。

㉕	米寿	88歳	べいじゅ
㉖	還暦	60歳	かんれき
㉗	白寿	99歳	はくじゅ
㉘	喜寿	77歳	きじゅ
㉙	卒寿	90歳	そつじゅ
㉚	古稀(希)	70歳	こき
㉛	傘寿	80歳	さんじゅ

● 次の言葉が表す年齢を答えなさい。

㉜	弱冠	20歳	じゃっかん
㉝	従心	70歳	じゅうしん
㉞	不惑	40歳	ふわく
㉟	志学	15歳	しがく
㊱	耳順	60歳	じじゅん
㊲	而立	30歳	じりつ
㊳	知命	50歳	ちめい

● 次の日付を二十四節気の呼び方で答えなさい。（※日付は年により変動あり）

㊴	11月8日	立冬	りっとう
㊵	10月23日	霜降	そうこう
㊶	1月20日	大寒	だいかん
㊷	5月6日	立夏	りっか
㊸	9月23日	秋分	しゅうぶん
㊹	2月4日	立春	りっしゅん
㊺	6月21日	夏至	げし
㊻	3月6日	啓蟄	けいちつ
㊼	8月8日	立秋	りっしゅう
㊽	12月22日	冬至	とうじ
㊾	3月21日	春分	しゅんぶん
㊿	7月23日	大暑	たいしょ

常識チェック！ 解答　**1.** 而立、不惑　**2.** 松島、天橋立（順不同）

● 次の語句の一般的な数え方を答えなさい。

☐ **51**	はし	一膳 いちぜん	☐ **61**	新聞	一紙(一面) いっし
☐ **52**	ざるそば	一枚 いちまい	☐ **62**	和歌	一首 いっしゅ
☐ **53**	鏡	一面 いちめん	☐ **63**	ハサミ	一挺 いっちょう
☐ **54**	ふすま	一領(一枚) いちりょう	☐ **64**	契約書	一通(一枚) いっつう
☐ **55**	うどん	一把 いちわ	☐ **65**	イカ	一杯 いっぱい
☐ **56**	エレベーター	一基(一台) いっき	☐ **66**	絵画	一幅(一枚) いっぷく
☐ **57**	茶碗	一客 いっきゃく	☐ **67**	たらこ	一腹 ひとはら
☐ **58**	机・いす	一脚 いっきゃく	☐ **68**	寄付	一口 ひとくち
☐ **59**	川柳	一句 いっく	☐ **69**	たんす	一棹(一台) ひとさお
☐ **60**	銀行	一行(一軒) いっこう	☐ **70**	吸い物	一椀 ひとわん

● 次の名数について、空欄に適語を入れなさい。

☐ **71**	徳川御三家 ▶ **尾張家**・水戸家・ ☐	紀伊家
☐ **72**	ルネサンス期の三大発明 ▶ **火薬**・**羅針盤**・ ☐	活版印刷
☐ **73**	野球・打者の三冠王 ▶ ☐ ・**ホームラン王(本塁打)**・打点王	首位打者
☐ **74**	三大洋 ▶ **太平洋**・大西洋・ ☐	インド洋
☐ **75**	四大文明 ▶ **エジプト**・ ☐ ・**メソポタミア**・黄河	インダス
☐ **76**	五感 ▶ **視覚**・**聴覚**・ ☐ ・**味覚**・触覚	嗅覚
☐ **77**	五街道 ▶ **東海道**・中山道・**日光街道**・**奥州街道**・ ☐	甲州街道
☐ **78**	五穀 ▶ **米**・**きび(ひえ)**・**麦**・ ☐ ・**豆**	粟
☐ **79**	六曜 ▶ **先勝**・ ☐ ・**先負**・**仏滅**・**赤口**・**大安**	友引
☐ **80**	六法 ▶ **憲法**・**民法**・ ☐ ・**刑法**・民事訴訟法・刑事訴訟法	商法

● 次の空欄に適する語句を入れて、名句を完成させなさい。

☐ **❶** 天は自ら ☐ を助く。（**フランクリン**）　　助くる者

☐ **❷** 学問に ☐ なし。（**ユークリッド**）　　王道

☐ **❸** ☐ 忘るべからず。（**世阿弥**）　　初心

☐ **❹** ☐ 何事か成らざらん。（**朱子**）　　精神一到

☐ **❺** ☐ は忘れた頃にやってくる。（**寺田寅彦**）　　天災

☐ **❻** 知は ☐ なり。（**フランシス・ベーコン**）　　力

☐ **❼** ☐ 思う、故に ☐ あり。（**デカルト**）　　我・我

☐ **❽** 人間は考える ☐ である。（**パスカル**）　　葦

☐ **❾** 最大多数の最大 ☐ 。（**ベンサム**）　　幸福

☐ **❿** 人生は芸術を ☐ する。（**ワイルド**）　　模倣

☐ **⓫** ペンは ☐ より強し。（**リットン**）　　剣

☐ **⓬** ☐ をもって貴しとなす。（**聖徳太子**）　　和

☐ **⓭** ☐ とは死に至る病である。（**キルケゴール**）　　絶望

☐ **⓮** 少年よ、☐ を抱け。（**クラーク**）　　大志

☐ **⓯** ☐ もまた法なり。（**ソクラテス**）　　悪法

☐ **⓰** 万国の労働者よ、☐ せよ。（**マルクス**）　　団結

☐ **⓱** 悪貨は良貨を ☐ する。（**グレシャム**）　　駆逐

ビジネス **51** 出題率 ★★★

ビジネスマナー

 常 識 チ エ ッ ク ！ ●正しいマナーを選ぶと？ 　解答は右ページ下▶

☐ **取引先を訪問する際、コートを脱ぐのは？**
➡（ 玄関の前 ・ 受付 ・ 応接室の前 ）

ランク A 必ず覚える！ 常識問題 ｜ 解答・解説

●マナーとして適切ものをア〜ウの中から１つ選びなさい。

☐ **1** 大切な商談中なので、携帯電話の電源を
（ ア　ON　　イ　OFF ）にしておいた。

　イ
　必要な場合は留守番電話やマナーモードに。

☐ **2** 上司と列車に乗る際、自分が座る席は
（ ア　窓側の席　　イ　通路側の席 ）。

　イ

☐ **3** お客様と２人でタクシーに乗る場合、お客様に勧める
席は、（ ア　助手席　　イ　助手席の後ろの席
ウ　運転席の後ろの席 ）。

　ウ

☐ **4** 応接室にお客様を通す場合、勧める席は、
（ ア　入口から最も近い席　　イ　入口を背にした席
ウ　入口から最も遠い席 ）。

　ウ

☐ **5** 訪問客の誘導は、お客様の
（ ア　正面　　イ　斜め前 ）に立って先導する。

　イ
　２〜３歩斜め前。お客様の視界を遮らない。

☐ **6** 受付でお客様から名前を告げられたので、
「はい。○○様で（ ア　ございます　　イ　いらっしゃ
います)ね。お待ちしておりました」と応対した。

　イ
　「ございます」は自分自身や物に使う。

144

☐ **❼** 訪問先で応接室のソファーへの着席を勧められたので、先輩を中央にして、自分は入口から
（ **ア　近い席　　イ　遠い席** ）に座った。

ア
入口から遠い席の方が上座。1人で訪問する場合は中央でも可。

☐ **❽** 得意先関係の告別式で、宗派が不明だったので持参する香典の表書きに
（ **ア　御香典　　イ　御霊前** ）と書いた。

イ
御香典は仏式。御霊前はどの宗派でも可。

☐ **❾** エレベーターにお客様と一緒に乗る際は、
（ **ア　お客様の後に　　イ　自分が先に** ）
乗って操作盤を扱う。

イ
降りるときはお客様が先。

☐ **❿** 弔事の場合、黒かダークカラーのスーツやワンピースで装い、男性は（ **ア　白　　イ　黒** ）のネクタイを着用し、女性は化粧やアクセサリーをひかえめにする。

イ
アクセサリーは真珠でシンプルに。結婚指輪以外の指輪は外す。

☐ **⓫** 名刺は、両手で受け取るのが基本だが、お互いに差し出す場合は、双方とも① （ **ア　右手　イ　左手** ）で差し出し、② （ **ア　右手　イ　左手** ）で受け取る。

①ア ②イ
訪問者、あるいは目下の者から先に差し出す。

☐ **⓬** 取引先相手の電話を取り次ぐ際、K部長が不在なので、相手には「申し訳ありません。
（ **ア　K部長　イ　部長のK** ）はただ今席を外しております」と伝えた。

イ
上司であっても、社外の者に対して、自社の社員に敬称をつけて呼ぶのはNG。「Kさん」なども不可。

☐ **⓭** お客様を階下の部屋にご案内するため、階段を利用するとき、次の図のどの立ち位置が正しいか。

ウ
下りの階段を使ってお客様を案内する場合、お客様を上から見下ろさないよう、先に前に出て降りる。逆に、階上へ案内する場合は、お客様の後ろについて上る。

ア

社員
お客様

イ

ウ

常識チェック❶ 解答　玄関の前（建物に入る前に脱ぐ）

● ビジネスマナーに関する次の問題に答えなさい。

1 得意先の担当者、自社の部長、先輩、自分の4人が
タクシーに乗る際、得意先の担当者に図のA～Dの
どの席を勧めたらよいか。

A
席次は、
A→C→B→D
の順。部長はCに
座る。自分の席は
本来ならDだが、
「座りづらい席な
ので」と先輩に申
し出て、Bに座る
ことが多い。

2 上司と先輩と自分の3人が、上司が運転する車で取
引先へ向かうとき、先輩には図のA～Dのどの席を
勧めたらよいか。

D
車主が運転する場
合は助手席が上席
になる。自分はC
に座る。

3 和室で接待をする際、いちばん上席になるのは図の
A～Dのどの席か。

床の間

出入口

C
床の間を背にして
入口から遠い席が
上席。席次はC→
D→B→A。

4 エレベーターを使って、来客者を案内する際、いち
ばん上座になるのは、図の
A～Dのどの位置か。

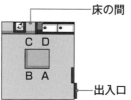

操作盤

開閉ドア

B
エレベーター内の
上座は、ドアから
一番奥の中央。
相手が複数いる場
合は、「お先に失
礼します」と一声
かけて先に乗り、
操作盤の位置でド
アを開けて来訪者
を待つ。

5 応接室で名刺交換をする際の作法で、不適当なものをア〜エから選べ。（複数可）

ア　名刺は片手で受け取る
イ　相手の名刺はその場で目を通す
ウ　相手の名刺はすぐにしまう
エ　相手の名刺を手元に置いておく

アとウ
難しい読み方は目を通した際に確認する。

6 名刺交換について、不適切なやり方をア〜ウから選べ。

ア　相手の差し出す名刺より低い位置から差し出す
イ　相手から名刺を受け取るとき、右手で受け取り、左手を軽くそえる
ウ　名刺入れを台にして受け取る

イ
正しくは、左手で受け取り、右手を添えるのがベター。

7 社内メールのタイトルとして、最も適するものをア〜エから選べ。

ア　○○について
イ　○○の出欠確認
ウ　○○へご出席のお願い
エ　出席・欠席のご確認

ウ
簡潔明瞭な中にも敬語を忘れずに。アとエはメールの内容がわかりにくい。

8 取引先関係の祝事に上司の代理で出席し記帳を求められた場合、正しい書き方をア〜エから選べ。

ア　上司の名前と住所を書く
イ　上司の名前と住所を書き、「代理」と書き添える
ウ　自分の名前と住所を書く
エ　自分の名前と住所を書き、横に上司の名前も書き添える

イ
弔事でも同様。依頼者の代理であることを記す。

ビジネス
51 ● ビジネスマナー

52 漢字の読み

国語　出題率 ★★★

常識チェック! ●次の漢字の読みは？ 解答は右ページ下 ▶

☐ 1. **功徳**　　　☐ 2. **従容**　　　☐ 3. **忖度**

ランク A **必ず覚える! 常識問題**　　　解答・解説

●次の熟語の読みを答えなさい。

☐ ❶	界隈	かいわい ・そのあたり一帯	☐ ⑫	知己	ちき ・知り合い、知人、親友
☐ ❷	破綻	はたん ・やぶれほころびること	☐ ⑬	為替	かわせ ・小切手などで行う決済方法
☐ ❸	寸暇	すんか ・わずかなひま	☐ ⑭	首尾	しゅび ・物事の成り行きや結果
☐ ❹	必定	ひつじょう ・必ずそうなること	☐ ⑮	時化	しけ ・海が荒れること
☐ ❺	灰汁	あく ・食品のえぐみ、渋みの成分	☐ ⑯	好事家	こうずか ・風流を好む、物好きな人
☐ ❻	借款	しゃっかん ・国際間の資金の貸し借り	☐ ⑰	拘泥	こうでい ・こだわること
☐ ❼	境内	けいだい ・寺や神社の境域の内	☐ ⑱	建立	こんりゅう ・築くこと
☐ ❽	更迭	こうてつ ・役職の人が代わること	☐ ⑲	恣意	しい ・気ままな考え
☐ ❾	辟易	へきえき ・嫌気がさす、たじろぐ	☐ ⑳	捺印	なついん ・印判を押すこと
☐ ❿	老舗	しにせ ・長い歴史を持つ格式ある店	☐ ㉑	疾病	しっぺい ・病気、疾患
☐ ⓫	風情	ふぜい ・様子やおもむき	☐ ㉒	市井	しせい ・人が多く集まり住む所

● 次の下線部の読みを答えなさい。

	問題	読み	意味
☐ ㉓	<u>恭</u>しく挨拶をした。	うやうや-しく	・敬い慎む様子
☐ ㉔	国を<u>統</u>べる。	す-べる	・１つにまとめる
☐ ㉕	奇を<u>衒</u>った作品。	てら-った	・才能などをひけらかす
☐ ㉖	格下の相手を<u>侮</u>る。	あなど-る	・相手を軽く見る。ばかにする
☐ ㉗	<u>誹</u>りを免れない。	そし-り	・非難、悪口
☐ ㉘	何とか費用を<u>賄</u>う。	まかな-う	・やりくりして間にあわせる
☐ ㉙	<u>懇</u>ろにもてなす。	ねんご-ろ	・丁寧な様子。親密な様子
☐ ㉚	新任地へ<u>赴</u>く。	おもむ-く	・ある方向、場所に向かう
☐ ㉛	顧客の意見を<u>承</u>る。	うけたまわ-る	・「聞く」「引き受ける」などの謙譲語
☐ ㉜	花を<u>慈</u>しむ。	いつく-しむ	・可愛がり大切にする
☐ ㉝	勘違いも<u>甚</u>だしい。	はなは-だしい	・程度がはげしい
☐ ㉞	家賃が<u>滞</u>る。	とどこお-る	・物事や支払いが順調に進まない
☐ ㉟	乗っ取りを<u>企</u>てる。	くわだ-てる	・計画を立てる。もくろむ
☐ ㊱	<u>拙</u>い字を恥じる。	つたな-い	・巧みでない。能力が劣っている
☐ ㊲	人の心を<u>弄</u>ぶ。	もてあそ-ぶ	・手に取り遊ぶ。好き勝手に扱う
☐ ㊳	克己心を<u>培</u>う。	つちか-う	・大切に育てる
☐ ㊴	法律に<u>背</u>く。	そむ-く	・違反する。さからう
☐ ㊵	圧政に<u>虐</u>げられる。	しいた-げられる	・ひどくいじめられる

常識チェック❶ 解答　**1.** くどく　**2.** しょうよう　**3.** そんたく

●次の熟語の読みを答えなさい。

❶ 欠伸	あくび ・眠いときなどの大きな呼吸運動	⑰ 教唆	きょうさ ・教えそそのかすこと
❷ 快哉	かいさい ・愉快だと思うこと	⑱ 漸次	ぜんじ ・しだいに。だんだんと
❸ 乖離	かいり ・そむきはなれること	⑲ 絢爛	けんらん ・きらびやかで美しい様子
❹ 言質	げんち ・後で証拠となる言葉	⑳ 名刹	めいさつ ・有名な寺。古い寺。由緒ある寺
❺ 暖簾	のれん ・軒先にかけておく店名を示す布	㉑ 賜杯	しはい ・天皇などが競技の勝者に与える優勝杯
❻ 均衡	きんこう ・バランス	㉒ 払拭	ふっしょく ・ぬぐい去ること
❼ 逐次	ちくじ ・順を追って次々と	㉓ 脆弱	ぜいじゃく ・もろくて弱いさま
❽ 団扇	うちわ ・あおいで風を起こす道具	㉔ 灰燼	かいじん ・灰と燃えかす
❾ 煩悩	ぼんのう ・心身を悩ませる一切の妄念	㉕ 甚大	じんだい ・程度のきわめて大きいさま
❿ 寡聞	かぶん ・見聞が狭く浅いこと	㉖ 杜撰	ずさん ・いいかげんで誤りが多いこと
⑪ 頒布	はんぷ ・物や資料などを広く配ること	㉗ 逼迫	ひっぱく ・事態が差し迫ること
⑫ 虚空	こくう ・大空。何もない空間	㉘ 瓦解	がかい ・小さな乱れから大きく崩れる様子
⑬ 逆鱗	げきりん ・目上の人の怒り	㉙ 流布	るふ ・広く世に行き渡ること
⑭ 真摯	しんし ・まじめで熱心なこと	㉚ 固唾	かたず ・緊張したときに口にたまるつば
⑮ 冤罪	えんざい ・無実の罪	㉛ 草履	ぞうり ・わらなどで編んだはきもの
⑯ 造詣	ぞうけい ・ある分野に対する深い知識や技量	㉜ 享受	きょうじゅ ・受け入れて自分のものにすること

□	㉝	紛糾	ふんきゅう ・物事が乱れもつれること
□	㉞	参詣	さんけい ・神仏におまいりすること
□	㉟	薀蓄	うんちく ・蓄えた深い学問や知識
□	㊱	斟酌	しんしゃく ・事情を考慮して取り計らう
□	㊲	暫時	ざんじ ・少しの間
□	㊳	普請	ふしん ・家を建築・修理すること
□	㊴	行脚	あんぎゃ ・諸国を巡り歩くこと
□	㊵	衣鉢	いはつ ・三衣と一鉢。師から伝わる奥義
□	㊶	棄却	ききゃく ・捨てて用いないこと
□	㊷	健気	けなげ ・すこやかでしっかりしているさま
□	㊸	誤謬	ごびゅう ・あやまり。まちがい
□	㊹	失墜	しっつい ・落とし、うしなうこと
□	㊺	凄絶	せいぜつ ・すさまじいさま
□	㊻	弔問	ちょうもん ・遺族を訪問し、悔やみを言うこと
□	㊼	諭旨	ゆし ・事の趣旨を言い聞かせること
□	㊽	謀反	むほん ・主君に逆らって兵を起こすこと
□	㊾	融通	ゆうずう ・臨機応変に事を処理すること
□	㊿	威嚇	いかく ・威力などで脅すこと
□	(51)	盤石	ばんじゃく ・大きな岩。非常に堅固なこと
□	(52)	喚起	かんき ・呼び起こすこと
□	(53)	看過	かんか ・大目に見ること。見過ごすこと
□	(54)	含蓄	がんちく ・深い含みを持つこと
□	(55)	勾配	こうばい ・斜面。傾きの度合
□	(56)	忽然	こつぜん ・にわかに。たちまち
□	(57)	祝詞	のりと ・神道の儀式で神にいのることば
□	(58)	出穂	しゅっすい ・穂が出ること
□	(59)	召喚	しょうかん ・人を呼び出すこと
□	(60)	松明	たいまつ ・松や竹に点火し、照明としたもの
□	(61)	生粋	きっすい ・まじりけがないこと
□	(62)	折衷	せっちゅう ・良いところを選び組み合わせること
□	(63)	漸進	ぜんしん ・段階を追って進んでいくこと
□	(64)	敬虔	けいけん ・神仏などを敬い、つつしむこと
□	(65)	衷心	ちゅうしん ・まごころ
□	(66)	締結	ていけつ ・契約・条約を結ぶこと
□	(67)	漠然	ばくぜん ・ぼんやりとしてはっきりしないさま
□	(68)	煩雑	はんざつ ・事情が複雑でわずらわしいこと

●次の下線部の読みを答えなさい。 ▶は下線の漢字を使った代表的な熟語。

□ ⑥⑨ 旅人の行く手を**阻**む。 はば-む
・進行をさまたげる
▶**阻止**…そし

□ ⑦⓪ 上着の**綻**びを縫う。 ほころ-び
・縫い目などがほどける
▶**破綻**…はたん

□ ⑦① 仕事が**捗**る。 はかど-る
・物事が順調に進む
▶**進捗**…しんちょく

□ ⑦② 責任を**免**れる。 まぬか-れる
・好ましくないことから逃れる
▶**免税**…めんぜい

□ ⑦③ 人前で**辱**められた。 はずかし-め
・恥をかく。名誉を汚す
▶**屈辱**…くつじょく

□ ⑦④ 淡い希望を**抱**く。 いだ-く
・考えや感情を持つ
▶**抱擁**…ほうよう

□ ⑦⑤ 基本に**則**って実行する。 のっと-って
・規範として従う
▶**教則**…きょうそく

□ ⑦⑥ 罪の意識に**苛**まれる。 さいな-まれる
・責め苦しめられる
▶**苛酷**…かこく

□ ⑦⑦ 事実に**鑑**みて判断する。 かんが-みて
・過去の事例に照らして考える
▶**鑑識**…かんしき

□ ⑦⑧ 忠言を**疎**ましく思う。 うと-ましく
・好きになれず遠ざけたいと思う
▶**疎外**…そがい

□ ⑦⑨ 汚い言葉で**罵**る。 ののし-る
・大声で非難し、悪口を言う
▶**罵倒**…ばとう

□ ⑧⓪ 強い光に目が**眩**む。 くら-む
・一時的に目が見えなくなる
▶**眩惑**…げんわく

□ ⑧① 希望者を**募**る。 つの-る
・広く呼びかけて集める
▶**募集**…ぼしゅう

□ ⑧② 静かな湖畔に**佇**む。 たたず-む
・しばらくその場所に立ち止まる
▶**佇立**…ちょりつ

□ ⑧③ 友人の成功が**妬**ましい。 ねた-ましい
・うらやましくも憎らしく思う
▶**嫉妬**…しっと

□ ⑧④ **廃**れた村を訪れた。 すた-れた
・盛んだったものが衰える
▶**廃屋**…はいおく

□ ⑧⑤ 物思いに**耽**る。 ふけ-る
・1つのことに没頭する
▶**耽溺**…たんでき

□ ⑧⑥ **荒**んだ人生を送る。 すさ-んだ
・ゆとりがなく、粗雑になる
▶**荒廃**…こうはい

☐ ㊼	彼の行動を**訝**しむ。	**いぶか**-しむ ・怪しいと疑う。不審に思う	▶怪訝…けげん
☐ ㊽	汗を**拭**う。	**ぬぐ**-う ・ふいて綺麗にする。消し去る	▶払拭…ふっしょく
☐ ㊾	心が**萎**える。	**な**-える ・しおれる。衰える	▶萎縮…いしゅく
☐ ㊿	先達に**倣**う。	**なら**-う ・見本をまねる	▶模倣…もほう
☐ ㉛	少年時代を**顧**みる。	**かえり**-みる ・過去を思い起こす	▶回顧…かいこ
☐ ㉜	相手の気持ちを**慮**る。	**おもんぱか**-る ・思いめぐらす。深く考える	▶遠慮…えんりょ
☐ ㉝	罪を**贖**う。	**あがな**-う ・罪をつぐなう。埋め合わせをする	▶贖罪…しょくざい
☐ ㉞	**徒**に時が流れた。	**いたずら**-に ・無駄で無益なさま	▶徒然…つれづれ(とぜん)
☐ ㉟	旧友の死を**悼**む。	**いた**-む ・人の死を悲しむ	▶追悼…ついとう
☐ ㊱	敵を**欺**く。	**あざむ**-く ・だます。言葉巧みに言いくるめる	▶欺瞞…ぎまん
☐ ㊲	世界に**遍**く知られる。	**あまね**-く ・広く、すべてにわたっているさま	▶普遍…ふへん
☐ ㊳	歴史を**遡**る。	**さかのぼ**-る ・過去や根本にたちかえる	▶遡及…そきゅう
☐ ㊴	相手を**蔑**むような物言い。	**さげす**-む ・見下す。軽蔑する	▶蔑視…べっし
☐ ⑩	暴動が**鎮**まる。	**しず**-まる ・静かになる。平穏になる	▶鎮静…ちんせい
☐ ⑩	世間体を**憚**る。	**はばか**-る ・遠慮する。気兼ねする	▶忌憚…きたん
☐ ⑩	**微**かに白んだ空。	**かす**-か ・わずかではっきりとしないさま	▶微細…びさい
☐ ⑩	鉄分を**摂**る。	**と**-る ・体内にとり入れる	▶摂取…せっしゅ
☐ ⑩	過去の記憶が**蘇**る。	**よみがえ**-る ・再び生き返る。再び盛んになる	▶蘇生…そせい
☐ ⑩	図書館に**籠**る。	**こも**-る ・中に入ったまま外に出ない	▶籠城…ろうじょう

国語

53 漢字の書き取り

出題率 ★★★

常識チェック！ ●□入る漢字は？ 　解答は右ページ下▶

□ 1. かんぺき 完□ ×完璧

□ 2. してき 指□ ×指適

□ 3. しゅうかく 収□ ×収獲

ランク A 必ず覚える！ 常識問題 　　　　　　解答・解説

●次の下線部を漢字に直しなさい。

□ ❶ **センム**に**アイサツ**する。
　専務、挨拶
　・アイサツはともに部首がてへん

□ ❷ **ドウリョウ**の意見に**イギ**を唱える。
　同僚、異議
　・異議→不服あるいは反対であるという意見

□ ❸ 緑**シタタ**る**ゼッコウ**の季節。
　滴、絶好
　・「滴」は「しずく」とも読む

□ ❹ **ダミン**を**ムサボ**る。
　惰眠、貪
　・「ムサボる」＝ひどく欲張る

□ ❺ **カチュウ**の人物への**トツゲキ**取材。
　渦中、突撃
　・「カチュウ」＝水のうずまく中

□ ❻ **チュウヨウ**を**ムネ**とする。
　中庸、旨
　・「チュウヨウ」＝かたよらず穏当なこと

□ ❼ **イカン**の意を**ヒョウメイ**する。
　遺憾、表明
　・「イカン」＝残念に思うこと

□ ❽ **スウジク**国と**レンゴウ**国。
　枢軸、連合
　・「スウジク」の同意語→「中枢」

□ ❾ 見事な**チョウボウ**に**カンゲキ**した。
　眺望、感激
　・「チョウボウ」＝ながめの意

□ ❿ **コンシンカイ**を**モヨオ**す。
　懇親会、催
　・「コンシンカイ」→「懇」＝「ねんごろ」

□ ⓫ **ソウレイ**な**ジイン**。
　壮麗、寺院
　・「ソウレイ」＝壮大で華麗

□ ⓬ **ケンサク**機能を**カツヨウ**する。
　検索、活用
　・「ケンサク」→「索」を用いた他の熟語→「索引」

●次の下線部を漢字に直しなさい。

⑬	大臣を**コウテツ**する。	更迭	㉘	**ショウヨウ**たる態度。	従容
⑭	**メンミツ**な調査。	綿密	㉙	垣根を**ツクロ**う。	繕-う
⑮	**ジンソク**な対応。	迅速	㉚	物議を**カモ**す。	醸-す
⑯	内政**カンショウ**。	干渉	㉛	**キチ**に富んだ会話。	機知
⑰	**ウチョウテン**になる。	有頂天	㉜	特使を**ショウカン**する。	召還
⑱	**ケンキョ**に反省する。	謙虚	㉝	**ジョウト**契約を結ぶ。	譲渡
⑲	**トクメイ**の投書。	匿名	㉞	珍味を**タンノウ**する。	堪能
⑳	意味を**ハアク**する。	把握	㉟	修行で**クドク**を積む。	功徳
㉑	神社に**サンケイ**する。	参詣	㊱	人権**ヨウゴ**団体。	擁護
㉒	荒野に**タタズ**む男。	佇-む	㊲	**カンセイ**な住宅地。	閑静
㉓	**セイソ**な印象の女性。	清楚	㊳	法を**ツカサド**る。	司-る
㉔	**イチジル**しい変化。	著-しい	㊴	**コクウ**をつかむ。	虚空
㉕	逃走中の**ヨウギシャ**。	容疑者	㊵	**キセイ**品の背広。	既製
㉖	海外へ**フニン**する。	赴任	㊶	人混みに**マギ**れる。	紛-れる
㉗	勢力の**キンコウ**。	均衡	㊷	**リュウイン**が下がる。	溜飲

国語

53
●
漢字の書き取り

常識チェック！ 解答　1. 壁（完璧）　2. 摘（指摘）　3. 穫（収穫）

155

● 次の下線部を漢字に直しなさい。

❶	芸術への**ゾウケイ**が深い。	造詣	・学問・技芸などに対する深い知識
❷	契約を**リコウ**する。	履行	・契約や約束などを実際に行うこと
❸	苦労を**ネギラウ**。	労う	・苦労や骨折りに感謝していたわる
❹	**ハケン**社員として働く。	派遣	・任務を負わせて行かせること
❺	**チョウカイメンショク**となる。	懲戒免職	・公務員の規律違反などへの罰として、職を辞めさせること
❻	自動車の**ショウトツ**事故。	衝突	・ぶつかること
❼	**キョショウ**の作品を観る。	巨匠	・芸術の大家
❽	**オゴソカ**に行われる。	厳か	・いかめしく、荘重なさま
❾	事業が**キドウ**に乗る。	軌道	・物事の進むべき道筋
❿	真実を書物に**アラワス**。	著す	・本を書いて出版する
⓫	身体に**オカン**が走る。	悪寒	・発熱などの際のゾクゾクとするさむけ
⓬	**ヤッキ**になって捜す。	躍起	・あせってむきになること
⓭	氷の上を**スベル**。	滑る	・表面をなめらかに移動する様子
⓮	**クジュウ**の決断を下す。	苦渋	・くるしみ悩むこと
⓯	**コンリンザイ**許さない。	金輪際	・決して。絶対に
⓰	底力を**ハッキ**する。	発揮	・能力などを十分に働かせて表に出すこと
⓱	時宜に**カナウ**。	適う	・条件などにぴったり合う
⓲	**キバツ**な発想。	奇抜	・非常に風変わりな様子
⓳	**ジャッカン**20歳の若者。	弱冠	・20歳の男子のこと。年が若いこと
⓴	治療を**ホドコス**。	施す	・物や金、恩恵などを与えること
㉑	強い意志で**ボンノウ**を断つ。	煩悩	・心身を悩ませる一切の妄念

●次の文中の漢字の間違いを正しなさい。

No.	問題	訂正	正解	読み
22	突管工事で竣工する。	×管→○貫	突貫工事	・とっかんこうじ
23	恐悪な犯人が逮捕された。	×恐→○凶	凶悪	・きょうあく
24	莫大な買償金を払う。	×買→○賠	賠償金	・ばいしょうきん
25	家宝を監定する番組。	×監→○鑑	鑑定	・かんてい
26	出所進退を明らかにする。	×所→○処	出処進退	・しゅっしょしんたい
27	前後策を検討する。	×前→○善	善後策	・ぜんごさく
28	検約に励む。	×検→○倹	倹約	・けんやく
29	試向錯誤を繰り返す。	×向→○行	試行錯誤	・しこうさくご
30	町の沿郭について説明する。	×郭→○革	沿革	・えんかく
31	黙否権を行使する。	×否→○秘	黙秘権	・もくひけん
32	とうとう悪事が露堤した。	×堤→○呈	露呈	・ろてい
33	漸時、交渉がまとまりつつある。	×時→○次	漸次	・ぜんじ
34	散免した資料を探す。	×免→○逸	散逸	・さんいつ
35	有害な物質を廃出する。	×廃→○排	排出	・はいしゅつ
36	裁判官が弾刻裁判を受ける。	×刻→○劾	弾劾裁判	・だんがいさいばん
37	復製画を購入する。	×復→○複	複製画	・ふくせいが
38	幣社までご足労下さい。	×幣→○弊	弊社	・へいしゃ
39	扶養控徐を受ける。	×徐→○除	控除	・こうじょ
40	脅異的な進歩を遂げた。	×脅→○驚	驚異的	・きょういてき
41	偽牲者に哀悼の意を述べる。	×偽→○犠	犠牲者	・ぎせいしゃ
42	新しい機能を登載する。	×登→○搭	搭載	・とうさい
43	横暴なやり口に奮慨する。	×奮→○憤	憤慨	・ふんがい

難読漢字の読み

 常識チェック！ ●次の漢字の読みは？ 解答は右ページ下▶

☐ 1. **遊説**
・各地を回って意見をとくこと

☐ 2. **煽る**
・風が物を動かす。煽動する

☐ 3. **木鐸**
・社会の指導者

 ランク A 必ず覚える！常識問題　　　　解答・解説

●次の熟語の読みを答えなさい。

☐ ❶	軋轢	あつれき ・反目し合うこと。仲が悪くなること	☐ ⓭	嚆矢	こうし ・物事のはじめ。起源
☐ ❷	熨斗	のし ・贈答品につける飾り物	☐ ⓮	寂寥	せきりょう ・ひっそりとしてもの寂しいこと
☐ ❸	靄	もや ・空中に立ちこめる微小な水滴	☐ ⓯	敷衍	ふえん ・詳しく説明すること。「敷衍して論じる」
☐ ❹	磊落	らいらく ・小事にこだわらず度量が広いこと	☐ ⓰	吝嗇	りんしょく ・ものおしみすること。けち
☐ ❺	蒲公英	たんぽぽ ・春、黄色の花を開く野草	☐ ⓱	鱸	すずき ・スズキ科の近海魚
☐ ❻	傀儡	かいらい ・あやつり人形。「傀儡政権」	☐ ⓲	胡座	あぐら ・両足を組んで座ること。「胡座をかく」
☐ ❼	庫裡	くり ・寺の台所。住職や家族の居間	☐ ⓳	瑕疵	かし ・過失。欠点。きず
☐ ❽	荼毘	だび ・火葬。「荼毘に付す」	☐ ⓴	正鵠	せいこく ・物事の急所・要点。「正鵠を射る」
☐ ❾	畢竟	ひっきょう ・結局。つまるところ。所詮	☐ ㉑	椿事	ちんじ ・珍しい出来事。「前代未聞の椿事」
☐ ❿	頗る	すこぶ-る ・非常に。たいそう。「頗る迷惑な話だ」	☐ ㉒	礼賛	らいさん ・ほめたたえること
☐ ⓫	烏賊	いか ・10本足の軟体動物	☐ ㉓	翻る	ひるがえ-る ・突然反対になる。風になびいて揺れる
☐ ⓬	胡散	うさん ・怪しい様子。「胡散臭い」	☐ ㉔	冤罪	えんざい ・無実の罪。ぬれぎぬ

□	㉕	忌憚	きたん	・言うのを遠慮すること
□	㉖	仄聞	そくぶん	・うわさに聞くこと。「仄聞したところでは」
□	㉗	贔屓	ひいき	・気にいった人に特に力添えすること
□	㉘	漏洩	ろうえい	・秘密などが漏れる（漏らす）こと
□	㉙	蜻蛉	とんぼ/せいれい/かげろう	・複眼の大きな昆虫
□	㉚	乖離	かいり	・はなれること
□	㉛	膠着	こうちゃく	・情勢が全く変化しないこと
□	㉜	拿捕	だほ	・（敵国や外国の船を）捕らえること
□	㉝	幇助	ほうじょ	・（よくないことを）手助けすること
□	㉞	法螺	ほら	・虚言。「法螺をふく」
□	㉟	鰊	にしん	・魚の一種。卵はカズノコ
□	㊱	隘路	あいろ	・狭くて険しい道
□	㊲	気障	きざ	・言動やしぐさがきどっていて、嫌な感じ
□	㊳	招聘	しょうへい	・礼を尽くして人を招くこと
□	㊴	長閑	のどか	・落ち着いて、のんびりしている様子
□	㊵	揶揄	やゆ	・からかうこと
□	㊶	朱鷺	とき	・体が白く、顔が赤い鳥。特別天然記念物
□	㊷	塩梅	あんばい	・身体や味覚などのぐあい
□	㊸	希有	けう	・めったにないこと
□	㊹	吃驚	びっくり	・非常に驚くこと
□	㊺	領袖	りょうしゅう	・集団のかしら。「派閥の領袖」
□	㊻	栄螺	さざえ	・海産の巻き貝
□	㊼	膾炙	かいしゃ	・評判になって知れ渡ること
□	㊽	雑魚	ざこ	・取るに足らない小物。多種類の小魚
□	㊾	罹災	りさい	・災害に遭うこと
□	㊿	朴訥	ぼくとつ	・飾り気がなく無口なこと
□	(51)	老獪	ろうかい	・悪賢いこと。「老獪な手口」
□	(52)	万年青	おもと	・ユリ科の多年草
□	(53)	間隙	かんげき	・物と物とのあいだ。「間隙を縫う」
□	(54)	弛緩	しかん	・ゆるむこと。たるむこと
□	(55)	夭折	ようせつ	・若くして死ぬこと。早世
□	(56)	霙	みぞれ	・雨まじりの雪
□	(57)	鸚鵡	おうむ	・人の言葉をまねる鳥
□	(58)	百日紅	さるすべり/ひゃくじつこう	・夏から秋に花が咲く落葉高木
□	(59)	鼎談	ていだん	・3人が話し合うこと
□	(60)	陥穽	かんせい	・落とし穴。「陥穽にはまる」
□	(61)	山茶花	さざんか	・晩秋に白い花を咲かせるツバキ科の樹木
□	(62)	訥弁	とつべん	・なめらかでない話し方。口下手

常識チェック❶ 解答　1. ゆうぜい　2. あお（る）　3. ぼくたく

同音異義語

常 識 チ ェ ッ ク ! ● 次のカタカナに当てはまる　解答は右ページ下▶
漢字は？

☐ **1. 遺族にホショウ金を払う。**（意味：損害をおぎない、つぐなう）

☐ **2. 品質をホショウする。**　　（意味：間違いがなく確かであると請け合う）

ランク A 必ず覚える！ 常識問題　　　　　解答・解説

● 次の下線部に当てはまる漢字を選びなさい。

☐ **❶** 今年の春は**イジョウ**に暖かい。　（異常・異状）　異常
　　　　　　　　　　　　　　　　　　　　　　　　　　　・異状→異状を呈する

☐ **❷** いよいよ**ジキ**が熟した。　　　　（時期・時機）　時機
　　　　　　　　　　　　　　　　　　　　　　　　　　　・時期→時期尚早

☐ **❸** 珍しい切手を**シュウシュウ**する。　（収拾・収集）　収集
　　　　　　　　　　　　　　　　　　　　　　　　　　　・収拾→収拾がつかない

☐ **❹** 門戸を**カイホウ**する。　　　　　（開放・解放）　開放
　　　　　　　　　　　　　　　　　　　　　　　　　　　・解放→束縛から解放する

☐ **❺** **キョウコウ**な態度で主張した。　（強行・強硬）　強硬
　　　　　　　　　　　　　　　　　　　　　　　　　　　・強行→嵐の中、強行した

☐ **❻** 過去を**セイサン**して再出発する。　（清算・精算）　清算
　　　　　　　　　　　　　　　　　　　　　　　　　　　・精算→乗り越し運賃の精算

☐ **❼** 母はよく年齢**フショウ**と言われる。（不詳・不祥）　不詳
　　　　　　　　　　　　　　　　　　　　　　　　　　　・不祥→不吉・不運なこと

☐ **❽** 現金による**ケッサイ**を行う。　　（決裁・決済）　決済
　　　　　　　　　　　　　　　　　　　　　　　　　　　・決裁→上司の決裁を仰ぐ

☐ **❾** 友人が劇団を**シュサイ**する。　　（主催・主宰）　主宰
　　　　　　　　　　　　　　　　　　　　　　　　　　　・主催→中心になって催す

☐ **❿** 危険な**フンソウ**地域を回る。　　（紛争・扮装）　紛争
　　　　　　　　　　　　　　　　　　　　　　　　　　　・扮装→ある人物に扮装する

☐ **⓫** 辞書を**カイテイ**する。　　　　　（改定・改訂）　改訂
　　　　　　　　　　　　　　　　　　　　　　　　　　　・改定→法律を改め定める

☐ **⓬** 衆人**カンシ**のもと、愛を告白する。（環視・監視）　環視
　　　　　　　　　　　　　　　　　　　　　　　　　　　・監視→警戒して見張る

☐ ⑬	泥水が家の中に**シンニュウ**する。	（侵入・浸入）	浸入	·侵入→強引に入り込む
☐ ⑭	安全**ホショウ**条約を結ぶ。	（補償・保障）	保障	·補償→損失補償。災害補償
☐ ⑮	子どもの**ソウゾウ**性を育てる。	（想像・創造）	創造	·想像→心の中におもい描く
☐ ⑯	侵略の**キョウイ**にさらされる。	（驚異・脅威）	脅威	·驚異→驚異的な記録
☐ ⑰	恩師に婚約者を**ショウカイ**する。	（紹介・照会）	紹介	·照会→身元の照会
☐ ⑱	赤い装飾が店の**トクチョウ**です。	（特長・特徴）	特徴	·特長→他に比べて優れた点
☐ ⑲	**カネツ**ぎみの試合。	（過熱・加熱）	過熱	·加熱→熱を加えること
☐ ⑳	強盗犯が警察に**ケンキョ**される。	（検挙・謙虚）	検挙	·謙虚→つつましく控えめ
☐ ㉑	ご**セイチョウ**、感謝いたします。	（静聴・清聴）	清聴	·静聴→話などを静かに聞く
☐ ㉒	2つの仕事を**ヘイコウ**して進める。	（平行・並行）	並行	·平行→議論が平行線をたどる
☐ ㉓	決勝戦で**カイシン**の一打を放つ。	（改心・会心）	会心	·改心→心を改めること
☐ ㉔	工場の**キカイ**化が進む。	（機械・器械）	機械	·器械→光学器械、器械体操
☐ ㉕	**ジッタイ**のない会社をつくる。	（実態・実体）	実体	·実態→本当の状態。実態調査
☐ ㉖	産業廃棄物の違法**トウキ**を罰する。	（登記・投棄）	投棄	·登記→興した会社の登記
☐ ㉗	**キョウソウ**馬を育てている牧場だ。	（競走・競争）	競走	·競争→激しい値下げ競争
☐ ㉘	博士課程を**シュウリョウ**した。	（修了・終了）	修了	·終了→学業以外の物事がおわる
☐ ㉙	友人に**フシン**の念を抱く。	（不審・不信）	不信	·不審→挙動不審、不審者
☐ ㉚	市民の問い合わせに**カイトウ**する。	（回答・解答）	回答	·解答→試験問題の解答
☐ ㉛	日頃のご**コウイ**に感謝します。	（厚意・好意）	厚意	·好意→好感。親しみの気持ち

国語

55
●
同音異義語

常識チェック❶ 解答　**1.** 補償　**2.** 保証

ランク B ココで差をつける！ 必修問題　　　解答・解説

● 次の下線部を適切な漢字に直しなさい。

☐ **❶** 二人は**タイショウ**的な性格だ。

タイショウをよく見て描く。

人間の顔は左右**タイショウ**ではない。

対照	・2つのものを照らし合わせて比べること
対象	・目標物。めあて
対称	・ものとものとがつり合っている状態

☐ **❷** 量から質への**テンカ**を図る。

大学の**テンカ**試験を受ける。

失敗の責任を**テンカ**する。

転化	・ほかの状態に変化すること
転科	・学生が所属する学科を変えること
転嫁	・自分の責任などを他になすりつけること

☐ **❸** ごみの**ショウキャク**炉を建設する。

記録がすべて**ショウキャク**された。

借用金を**ショウキャク**する。

焼却	・焼き捨てること
消却	・消去。消費。返済
償却	・借金をすべて返すこと

☐ **❹** 会社の人事**イドウ**で転勤となった。

日中文化の**イドウ**について語り合う。

電車で**イドウ**する。

異動	・転任や退任などの人事の動き
異同	・異なっている点。相違
移動	・場所をうつることや変えること

☐ **❺** 大画家の**カイコ**展に行く。

少年時代を**カイコ**する。

不当**カイコ**に憤慨する。

回顧	・昔のことを思い出して考える
懐古	・昔のことをなつかしく思う
解雇	・雇い人をやめさせること。免職

☐ **❻** 政治献金を**キセイ**する。

建築物の高さを**キセイ**する。

キセイ概念を打ち破る。

服は**キセイ**品で我慢する。

規正	・規則に従って悪い点を直す
規制	・規則を作り、それにそって制限する
既成	・すでに出来上がっていること
既製	・出来合い。レディーメード

☐ **❼** 飛行機が着陸**タイセイ**に入る。	態勢	・物事や状況に対してとる構え
選挙の**タイセイ**が決する。	大勢	・おおよその形勢。世の中のなりゆき
薬品に対し**タイセイ**を持つ細菌。	耐性	・病原菌などが薬に耐えて生きる性質
☐ **❽** 基礎部分に**カジュウ**がかかる。	荷重	・建造物や車にかかる重量
責任が**カジュウ**される。	加重	・重さや負担を加えて重くすること
カジュウ労働で身体を壊す。	過重	・限界を超えて重いこと
☐ **❾** 今期優勝を**コウゲン**してはばからない。	公言	・人前ではっきりと言う
すぐに**コウゲン**を吐く悪い癖がある。	広言(荒言)	・無責任に大きなことを言い散らす
部長の前では**コウゲン**令色な人。	巧言	・言葉を飾って巧みに言うこと
☐ **❿** 故人の**イシ**を継ぐ。	遺志	・故人の残したこころざし
強い**イシ**で目標を達成する。	意志	・強い気持ち。「意志薄弱」「固い意志」
イシの疎通を図る。	意思	・考え。気持ち。「本人の意思」
☐ **⓫** 中国語の**ソクセイ**講座に通う。	速成	・短期間にしあげること
夏野菜の**ソクセイ**栽培を行う。	促成	・植物などを人工的に早く育てる
ソクセイのおつまみで乾杯する。	即製	・手間暇かけず、その場ですぐに作る
☐ **⓬** 大臣の汚職疑惑を**ツイキュウ**する。	追及	・欠点や責任について問いただす
真理の**ツイキュウ**が学徒の務めだ。	追究	・未知な物や不明点を調べてつきとめる
利潤の**ツイキュウ**が企業の目的だ。	追求	・目的達成に向け徹底的に追い求める
☐ **⓭** **シンキ**かつ大胆な設計に驚く。	新奇	・珍しく目新しいこと
シンキ一転、仕事に精を出す。	心機	・心の働きや動き
シンキを砕く振る舞い。	心気	・気持ち。気分

56 同訓異義語

出題率 ★★★

解答は右ページ下 ▶

常識チェック！ ●次の空欄に入る「オサめる」と読む漢字は？

☐ 1. 税金 を ☐ める。　　☐ 2. 医学 を ☐ める。

☐ 3. 国 を ☐ める。　　☐ 4. 成功 を ☐ める。

ランクA 必ず覚える！ 常識問題　　　解答・解説

●次の下線部を漢字に直しなさい。

☐ ❶ 失敗をアヤマる。　　謝-る　　・非を認め相手に許しを乞う
　　判断をアヤマる。　　誤-る　　・正しい判断から外れる

☐ ❷ 重要な役割をシめる。　　占-める　　・自分の所有・領有とする
　　ねじをシめる。　　締-める　　・緩みのないようにする

☐ ❸ 悪口をツツシむ。　　慎-む　　・控え目にする
　　ツツシんで申し上げる。　　謹-んで　　・かしこまって敬意を表する様子

☐ ❹ 勝利をノゾむ。　　望-む　　・こうあって欲しいと願う
　　危機にノゾむ。　　臨-む　　・直面する。出合う

☐ ❺ 災難にアう。　　遭-う　　・好ましくないことに出合う
　　友人にアう。　　会-う　　・人物と対面する

☐ ❻ ライバル校をヤブる。　　敗-る　　・試合などで相手を打ち負かす
　　約束をヤブる。　　破-る　　・決まり事や約束を無視する

● 次の下線部を漢字に直しなさい。

❶ 真理を**キワ**める。 究(窮)-める ・物事を突きつめてすべて明らかにする

山頂を**キワ**める。 極(窮)-める ・これより先はないという所まで行き着く

❷ 傷口が**イタ**む。 痛-む ・身体に苦痛をおぼえる

死を**イタ**む。 悼-む ・人の死を悲しむ

❸ 領空を**オカ**す。 侵-す ・他国の領地などに不法に入り込む

罪を**オカ**す。 犯-す ・法律や決まりに反した行いをする

❹ 銀行に**ツト**める。 勤-める ・仕事に従事する

役員を**ツト**める。 務-める ・役割などを引き受けて働く

❺ 慎重策を**ト**る。（「取」以外の漢字で） 採-る ・選び出す

写真を**ト**る。 撮-る ・写真をうつす

事務を**ト**る。（「取」以外の漢字で） 執-る ・取り扱う。職務に当たる

❻ 時計の針が2時を**サ**す。 指-す ・目標物や場所・方向を示す

串で肉を**サ**す。 刺-す ・突き立てる。突き通す

朝日が**サ**す。 射(差)-す ・光があたる

花瓶に花を**サ**す。 挿-す ・細長い物を他の物の間に突き入れる。さし木をする

❼ 委員会に**ハカ**る。 諮-る ・相談する

問題解決を**ハカ**る。 図-る ・計画を立て、実現をめざす

政権の転覆を**ハカ**る。 謀-る ・はかりごとをする。あざむく

国語

56

同訓異義語

常識チェック！ 解答 1. 納 2. 修 3. 治 4. 収

対義語・類義語

  常識チェック！ ●次の熟語の対義語・類義語を選ぶと？ 解答は右ページ下 ▶

□ **1. 婉曲** の対義語は ➡ （ 愚直・正直・露骨・素直・曲解 ）

□ **2. 逆境** の類義語は ➡ （ 窮地・逆行・境遇・拘泥・虚脱 ）

ランク **A** 必ず覚える！ 常識問題 　　　　　解答・解説

●❶〜❻は対義語を、❼〜⓫は類義語を、それぞれア〜ウから１つ選びなさい。

□ ❶ 故意	（ ア 意図 イ 天然 ウ 過失 ）	**ウ 過失** ・不注意によるあやまち。しくじり
□ ❷ 生産	（ ア 貿易 イ 消費 ウ 需要 ）	**イ 消費** ・使ってなくすこと
□ ❸ 緊張	（ ア 弛緩 イ 緩慢 ウ 平坦 ）	**ア 弛緩** ・ゆるむこと。たるむこと
□ ❹ 左遷	（ ア 更迭 イ 派遣 ウ 栄転 ）	**ウ 栄転** ・高い地位を得て転任すること
□ ❺ 警戒	（ ア 油断 イ 怠慢 ウ 平穏 ）	**ア 油断** ・気を許して注意を怠ること
□ ❻ 過疎	（ ア 混在 イ 過密 ウ 混雑 ）	**イ 過密** ・密度が非常に高いこと
□ ❼ 慶賀	（ ア 歓喜 イ 豊麗 ウ 祝福 ）	**ウ 祝福** ・人の幸福を願い祈ること
□ ❽ 夭逝	（ ア 早世 イ 崩御 ウ 急逝 ）	**ア 早世** ・若くして死ぬこと
□ ❾ 遺憾	（ ア 慚愧 イ 天然 ウ 残念 ）	**ウ 残念** ・悔しく諦めきれないこと
□ ❿ 切迫	（ ア 危機 イ 緊迫 ウ 急激 ）	**イ 緊迫** ・差し迫っている状態
□ ⓫ 卓越	（ ア 抜群 イ 逸脱 ウ 優劣 ）	**ア 抜群** ・ずばぬけてすぐれている

●□に漢字1字を入れて、対義語を完成させなさい。

⑫	帰納 — □繹	演繹	・一般的な前提から推論し説明する
⑬	異端 — 正□	正統	・正しい血筋・嫡流
⑭	尊敬 — □蔑	軽蔑	・さげすんだり馬鹿にすること
⑮	建設 — □壊	破壊	・こわす（こわれる）こと
⑯	抑制 — □進	促進	・物事が速く進むよう働きかける
⑰	□燥 — 湿潤	乾燥	・かわいていること
⑱	□略 — 丁寧	粗略	・物事の扱い方がいいかげんなこと。疎略
⑲	枯□ — 潤沢	枯渇	・水や物がかれてなくなること

●□に漢字1字を入れて、類義語を完成させなさい。

⑳	遠慮 — □謀	深謀	・よく考えて立てたはかりごと
㉑	熟読 — □読	精読	・細部までていねいに読むこと
㉒	邪魔 — □害	阻害	・さまたげること。妨害
㉓	反発 — 抵□	抵抗	・はむかうこと
㉔	交渉 — 折□	折衝	・利害の異なる相手とかけひきすること
㉕	□着 — 冷静	沈着	・落ち着いていて動じないこと
㉖	□知 — 通暁	熟知	・よく知っていること
㉗	□介 — 斡旋	仲介	・両者の間に入って話をまとめること

常識チェック❶ 解答　**1.** 露骨　**2.** 窮地

● 次の文の下線部について、❶〜❽は対義語を、❾〜⓰は類義語を答えなさい。

❶ **濃厚**なソースが評判の一品だ。
淡泊(淡白)
・味や色があっさりしていること

❷ 仕事もなく**閑散**とした日々を過ごす。
繁忙
・用事が多くて忙しい様子

❸ 人前で**罵倒**され恥をかく。
賞賛(称賛)
・ほめたたえること

❹ 新人のくせに態度が**横柄**だ。
謙虚
・つつましく控え目

❺ つい**興奮**して大声を出す。
鎮静
・しずまり落ち着く

❻ **穏健**派が集まり協議に入る。
過激
・非常にはげしいさま

❼ 組織の**末端**には知らされていない。
中枢
・中心となる最も大切な部分

❽ 要求が**拒絶**され、振り出しに戻る。
受諾
・依頼や要求を受け入れること

❾ 彼の悪口には**我慢**がならない。
忍耐
・たえ忍ぶこと

❿ 憲法改正の可能性を**示唆**した。
暗示
・それとなく示すこと

⓫ 前任者のやり方を**踏襲**する。
継承
・地位・権利・伝統などを受け継ぐこと

⓬ 医学の発展に**寄与**する。
貢献
・力を尽くし役に立つこと

⓭ 先輩がまず**模範**を示す。
手本
・見習うべき物事。見本

⓮ 失敗の原因について**釈明**する。
弁解
・言い訳

⓯ 二人の差は**歴然**としている。
明白
・明らかではっきりしていること

⓰ 町の**変遷**を年表にまとめる。
沿革
・物事の移り変わり

● 次の各語について、⓱〜㉝は対義語を、㉞〜㊿は類義語を答えなさい。

対義語		類義語	
⓱ 軽率	**慎重** ・注意深く物事を行うこと	㉞ 大要	**概略** ・おおよその内容。あらまし
⓲ 収縮	**膨張** ・規模がふくれあがること	㉟ 起源	**発祥** ・物事が起こり、現れること
⓳ 除去	**添加** ・他のものを加えること	㊱ 熟慮	**勘案** ・いろいろと考え合わせること
⓴ 絶賛	**酷評** ・手厳しく批評すること	㊲ 容赦	**勘弁** ・失敗や罪を許すこと
㉑ 疎遠	**親密** ・とても親しく仲が良い様子	㊳ 脅迫	**威嚇** ・おどしつけること
㉒ 束縛	**解放** ・束縛を解き自由にすること	㊴ 妨害	**阻止** ・妨げる。はばむ。食い止める
㉓ 恥辱	**栄誉** ・大変な名誉	㊵ 殊勲	**功名** ・手柄を立てて名をあげること
㉔ 獲得	**喪失** ・うしなうこと	㊶ 堅持	**墨守(固執)** ・習慣などをかたく守ること
㉕ 侮蔑	**畏敬** ・気高いものや人をおそれうやまうこと	㊷ 盛衰	**興廃** ・おこることとすたれること
㉖ 創造	**模倣** ・他をまねること	㊸ 厄介	**面倒** ・わずらわしいこと
㉗ 依存	**自立** ・自力で物事にあたること	㊹ 回復	**治癒** ・病気やけがなどがなおること
㉘ 確信	**懐疑** ・疑いを持つこと	㊺ 赴任	**着任** ・任務や任地につくこと
㉙ 節約	**浪費** ・むだ遣い	㊻ 寡黙	**無口** ・口数の少ないこと
㉚ 反逆	**恭順** ・命令につつしみ従うこと	㊼ 心酔	**傾倒** ・あるものに心ひかれ熱中すること
㉛ 贅沢	**質素** ・つつましいこと。簡素な様子	㊽ 輸送	**運搬** ・物品を運び移すこと
㉜ 隆起	**陥没** ・沈みくぼむこと	㊾ 解雇	**罷免** ・職務をやめさせること
㉝ 実践	**理論** ・原理や法則によって筋道立てた論	㊿ 専心	**没頭** ・1つのことに熱中すること

58 四字熟語

常識チェック！ ●□に入る漢字は？　解答は右ページ下▶

□ 1. □ 里 □ 中
●状況がつかめないままなすすべもない様子

□ 2. □ 三 □ 四
●目先の相違にとらわれて結果が同じになることに気がつかないこと

ランク **A** 必ず覚える！常識問題　　　　　　　　解答・解説

●次の四字熟語の意味をア〜シから選びなさい。

❶ 七転八倒	オ ・しちてんばっとう	❼ 汗牛充棟	サ ・かんぎゅうじゅうとう
❷ 自画自賛	コ ・じがじさん	❽ 旧態依然	ア ・きゅうたいいぜん
❸ 温故知新	イ ・おんこちしん	❾ 秋霜烈日	エ ・しゅうそうれつじつ
❹ 三寒四温	シ ・さんかんしおん	❿ 八面六臂	カ ・はちめんろっぴ
❺ 千載一遇	キ ・せんざいいちぐう	⓫ 羊頭狗肉	ウ ・ようとうくにく
❻ 心機一転	ケ ・しんきいってん	⓬ 傍目八目	ク ・おかめはちもく

ア 少しも進歩や発展がないさま	キ めったにない絶好の機会
イ 古い事柄から役立つ知恵を得る	ク 第三者ほど正しく判断するものだ
ウ 見かけは立派だが中身が伴わない	ケ 気分を変えてスッキリする
エ 刑罰などが厳格を極めること	コ 自分で自分のことをほめる
オ 苦痛に転げ回って苦しみもがく	サ 蔵書が非常に多いこと
カ 一人で何人分もの働きをする	シ 冬に寒と暖が交互に繰り返す

● 次の四字熟語の読み方を答えなさい。

□ ⑬ <u>喧喧囂囂</u> の騒ぎだ。

けんけんごうごう
・大勢の人が口々にやかましく騒ぎ立てるさま

□ ⑭ <u>侃侃諤諤</u> と意見をたたかわす。

かんかんがくがく
・手加減なく、徹底的に議論するさま

□ ⑮ <u>融通無碍</u> な対応が求められる。

ゆうずうむげ
・一定の考え方にとらわれず自由であること

□ ⑯ 原稿を <u>一瀉千里</u> に書き上げた。

いっしゃせんり
・物事が一気に片付くこと

□ ⑰ <u>順風満帆</u> な人生を過ごす。

じゅんぷうまんぱん
・「じゅんぷうまんぽ」ではない

□ ⑱ <u>三位一体</u> の教義を学ぶ。

さんみいったい
・「さんいいったい」ではない

□ ⑲ <u>傍若無人</u> な振る舞いに眉をひそめる。

ぼうじゃくぶじん
・勝手気ままに振る舞うさま

□ ⑳ 現場は <u>阿鼻叫喚</u> の巷と化した。

あびきょうかん
・悲惨でむごたらしいさま

□ ㉑ 話を聞いただけでは <u>隔靴掻痒</u> だ。

かっかそうよう
・思うようにならずもどかしいさま

□ ㉒ <u>曲学阿世</u> の徒のそしりを受ける。

きょくがくあせい
・真理を曲げて時代の好みにおもねること

□ ㉓ 彼は <u>一言居士</u> だから黙ってはいない。

いちげんこじ
・何にでも一言言わないと気が済まない人

□ ㉔ <u>臥薪嘗胆</u> して医学部に合格した。

がしんしょうたん
・目的達成のために苦労を重ねる

□ ㉕ <u>堅忍不抜</u> の精神で任にあたる。

けんにんふばつ
・我慢強くたえ忍ぶこと

□ ㉖ 小国同士、<u>合従連衡</u> が必要だ。

がっしょうれんこう
・時々の利害に従って国などが同盟すること

□ ㉗ <u>魑魅魍魎</u> のうごめく闇の世界。

ちみもうりょう
・さまざまな化け物の意

□ ㉘ <u>因循姑息</u> な態度が許せない。

いんじゅんこそく
・古いしきたりにとらわれたその場しのぎの方策

□ ㉙ <u>乾坤一擲</u> の勝負に出る。

けんこんいってき
・運命をかけて大きな勝負をすること

常識チェック！ 解答　1. 五、霧（五里霧中）　2. 朝、暮（朝三暮四）

●次の四字熟語の誤りを正しなさい。

☐ ❶ **虚心担懐**　わだかまりや偏見がなくさっぱりしている　　×担→○坦
「坦懐」は穏和でさっぱりしている意

☐ ❷ **絶対絶命**　逃れようのない困難な立場や場面　　×対→○体
「体」も「命」もぎりぎりの立場という意

☐ ❸ **意味慎重**　言動に奥深い含蓄や趣がある　　×慎重→○深長
「深長」は含みがあり奥深い様子

☐ ❹ **豪放雷落**　度量が大きい人の形容　　×雷→○磊
「磊落」は快活で度量の広いこと

☐ ❺ **厚顔無知**　はじ知らずで図々しい　　×知→○恥
厚かましく恥知らずなさま

☐ ❻ **虎軍奮闘**　一人で困難に立ち向かい努力する　　×虎→○孤
「孤軍」は孤立した少人数の軍勢

☐ ❼ **紛骨砕身**　力の限り、一所懸命に努力する　　×紛→○粉
骨を粉にし（粉骨）、身を砕く（砕身）ほど努力する

●次のカタカナを漢字に直して四字熟語を完成させなさい。

☐ ❽ <u>タントウチョクニュウ</u>　いきなり本題に入り、要点や核心をつく　　**単刀直入**
「単刀」は一振りの刀の意

☐ ❾ <u>リュウトウダビ</u>　最初は立派だが最後は貧弱なこと　　**竜頭蛇尾**
頭でっかちで尻すぼみなこと

☐ ❿ <u>セイテンハクジツ</u>　心に隠し事がない　　**青天白日**
「白日」はくもりのない太陽

☐ ⓫ <u>シンショウボウダイ</u>　ささいな事を大げさに誇張して言う　　**針小棒大**
「棒大」を「膨大」と書くのは誤り

☐ ⓬ <u>ゴンゴドウダン</u>　あまりにひどくて言葉に表せない　　**言語道断**
「道断」は言うすべがないという意

☐ ⓭ <u>キシカイセイ</u>　危機的状況を一気にひっくり返す　　**起死回生**
「回生」は生き返ること

☐ ⓮ <u>ドウコウイキョク</u>　見かけは違っても中身はだいたい同じ　　**同工異曲**
「同工」を「同巧」と書くのは誤り

☐ ⓯ <u>センシバンコウ</u>　色とりどりの花が咲いているさま　　**千紫万紅**
似た意味：百花繚乱

●次の空欄を埋めて四字熟語を完成させなさい。

☐ ⑯ ☐刀☐麻　紛糾した事態を鮮やかに解決する
快刀乱麻 （かいとうらんま）
×「怪刀」×「乱魔」

☐ ⑰ 臨☐応☐　状況に応じて適切に対処する
臨機応変 （りんきおうへん）
「臨機応変な処置」

☐ ⑱ 天☐無☐　飾り気がなく素直で無邪気なこと
天衣無縫 （てんいむほう）
「天人の衣には縫い目がない」から

☐ ⑲ 衆人☐☐　大勢がとり囲んでじっと見守っていること
衆人環視 （しゅうじんかんし）
×「監視」

☐ ⑳ 呉☐同☐　仲の悪い者同士が居合わせる
呉越同舟 （ごえつどうしゅう）
呉と越は中国春秋時代の敵対国

☐ ㉑ 付☐☐同　意見を持たず人の言動に同調する
付和雷同 （ふわらいどう）
「付和」は「附和」とも書く

☐ ㉒ 志操☐☐　自分の思想や主義を堅く守って変えない
志操堅固 （しそうけんご）
「志操」は心の持ち方の意

☐ ㉓ ☐☐玉条　必ず守るべき法律。よりどころとなる教訓・信条
金科玉条 （きんかぎょくじょう）
×「金貨」

☐ ㉔ 理☐整☐　物事が道理に当てはまっているさま
理路整然 （りろせいぜん）
反対の意味：支離滅裂

☐ ㉕ 優☐不☐　決断力に乏しいこと
優柔不断 （ゆうじゅうふだん）
反対の意味：即断即決

☐ ㉖ ☐挙☐動　深く考えず、軽はずみな行動をすること
軽挙妄動 （けいきょもうどう）
反対の意味：熟慮断行

☐ ㉗ ☐面☐歌　敵に囲まれ、味方がいないこと
四面楚歌 （しめんそか）
似た意味：孤軍奮闘

☐ ㉘ 暗☐模☐　暗やみの中で、手探りでてがかりをさがすこと
暗中模索 （あんちゅうもさく）
似た意味：五里霧中

☐ ㉙ 縦☐無☐　思う存分、自由に物事を行うさま
縦横無尽 （じゅうおうむじん）
似た意味：自由自在

☐ ㉚ 換☐奪☐　古い詩文をもとに新しい詩文を作る
換骨奪胎 （かんこつだったい）
「骨を換え胎を奪う」と覚える

☐ ㉛ 前☐未☐　だれも足を踏み入れていないこと
前人未踏 （ぜんじんみとう）
似た意味：空前絶後

☐ ㉜ 明☐止☐　曇りのない、静かな心の状態
明鏡止水 （めいきょうしすい）
似た意味：虚心坦懐

熟語・慣用句

常識チェック! ●空欄に入る語句は？　解答は右ページ下 ▶

- 1. 寸暇を ☐☐☐ 勉強する。　➡× 寸暇を惜しまず
- 2. いわれなき汚名を ☐☐☐。　➡× 汚名を晴らす

ランク A　必ず覚える! 常識問題　　解答・解説

●☐に漢字を入れて、後の意味を表す熟語を完成させなさい。

❶	☐**知**を徹底する。	**意味** 広く知られていること	**周知** ・しゅうち
❷	☐**表**をつく考え。	**意味** 予想外で思いもしなかったこと	**意表** ・いひょう
❸	**心**☐が重なる。	**意味** 精神的な疲れ	**心労** ・しんろう
❹	決算数値を☐**飾**する。	**意味** 表面上よく見せかけること	**粉飾** ・ふんしょく
❺	取締役を☐**迭**する。	**意味** 役目や役職で人が代わること	**更迭** ・こうてつ
❻	**婉**☐な言い回しをする。	**意味** 表現が遠回しな様子	**婉曲** ・えんきょく
❼	**姑**☐な手段に出る。	**意味** その場しのぎの間に合わせ	**姑息** ・こそく
❽	良心の**呵**☐に耐えかねる。	**意味** 厳しくとがめること	**呵責** ・かしゃく
❾	**焦**☐の思いにかられる。	**意味** あせっていらいらすること	**焦燥** ・しょうそう
❿	投球**体**☐が崩れる。	**意味** 身体の構え	**体勢** ・たいせい
⓫	勢力の**均**☐を保つ。	**意味** 2つ以上のもののつりあいが取れる	**均衡** ・きんこう

●次の慣用句の意味として正しいほうを選びなさい。

⑫ 目から鼻へ抜ける
　ア　賢くて機転がきく
　イ　迷いがなく真実がわかる

ア
「抜け目がない」という意もある。

⑬ 木で鼻をくくる
　ア　はっきりしない態度をとる
　イ　非常に無愛想な応対をする

イ
「木で鼻をこくる（こする）」が元来の語で、不快な様子を表す。

⑭ 気の置けない
　ア　油断がならない
　イ　気遣いがいらない。遠慮がない

イ
「気が置けない」ともいう。

⑮ 二目と見られない
　ア　珍しい物や景色を見たときの様子を表す
　イ　目を覆いたくなるような悲惨な状況を表す

イ
「もう一度見たいとは思わない」の意から。

⑯ 琴線に触れる
　ア　しみじみと心から感動する
　イ　目上の人を非常に怒らせる

ア
イは「逆鱗に触れる」。

⑰ 禁じざるを得ない
　ア　禁じなくてはならない(禁じる)
　イ　禁じてはいけない(禁じない)

ア
二重否定により肯定表現となる。

⑱ 情けは人の為ならず
　ア　相手のためにならないので情けは無用だ
　イ　将来自分に返るものだから人には情けをかけるべきだ

イ
「人の為ならず」は「他人のためではなく、自分のためだ」と解する。

⑲ 言質を取る
　ア　相手の弱点を握る
　イ　証拠となる約束の言葉を得る

イ
「言質」は「後の証拠となる（約束の）言葉」の意。「げんしつ」と読むのは誤り。

常識チェック❶ 解答　1. 惜しんで　2. そそぐ（すすぐ）

●次の慣用表現の間違いを正しなさい。

❶ 街で噂を **小耳に入れる**。

×入れる→挟む
・偶然に聞くこと

❷ 失敗を恐れて、**二の舞を踏む**。

×舞→足
・尻込みをすること

❸ **的を得た** 質問だ。

×得た→射た
・要点を的確にとらえること

❹ **三日にあけず** 通い詰めた。

×あけず→あげず(上げず)
・「間を置かないで」の意

❺ **素人はだし** の腕前だ。

×素人→玄人
・玄人が裸足で逃げ出すほど素晴らしい

❻ 裏切られ、**怒り心頭に達する**。

×達する→発する
・激怒すること

❼ 冷たい態度で、**取りつく暇** もない。

×暇→島
・話を進めるきっかけが見つからない

❽ **物議を起こす**。

×起こす→醸す
・世の中の議論を引き起こす

❾ **歯に絹着せぬ** 発言が小気味よい。

×絹→衣
・遠慮せずに思ったままを言う

❿ 雨が **車輪を流す** ように降り続いた。

×車輪→車軸
・車軸のような太い雨脚の雨が降る

⓫ ほとほと **愛嬌を尽かす**。

×愛嬌→愛想
・信頼や好意がなくなり見限ること

⓬ 彼には **力不足** で物足りない仕事だ。

×力不足→役不足
・能力に対して、役目が軽すぎること

⓭ **出る釘** は打たれる。

×釘→くい(杭)
・能力の秀でた者はとかく憎まれやすい

⓮ **蟻のはい入る隙** もない。

×はい入る→はい出る
・警固の厳重なこと

⓯ **苦杯にまみれる**。

×にまみれる→を喫する
・「苦杯をなめる」も○

⓰ **二の句が告げない**。

×告げない→継げない
・驚きあきれて次の言葉が出ない様子

⓱ **溜飲を晴らす**。

×晴らす→下げる
・「溜飲が下がる」も○。不満が解消すること

⓲ **濡れ手で泡**。

×泡→粟
・苦労せず利益を得ること

●次の慣用表現の表す意味をア〜二から選びなさい。

⑲ 虎の尾を踏む	シ	
⑳ 身命を賭す	ウ	
㉑ 口を糊する	ケ	
㉒ 論陣を張る	ア	
㉓ 策士策に溺れる	二	
㉔ 洞ヶ峠を極めこむ	キ	
㉕ 塞翁が馬	ツ	
㉖ 馬脚を露す	イ	
㉗ 妍を競う	カ	
㉘ 警鐘を鳴らす	エ	
㉙ 委曲を尽くす	ト	
㉚ 画餅に帰す	ク	
㉛ 生き馬の目を抜く	チ	
㉜ 猫の額	セ	
㉝ 一矢を報いる	オ	
㉞ 角をためて牛を殺す	ス	
㉟ 顔から火が出る	ナ	
㊱ 仏の顔も三度	サ	
㊲ 等閑に付す	タ	
㊳ 眉につばをつける	コ	
㊴ 三日見ぬ間の桜	テ	
㊵ へそで茶を沸かす	ソ	

ア　論理を組み立て議論を展開する
イ　化けの皮がはがれる
ウ　命を投げ出して努力する
エ　危機を知らせる
オ　攻撃に対しわずかでも反撃する
カ　美しさを比べ争う
キ　有利な方につこうと形勢を窺う
ク　計画が役に立たず無駄になる
ケ　やっと暮らしを立てる
コ　だまされないように用心する
サ　穏和な人でもひどい行いには怒る
シ　とても危ないことをする
ス　小さな欠点を直そうとして全体をだめにする
セ　場所が狭いことのたとえ
ソ　おかしくてたまらない様子
タ　物事を軽く見ていい加減に扱う
チ　油断のならない様子
ツ　人の禍福は予測できない
テ　世の中の移り変わりの激しいさま
ト　細かいところまで行き届かせる
ナ　恥ずかしい思いをする
二　策略に頼りすぎて失敗する

常 識 チ ェ ッ ク ! ● □に入る漢字は？　解答は右ページ下▶

□ 1. □□身中の虫
●動物が入る

□ 2. 雨後の□
●植物が入る

ランク A 必ず覚える！ 常識問題　　　　　　解答

● 次の文章の意味に当てはまる故事・ことわざを、ア～クから選びなさい。

❶	中途半端で役に立たない	カ
❷	第三者が労せずして大きな利益を得る	エ
❸	相手の好意次第で応える気持ちがある	ク
❹	規律や統率に欠けるバラバラな群集のこと	ア
❺	人の愚行や失敗も自分を磨くことに役立てられる	オ
❻	うまくいっている時こそ邪魔が入るものだ	ウ
❼	好都合なことが起こったりすること	イ
❽	仕切る人が多いと物事はうまくいかないものだ	キ

ア　烏合の衆（うごう）　　　　　オ　他山の石

イ　渡りに船　　　　　　　　　　カ　帯に短し襷に長し（たすき）

ウ　好事魔多し（こうじま）　　　キ　船頭多くして船山に上る（ふねやま）

エ　漁夫の利　　　　　　　　　　ク　魚心あれば水心

●似た意味になるように、空欄に適する語句をア〜シから選びなさい。

☐ **❶** 紺屋の白袴
こうや しろばかま　　　　医者の ☐　　　　イ

☐ **❷** ☐ にも筆の誤り　　　　上手の手から水が漏る　　　ク

☐ **❸** 月とすっぽん　　　　　提灯に ☐
ちょうちん　　　　シ

☐ **❹** 好機逸すべからず　　　☐ 居く可し
お　べ　　　　ケ

☐ **❺** ☐ 石を穿つ
うが　　　　塵も積もれば山となる
ちり　　　　ウ

☐ **❻** 出る杭は打たれる　　　☐ は風に折らる　　　コ

●反対の意味になるように、空欄に適する語句をア〜シから選びなさい。

☐ **❼** 氏より育ち　　　　　　血は ☐　　　　カ

☐ **❽** 青菜に塩　　　　　　　水を得た ☐　　　　サ

☐ **❾** 案ずるより ☐　　　　石橋をたたいて渡る　　　キ

☐ **❿** 栴檀は ☐
せんだん　　　　大器は晩成す　　　ア

☐ **⓫** 鳶が ☐
とび　　　　瓜のつるに茄子はならぬ
なすび　　　　オ

☐ **⓬** 衣食足りて礼節を知る　貧すれば ☐　　　　エ

ア 双葉より芳し
かんば　　　　オ 鷹を生む　　　　ケ 奇貨

イ 不養生　　　　カ 水よりも濃し　　　コ 高木
こうぼく

ウ 雨垂れ　　　　キ 産むが易い　　　サ 魚

エ 鈍する　　　　ク 弘法
こうぼう　　　　シ 釣鐘
つりがね

国語 **60** ● 故事・ことわざ

短歌・俳句・詩

常識チェック！
● 次の空欄に入る語句と作者は？
解答は右ページ下 ▶

☐ 1. 我と来て　遊べや　[　　　]のない [　　　]

☐ 2. ああ、[　　　] よ、君を泣く、君 [　　] にたまふことなかれ

ランク A　必ず覚える！ 常識問題　　　　　　解答・解説

● 次の空欄に語句を入れて俳句を完成させなさい。

季＝季語

☐ ❶ 柿くへば　[　　　]が鳴るなり　法隆寺
> 鐘
> 正岡子規　季 柿(秋)

☐ ❷ [　　　]に　釣瓶とられて　もらひ水
> 朝顔
> 加賀千代女　季 朝顔(秋)

☐ ❸ [　　　]に　日の当たりたる　枯れ野かな
> 遠山
> 高浜虚子　季 枯れ野(冬)

☐ ❹ 閑(しずか)さや　[　　　]にしみ入る　蝉の声
> 岩
> 松尾芭蕉　季 蝉(夏)

☐ ❺ 分け入つても　分け入つても　[　　　]
> 青い山
> 種田山頭火　季 青い山(夏)

☐ ❻ 目出度(めでた)さも　ちう位也(くらゐなり)　おらが [　　　]
> 春
> 小林一茶　季 おらが春(新年)

☐ ❼ 万緑(ばんりょく)の　中や吾子の　[　　　]　生え初むる
> 歯
> 中村草田男　季 万緑(夏)

☐ ❽ [　　　]一輪　一りんほどの　あたゝかさ
> 梅
> 服部嵐雪　季 梅一輪(冬)

☐ ❾ 旅に病んで　夢は [　　　]を　かけめぐる
> 枯れ野
> 松尾芭蕉　季 枯れ野(冬)

☐ ❿ 春の海　[　　　]のたり　のたりかな
> ひねもす
> 与謝蕪村　季 春の海(春)

☐ ⓫ 目には [　　　]　山ほととぎす　初がつお
> 青葉
> 山口素堂　季 青葉ほか(夏)

☐ ⓬ [　　　]を　集めてはやし　最上川
> 五月雨
> 松尾芭蕉　季 五月雨(夏)

●次の短歌（和歌）や詩の作者名を答えなさい。

☐ ❶ 田子の浦ゆ　うち出でてみれば　真白にぞ
　　不尽(ふじ)の高嶺に　雪は降りける
山部赤人
『万葉集』所収

☐ ❷ 天の原　ふりさけ見れば　春日なる
　　三笠の山に　出でし月かも
阿倍仲麻呂
『古今和歌集』所収。小倉百人一首

☐ ❸ やは肌の　あつき血汐に　ふれも見で
　　さびしからずや　道を説く君
与謝野晶子
『みだれ髪』所収

☐ ❹ はたらけど　はたらけど猶(なほ)　わが生活(くらし)
　　楽にならざり　ぢつと手を見る
石川啄木
『一握の砂』所収。他に歌集『悲しき玩具』

☐ ❺ 白鳥(しらとり)は　哀しからずや　空の青
　　海のあをにも　染まずただよふ
若山牧水
『海の声』所収。他に歌集『別離』など

☐ ❻ のど赤き　玄鳥(つばくらめ)ふたつ　屋梁(はり)にゐて
　　足乳根(たらちね)の母は　死にたまふなり
斎藤茂吉
『赤光(しゃっこう)』所収。歌誌『アララギ』の同人

☐ ❼ まだあげ初めし前髪の
　　林檎のもとに見えしとき
島崎藤村
『初恋』より。日本近代詩の父

☐ ❽ 薔薇ノ木ニ薔薇ノ花咲ク
　　ナニゴトノ不思議ナケレド
北原白秋
『薔薇二曲』より。主な詩集『邪宗門』

☐ ❾ 汚れちまつた悲しみに
　　今日も小雪の降りかかる
中原中也
『山羊の歌』所収

☐ ❿ ふるさとは遠きにありて思ふもの
　　そして悲しくうたふもの
室生犀星
『小景異情』より。主な詩集『抒情小曲集』『愛の詩集』

国語

61

短歌・俳句・詩

常識チェック❶ 解答　**1.** 親、雀、小林一茶　**2.** 弟、死、与謝野晶子

英単語

ランク **A** 必ず覚える！ 常識問題　　　　　　解答・解説

● 次のカタカナ語の元になった英語の綴りを答えなさい。

☐ **❶**	ビジネス	**business**	「商売、職業」の意味
☐ **❷**	プレゼン	**presentation**	「プレゼンテーション」の略
☐ **❸**	ルーティン	**routine**	「定石」の意味
☐ **❹**	パターン	**pattern**	「決まった型」の意味
☐ **❺**	カテゴリー	**category**	「範疇、部類」の意味
☐ **❻**	デジタル	**digital**	対義語は「analog」
☐ **❼**	アナログ	**analogue [analog]**	対義語は「digital」
☐ **❽**	ブランド	**brand**	「商標、銘柄」の意味
☐ **❾**	コラボ	**collaboration**	「コラボレーション」の略
☐ **❿**	コンセンサス	**consensus**	「合意、多数の意見」の意味
☐ **⓫**	システム	**system**	「体系、組織」の意味
☐ **⓬**	インフラ	**infrastructure**	「インフラストラクチャー」の略
☐ **⓭**	デフレ	**deflation**	「デフレーション」の略

☐ ⑭	インフレ	**inflation**	「インフレーション」の略
☐ ⑮	バイタリティー	**vitality**	「生命力、活力」の意味
☐ ⑯	アスリート	**athlete**	「運動選手」の意味
☐ ⑰	バラエティ	**variety**	「多種多様」の意味
☐ ⑱	クレジット	**credit**	「信用」の意味
☐ ⑲	ユニーク	**unique**	「他に類のない」の意味
☐ ⑳	エンターテインメント	**entertainment**	「楽しませるもの」の意味
☐ ㉑	メンテナンス	**maintenance**	「維持、保全」の意味
☐ ㉒	スケジュール	**schedule**	「予定、計画」の意味
☐ ㉓	マニュアル	**manual**	「取扱説明書」の意味
☐ ㉔	テクノロジー	**technology**	「科学技術」の意味
☐ ㉕	アイデンティティ	**identity**	「身元、本人であること」の意味
☐ ㉖	プライバシー	**privacy**	「私生活、私的自由」の意味
☐ ㉗	アーカイヴ	**archive**	「記録保管所、文書庫」の意味
☐ ㉘	シミュレーション	**simulation**	「模擬実験」の意味
☐ ㉙	レシート	**receipt**	「受け取り」の意味
☐ ㉚	リストラ	**restructuring**	「再構築、再編」の意味
☐ ㉛	キャリア	**career**	「経歴」の意味
☐ ㉜	コーポレート・ガバナンス	**corporate governance**	「企業統治」の意味
☐ ㉝	ナレッジ・マネジメント	**knowledge management**	「知識の管理・活用」の意味
☐ ㉞	クオリティ・コントロール	**quality control**	「品質管理」の意味

英語

62
●
英単語

常識チェック❶ 解答　**1.** address　**2.** profile　**3.** virus　**4.** customize

●次の英語の意味を日本語で答えなさい。

35	commute	通勤する
36	parking lot	駐車場
37	booking fee	予約手数料
38	delivery	配達
39	application form	申し込み用紙
40	job interview	(採用に際する)面接試験
41	vending machine	自動販売機
42	anniversary	…周年(の記念日)
43	successor	後継者、後任
44	discount	値引き(する)
45	calculate	計算する
46	fatigue	疲労
47	prescription	処方箋
48	bank account	銀行口座
49	registered mail	書留郵便
50	financial crisis	金融恐慌
51	exchange rate	為替レート
52	nursery school	保育園
53	bankruptcy	破産、倒産
54	compliance	法令遵守

●次の各語の①過去形と②過去分詞形、③-ing形を答えなさい。。

55	do	①did	②done	③doing
56	keep	①kept	②kept	③keeping
57	leave	①left	②left	③leaving
58	break	①broke	②broken	③breaking
59	cut	①cut	②cut	③cutting
60	throw	①threw	②thrown	③throwing
61	lose	①lost	②lost	③losing
62	find	①found	②found	③finding
63	say	①said	②said	③saying
64	tell	①told	②told	③telling
65	speak	①spoke	②spoken	③speaking
66	read	①read	②read	③reading
67	write	①wrote	②written	③writing
68	run	①ran	②run	③running
69	buy	①bought	②bought	③buying
70	cost	①cost	②cost	③costing
71	stop	①stopped	②stopped	③stopping
72	wear	①wore	②worn	③wearing
73	rise	①rose	②risen	③rising
74	weep	①wept	②wept	③weeping

ランクB ココで差をつける！必修問題　　解答・解説

● 次の各語を〈　　〉内の指示に従って書き換えなさい。

	問題	指示	解答	解説
❶	loss	〈複数形に〉	**losses**	-s で終わる語の語尾は -es に
❷	reply	〈複数形に〉	**replies**	「子音＋y」語尾はyをiに変えて-es
❸	tooth	〈複数形に〉	**teeth**	brush teeth（歯磨き）
❹	knife	〈複数形に〉	**knives**	-f(e)語尾はfをvに変えて-(e)s
❺	decide	〈名詞形に〉	**decision**	決心する→決心、決定
❻	prove	〈名詞形に〉	**proof**	証明する→証拠
❼	approve	〈名詞形に〉	**approval**	承認する→承認
❽	improve	〈名詞形に〉	**improvement**	改善する→改善、進展
❾	reduce	〈名詞形に〉	**reduction**	削減する→削減
❿	organize	〈名詞形に〉	**organization**	組織する、まとめる→組織
⓫	fail	〈名詞形に〉	**failure**	失敗する→失敗
⓬	able	〈名詞形に〉	**ability**	能力がある→能力
⓭	poor	〈名詞形に〉	**poverty**	貧しい→貧困
⓮	long	〈名詞形に〉	**length**	長い→長さ
⓯	wide	〈名詞形に〉	**width**	幅のある→幅
⓰	innocence	〈形容詞に〉	**innocent**	潔白→潔白な
⓱	true	〈副詞に〉	**truly**	真実の→本当に
⓲	variety	〈動詞に〉	**vary**	多種多様→異なる
⓳	production	〈動詞に〉	**produce**	生産、製品→生産する

● 与えられた書き出しの文字を使って、次の語の対義語を答えなさい。

				ヒント	
☐ ⑳	refuse	⟷	a	ヒント 拒絶する←→受け入れる	**accept**
☐ ㉑	deny	⟷	a	ヒント 否定する←→認める	**admit**
☐ ㉒	lend	⟷	b	ヒント 貸す←→借りる	**borrow**
☐ ㉓	rise	⟷	f	ヒント 上昇する←→下降(失墜)する	**fall**
☐ ㉔	quality	⟷	q	ヒント 質←→量	**quantity**
☐ ㉕	present	⟷	a	ヒント 出席して←→欠席して	**absent**
☐ ㉖	private	⟷	p	ヒント 私的な、私営の←→公的な、公営の	**public**
☐ ㉗	absolute	⟷	r	ヒント 絶対的←→相対的	**relative**
☐ ㉘	obscure	⟷	c	ヒント 不明瞭な←→明晰な	**clear**
☐ ㉙	useful	⟷	u	ヒント 有用な←→無用な	**useless**
☐ ㉚	demand	⟷	s	ヒント 需要←→供給	**supply**

● 適切な接頭辞を用いて、次の語の対義語を答えなさい。

		ヒント	
☐ ㉛	convenient	ヒント 便利な←→不便な	**inconvenient**
☐ ㉜	legal	ヒント 適法の←→不法な	**illegal**
☐ ㉝	regular	ヒント 規則的な←→不規則な	**irregular**
☐ ㉞	able	ヒント ～できる←→～できない	**unable**
☐ ㉟	known	ヒント 知られている←→無名の	**unknown**
☐ ㊱	ordinary	ヒント 普通の←→尋常ではない	**extraordinary**
☐ ㊲	responsible	ヒント 責任ある←→無責任な	**irresponsible**
☐ ㊳	agree	ヒント 同意する←→意見を異にする	**disagree**

英語

62
●
英単語

63 熟語

 常識チェック！ ●選択肢の中で正しい単語は？ 解答は右ページ下▶

ピートもロジャーもロンドン出身だ。

Both Pete (and, or, with) Roger are from London.

ランク A 必ず覚える！ 常識問題 　　　　　　　解答・解説

●次の日本語の意味を表すように、英文中の（　）内から、適する語句を選びなさい。

❶ 彼は悪天候にもかかわらず出発した。
He set out (**of, from, in**) spite of the bad weather.

> **in**
> in spite of ～で
> 「～にもかかわらず」。

❷ エドによると、これがビートルズで最高の曲だ。
According (**by, on, to**) Ed, this is the best song by the Beatles.

> **to**
> according to ～で
> 「～によると」。

❸ それはお天気次第です。
It depends (**to, with, on**) the weather.
ヒント 「～次第だ」を表すように。

> **on**
> depend on ～で
> 「～次第だ、～による」。

❹ ミーティングは必ず時間通りに開始、終了するように。
Make sure that the meeting will start and end (**on, by, with**) time.

> **on**
> on time で「時間通りに」。
> 「予定通りに」は on
> schedule。「時間に間に
> 合って」は in time。

❺ 明日はジェーンもアンもここには来ません。
Neither Jane (**and, or, nor**) Anne will be here tomorrow.
ヒント 「AもBも両方とも～ない」を表すように。

> **nor**
> neither A nor B で
> 「AもBも両方とも～ない」。

●次の日本語の意味を表すように、英文中の空欄に適する語句を補いなさい。

❶ 愚かなことを言ってしまった。もっと分別をわきまえて
おくべきだった。
It was a stupid thing to say.
I should have known ☐ .

better
know better (than ~) で
「(~より) 分別がある、~す
るほど愚かではない」。

❷ 彼女は私の留守中に犬の面倒を見てくれた。
She looked ☐ my dog while I was
away.

after
look after ~ (= take care
of ~) で「~の世話をする」。

❸ 彼はまるで自分がロックスターであるかのようにふるまう。
He behaves ☐ if he were a rock star.

as
as if + 仮定法過去で
「あたかも~なように」。

❹ 新居への引っ越しの前に、もう着なくなった服を処分し
ようとしているのです。
Before I move into a new house,
I'm getting rid ☐ clothes I don't wear
any more.

of
get rid of ~で
「~を取り除く、始末する」。

❺ 弊社のサイトは本日、緊急メンテナンスのため、1時間
ほどアクセス不能でした。
Our website was offline for about an hour
today due ☐ urgent maintenance work.

to
この due to ~は「~が原因
で」。be due to do では「~
する予定である」。

英語
63
●
熟語

❻ 店内でのご飲食はご遠慮ください。
Please refrain ☐ eating or drinking
inside the store.

from
refrain from -ing で
「~することを控える、遠慮す
る」。

❼ パリは美しい街並みで知られている。
Paris is famous ☐ the beatiful streets
and buildings.

for
be famous for~で
「~で知られている」。

常識チェック! 解答　and

189

英語

出題率 ★★★

64 基本構文

常識チェック！ ●選択肢の中で正しい単語は？ 解答は右ページ下▶

☐ 1.（ This, It, What ）is a lot of fun to play tennis.

☐ 2. The book was (so, very, too) difficult for me to read.

ランク A **必ず覚える！ 常識問題** | 解答・解説

●次の日本語の意味を表すように、英文中の ☐ に適切な語を補って英文を完成させなさい。

❶ ロンドンに到着するとすぐに、彼はトムに電話した。

☐①☐ soon ☐②☐ he arrived in London, he called Tom.

①As ②as

as soon as S＋V で「…するとすぐに」。
On -ing でも同じ意味を表せる。

---

❷ そのかばんは重いから君には持てないよ。

The bag is ☐①☐ heavy ☐②☐ you can't carry it.

①so ②that

so ～ that S＋V で「とても～なので、…」。
too ～ to do は「とても～なので…できない」。

---

❸ 責任者は僕じゃなくてジョージですよ。

☐①☐ is not me but George ☐②☐ is responsible.

ヒント 強調構文

①It

②that [who]

It is ～ that … は「…は～である」と「～」の部分を強調する構文。

---

❹ ご親切に助けていただきまして。

☐①☐ was nice ☐②☐ you to help me out.

ヒント 形式主語の構文

①It ②of

It is ～ of〈人〉to do は「…するとは、〈人〉は～だ」。「～」の部分にはその人の性質・性格を表す形容詞が入る。

---

❺ ネットワークセキュリティが何よりも重要です。

☐①☐ is more important ☐②☐ network security.

ヒント 最上級表現の言い換え

①Nothing

②than

直訳は「何もネットワークセキュリティより重要ではない」。

190

●次の日本語の意味を表すように、（　　　）内の語句を並べ替えなさい。

❶ お茶は熱すぎて飲めませんでした。
The tea (hot, drink, for, too, to, me, was).
ヒント too ～ to do の構文を使う。

was too hot for me to drink
too ～ for … to do で「…が～するには～すぎる」。

---

❷ お前に支配されるくらいなら死んだほうがましだ。
I (than, die, control, would, you, rather, give).
ヒント would rather do を使う。

would rather die than give you control
would rather A than B で「BするならAするほうがましだ」。

---

❸ 他人が何と言おうとも、自分を信じろ。
Believe in (say, matter, yourself, what, others, no).
ヒント「何を（何が）～であろうとも」をno matter を使って表す。

yourself no matter what others say
no matter what … で「…が何であろうとも」。

---

❹ 全員があなたの話を理解できるようにはっきり話してください。
Speak (that, you, everybody, clearly, can, so, understand).
ヒント「…できるように」は、so that S + can + V で表す。

clearly so that everybody can understand you
so that ～ can … で「～が…できるように」。

---

❺ 利益追求には当然ある種のリスクが伴う。
(natural, should, that, it, involve, seeking profits, is) certain risks.
ヒント「…するのは当然だ」と日本語を読み替えてから考える。

It is natural that seeking profits should involve
It is natural that ～で「～することは当然だ」。

---

❻ ロンドンは私の街の２倍の大きさだ。
London (as, as, my city, large, is, twice).
ヒント 倍数表現

is twice as large as my city
倍数＋as ～ as … で「…の一倍～である」。

---

❼ 時計を修理してもらわなければならない。
I (my, repaired, watch, have, must).

must have my watch repaired.
have + 〈物〉＋過去分詞で「〈物〉を～してもらう」。

常識チェック！ 解答　**1.** It　**2.** too

常 識 チ ェ ッ ク！ ●選択肢の中で正しい単語は？ 解答は右ページ下▶

☐ 1. I am (will, going, becoming) to get married.

☐ 2. I am looking forward to (see, seeing, seen) you soon.

ランク A　必ず覚える！ 常識問題	解答・解説

●次の英文中の（　　）内の語を、必要に応じて適する形に直しなさい。

☐ **❶** He is **(watch)** TV in his room.
　　ヒント 現在進行形

watching
be -ing で現在進行形「〜している」。

☐ **❷** I have never **(see)** this painting before.
　　ヒント 現在完了形

seen
have＋過去分詞で現在完了形「〜したことがある」。

☐ **❸** This book was **(write)** in 1916.
　　ヒント 受動態

written
be＋過去分詞で受動態「〜される」。

☐ **❹** A new building is **(be)** built.
　　ヒント 受動態の進行形

being
be＋being＋過去分詞で受動態の進行形「〜されているところだ」。

☐ **❺** If I were you, I **(will)** ask Mr. Tanaka for advice.
　　ヒント 仮定法過去

would
「もしも〜なら、…だろう」という反実仮想を表現する仮定法過去。

☐ **❻** If she **(be)** rich, she would have bought it.
　　ヒント 仮定法過去完了

had been
「もしも金持ちだったら、彼女はそれを買っていただろう」。

☐ **❼** Not **(know)** what to say, she remained silent.
　　ヒント 分詞構文

knowing
理由を表現する分詞構文で、否定の形。

⑧ If I **(work)** harder, I would be rich now.

ヒント 仮定法過去と仮定法過去完了の混合型

had worked
If S had＋過去分詞, S would 原形の構文で「(昔)〜だったら(今)…だろう」。

---

⑨ Without water, we **(can)** not be alive.

ヒント without 〜＝もし〜がなかったら(仮定法の慣用句)

could
without〜＝but for〜、if it were not for〜。

---

⑩ It's time we **(start)**.

ヒント it's time＝もう〜する時間だ(仮定法の慣用句)

started
It's timeの後ろの動詞は過去形になる。

---

⑪ What would you do if you **(are)** to die today?

ヒント (…) to ＋動詞原形＝万一〜としたら(仮定法)

were
were to die todayで「今日死ぬとしたら」。

---

⑫ They didn't let me **(use)** this computer.

ヒント 使役動詞

use
let ＋〈人〉＋動詞原形で「〈人〉に〜させてあげる」。

---

⑬ This book is **(interest)**.

ヒント 現在分詞形と過去分詞形の2つの形容詞がある。

interesting
interestingは「(物が) 面白い」、interestedは「(人が) 興味を持っている」。

---

⑭ **(Live)** in a big city like Tokyo is not comfortable for me.

ヒント 動詞を名詞として機能させる。

Living [To live]
動名詞または不定詞にすることで、動詞の「〜する」が名詞の「〜すること」になる。

---

⑮ Would you mind **(close)** the window?

ヒント mindは動名詞を目的語にとる。

closing
Would you mind 〜ingで「〜してもらえませんか」。

---

⑯ The doctor advised me to give up **(drink)**.

ヒント give upは動名詞を目的語にとる。

drinking
give up 〜ingで「〜をやめる」。

---

⑰ He stood there without **(say)** a word.

ヒント 前置詞からの接続形

saying
without 〜ingで「〜せずに」。

---

⑱ I **(go)** to bed when the telephone rang.

ヒント 過去完了形に直す。

had gone
「電話が鳴ったときにはすでに寝てしまっていた」。

英語

65
●
英文法

常識チェック! 解答　**1.** going　**2.** seeing

● 次の英文中の（　　　）内から適する語句を選びなさい。

❶ I heard that they **(are, were)** from France.

ヒント 「彼らはフランスから来たと聞いた」

were
時制の一致のため、that節内
も主節と同じく過去形にする。

❷ I **(finished, had finished)** the work by the time he visited me.

ヒント 「彼が訪ねてきたときには既に作業を終えていた」

had finished
「大過去」を表す過去完了。

❸ I will stay home if it **(rains, will rain)** tomorrow.

ヒント 「明日雨が降ったら家にいるつもりだ」

rains
「もし～ならば」のif節の中では
未来のことは現在形で表す。

❹ I don't know if he **(is, will be)** busy tomorrow.

ヒント 「彼が明日忙しいかどうか、私にはわからない」

will be
「～かどうか」のif節の中では、
未来のことは未来形で表す。

❺ He wishes he **(has, had)** more time.

ヒント 「もっと時間があればなあと彼は思っている」

had
wish＋仮定法過去。

❻ **(That, It, What)** is important is to keep learning.

ヒント 「重要なのは、学習を続けることだ」

What
「～なこと」の意味の関係代名詞。

❼ I have many friends, some of **(who, whom, them)** live abroad.

ヒント 「～その中には外国に住んでいる人もいる」

whom
関係代名詞の目的格を入れる。

❽ This is the factory **(which, what, where)** these balls are being made.

ヒント 「これが、これらのボールが製造されている工場だ」

where
〈場所〉を表す関係副詞。

❾ I'll never forget the day **(which, where, when)** we first met.

ヒント 「私たちが初めて会った日のことを決して忘れない」

when
〈時〉を表す関係副詞。

⑩ There is no rule **(that, but, which)** has some exception.

ヒント 「例外のない規則はない」

but
関係代名詞のbutは否定文で用いて、「〜しない…(はない)」の意味。

---

⑪ **(Many, Much, A lot)** people say they don't trust the government.

ヒント 「多くの人は、政府を信頼していないと言う」

Many
可算名詞にはmanyかfewを用いる。

---

⑫ You must **(been, have been, were)** upset to hear the news.

ヒント 「その知らせを聞いて君は動転したに違いない」

have been
助動詞+have+過去分詞の形で、過去を表す。

---

⑬ He used to **(drink, drinking)** two cups of coffee every morning.

ヒント 「彼は毎朝コーヒーを2杯飲んでいたものだった」

drink
used to +動詞原形で「〜したものだった」。

---

⑭ He **(has come, came)** home just now.

ヒント 「彼はちょうど今帰宅したところだ」

came
just nowと現在完了形を一緒に用いることはできない。

---

⑮ Very **(few, a few)** passengers were injured in the accident.

ヒント 「その事故で乗客にほぼケガ人はなかった」

few
fewは「ほとんど〜ない」の否定の意味を持つ。veryを前につけて強調することがある。a fewは「少し〜ある」の肯定の意味を持つ。

---

⑯ Please remember **(to lock, locking)** the door.

ヒント 「ドアに鍵をかけておくのを忘れないようにしてください」

to lock
remember to doは「〜することを忘れない」。remember 〜ing は「〜したことを忘れない」。

---

⑰ This song is known **(to, for)** people around the world.

ヒント 「この歌は世界中で人々に知られている」

to
A know B の受動態は B is known to B となる。

---

⑱ I brush my teeth three times **(in, a)** day.

ヒント 「私は1日に3度歯を磨きます」

a
「〜あたり」は a - で表す。

---

⑲ I'm sorry to have kept you **(wait, waiting)**.

ヒント 「お待たせしてすみません」

waiting
youは「待っている」ので現在分詞。

英語 出題率 ★★★

英文和訳・和文英訳

 常識チェック！ ●英文の意味は？　解答は右ページ下▶

☐ 1. I was too sleepy to argue with him.

☐ 2. It is not made from barley but from rice.

ランク A 必ず覚える！ 常識問題　　　　　　　　解答

●次の英文を日本語に訳しなさい。

❶ You are not supposed to enter this room without permission.
ヒント be not supposed to ...は「…してはならない」。

許可なくこの部屋に入ってはいけません。

❷ Little did I think that something was going horribly wrong.
ヒント 準否定語のlittleを強調のために文頭に出したので、did I thinkと倒置されている。

何かがひどくまずいことになっているとは、私はほとんど考えていなかった。

❸ It goes without saying that he was a great politician as well as a renowned writer.
ヒント it goes without saying that ... は「…は言うまでもない」、A as well as B は「BだけでなくAも」。

彼が高名な作家であっただけでなく、偉大な政治家でもあったことは言うまでもない。

❹ It was not until I locked the door that I noticed I left the envelope on my desk.
ヒント It was not until … that ~ は「…してはじめて~した」。

ドアに施錠してから、封筒を机の上に置きっぱなしにしてきたことに気付いた。

196

● 次の日本語の文を、（　　　）内の指示に従って英文に訳しなさい。

❶ あなたは英語で意思疎通ができますか。
（make と yourself を用いて）
> **ヒント** make＋目的語＋過去分詞で「…を～（される状態に）する」。
> 直訳：あなたは英語で自分のことを理解された状態にする
> ことができるか。

Can you make yourself understood in English?

❷ もはや私は両親に頼ることはできない。
（not と any longer を用いて）
> **ヒント** 「もはや～ない」はnot ～ any longer。

I can not rely on my parents any longer.

「～に頼る」は rely on ～ で
表す。なお「もはや～ない」は、
～ no longer でも表せる。

❸ 彼女は何度も大阪に行ったことがあるので、地元のいい
レストランをたくさん知っている。
（完了形の分詞構文を用いて）
> **ヒント** 「行ったことがある」の部分を完了形で表す。

Having been to Osaka many times, she knows many good restaurants there.

❹ 私はトムに、車を使わせてくれと頼んだ。
（ask と let を用いて）
> **ヒント** 「《人》に…してくれと頼む」はask＋《人》＋to do で、「《人》
> に（本人の希望通りに）…させてあげる」はlet＋《人》＋do で表す。

I asked Tom to let me use his car.

❺ 彼は、その案には興味はないということをはっきり示した。
（make と形式目的語の it を用いて）
> **ヒント** make it clear that ... で「…ということをはっきりさせる（は
> っきり示す）」。

He made it clear that he wasn't interested in the plan.

❻ プログラムは完成にはほど遠い。　**（far を用いて）**
> **ヒント** 「～にはほど遠い」はfar from ～ で表す。

The program is far from complete.

❼ その科学者が賞を獲得したというニュースは、国中に広
まった。　**（that を用いて）**
> **ヒント** 「…というニュース」は《同格》のthatを用いる。「賞を獲得す
> る」は win the prize。

The news that the scientist won the prize spread throughout the country.

🈺🈟ﾁｪｯｸ❗ 解答　1. 彼と議論するには私はあまりにも眠すぎた。
2. それは大麦ではなく米が原料です。

英語

67 ことわざ

出題率 ★★

常識チェック! ●ことわざの意味は？　解答は右ページ下▶

☐ 1. All roads lead to Rome.

☐ 2. Seeing is believing.

ランク A 必ず覚える! 常識問題　　　　　　　　解答・解説

●次の英語のことわざに相当する日本語のことわざを答えなさい。

☐ ❶	Don't count your chickens before they are hatched. **ヒント** 直訳は「卵がかえる前にひよこを数えるな」。	取らぬ狸の皮算用
☐ ❷	When in Rome, do as the Romans do.	郷に入っては郷に従え
☐ ❸	It is no use crying over spilt milk.	覆水盆に返らず（あとの祭り）
☐ ❹	Too many cooks spoil the broth. **ヒント** 直訳は「料理人が多すぎるとスープがだめになる」。	船頭多くして船山に上る
☐ ❺	Love is blind.	あばたもえくぼ（恋は盲目）
☐ ❻	Birds of a feather flock together. **ヒント** 直訳は「同種の羽の鳥は1つに群がる」。	類は友を呼ぶ
☐ ❼	Out of sight, out of mind.	去る者日々に疎し
☐ ❽	Bread is better than the songs of birds. **ヒント** 直訳は「鳥の歌よりパンのほうがよい」。	花より団子

●次の空欄に１語を補って、日本語のことわざに相当する英語のことわざを完成させなさい。

9 火のないところに煙は立たぬ
There is no ☐ without fire.

smoke

10 事実は小説よりも奇なり
Fact is ☐ than fiction.

stranger

11 よく学びよく遊べ
All work and no play makes Jack a ☐ boy.

dull
dullは「退屈な、鈍い」。

ヒント 直訳は「勉強ばかりで遊ばないとジャックはつまらない子になる」。

12 早起きは三文の得
The early ☐ catches the worm.

bird

13 転ばぬ先の杖
Look ☐ you leap.

before
直訳は「跳ぶ前に見ろ」。

14 言うは易く行うは難し
Easier said than ☐ .

done

15 急がばまわれ
More haste, ☐ speed.

less

ヒント 直訳は「急げば急ぐほど減速しなさい」。

16 良薬は口に苦し
Good ☐ tastes bitter.

medicine

17 溺れる者は藁をもつかむ
A drowning man will catch ☐ a straw.

at

18 自業自得
You must ☐ what you have sown.

reap

ヒント 直訳は「まいた種は刈り取らねばならない」。

常識チェック❗ 解答 **1.** すべての道はローマに通ず **2.** 百聞は一見に如かず

●次の空欄に1語を補って、日本語のことわざに相当する英語のことわざを完成させなさい。

❶ 弘法にも筆の誤り
Even Homer sometimes ____ .
ヒント 「ホメロスでさえ時には居眠りする」
関連 Nobody is perfect. 「完璧な人などいない」

> **nods**
> ホーマー（ホメロス）は古代ギリシャの偉大な詩人。

❷ 鉄は熱いうちに打て
Strike the ____ while it is hot.

> **iron**
> Strike while the iron is hot. ともいう。

❸ 悪事千里を走る
____ news travels fast.

> **Bad**

❹ 便りのないのはよい便り
____ news is good news.

> **No**

❺ 鬼のいぬ間に洗濯
When the cat's away, the mice will ____ .
ヒント 「ネコがいない間にネズミたちは遊ぶ」

> **play**
> awayとplayで韻を踏んでいる。

❻ 人は見かけによらぬもの
____ is not gold that glitters.

> **All**
> all ... not で部分否定。直訳は「光るもの必ずしも金ならず」。

❼ 蛙の子は蛙
Like mother, like ____ .

> **daughter**
> Like father, like son.ともいう。

❽ 能ある鷹は爪を隠す
Still waters ____ deep.
ヒント 「静かな川は深く流れる」

> **run**

❾ 天はみずから助くる者を助く
Heaven helps those who help ____ .

> **themselves**
> themselves: 彼（彼女、それ）ら自身。

● 次の英語のことわざに相当する日本語のことわざを答えなさい。

⑩ Spare the rod and spoil the child.
ヒント 「鞭を惜しむと子供がだめになる」

かわいい子には旅をさせよ

⑪ All is well that ends well.

終わりよければすべてよし

⑫ No pain, no gain.

蒔かぬ種は生えぬ／苦は楽の種

⑬ A little learning is a dangerous thing.
ヒント 「少しだけ知っていることは危険なことだ」

生兵法は怪我の元

⑭ Barking dogs seldom bite.
ヒント 「吠える犬はめったに噛みつかない」

弱い犬ほどよく吠える

⑮ Necessity is the mother of invention.

必要は発明の母

⑯ Set a thief to catch a thief.
ヒント 「泥棒は、泥棒に捕まえさせよ」

蛇の道は蛇

⑰ A Jack of all trades is master of none.
ヒント 「どんな商売もできる人はいずれでも大成しない」

多芸は無芸（器用貧乏／何でもこいに名人なし）

⑱ Easy come, easy go.
ヒント 「簡単に手に入るものは簡単に去る」

悪銭身につかず

⑲ Ignorance is bliss.
ヒント 「知らないということは恵みである」

知らぬが仏

⑳ Once bitten, twice shy.
ヒント 「一度かまれると二度目は臆病になる」

あつものに懲りてなますを吹く

㉑ Time and tide wait for no man.

歳月は人を待たず

㉒ Wake not a sleeping lion.

触らぬ神にたたりなし

英語

67
● ことわざ

時事英語

☐ **1. stock market**　　☐ **2. tax rate**

☐ **3. domestic demand**　　☐ **4. aging society**

| ランク A | 必ず覚える！ 常識問題 | 解答・解説 |

●次の経済・財政分野の英語の意味を、日本語で答えなさい。

☐ ❶	surplus	黒字	⟷赤字（deficit）
☐ ❷	debt	負債	⟷貸付（loan）
☐ ❸	recession	景気後退	⟷景気上昇（upturn）
☐ ❹	bid-rigging	談合	
☐ ❺	audit	会計監査	監査役はauditor
☐ ❻	trade balance	貿易収支	貿易摩擦はtrade friction [conflicts]
☐ ❼	competency	競争力	
☐ ❽	foreign exchange	外国為替	為替レートはexchange rate
☐ ❾	budget	予算	
☐ ❿	interest	利子、利息	
☐ ⓫	national bond	国債	地方債（local bond）と合わせて公債（public bond）という。
☐ ⓬	privatization	民営化	国有化はnationalization
☐ ⓭	public project	公共事業	
☐ ⓮	consumption tax	消費税	間接税（indirect tax）の一種。
☐ ⓯	fiscal year	会計年度	日本では、4月から始まる1年間。

●次の日本語を英語にしなさい。

❶	輸出（する）	**export**	←→輸入（する）（import）
❷	需要	**demand**	←→供給（supply）
❸	政策金利	**policy interest rate**	
❹	債務不履行	**default**	ほかに怠慢、滞納、不出馬
❺	株主	**stockholder**	利害関係者は stakeholder
❻	現金	**cash**	通貨は currency
❼	増税	**tax increase [hike]**	←→減税（tax cut [reduction]）
❽	政治献金	**political donation**	政治資金は political funds
❾	総選挙	**general election**	
❿	内閣	**cabinet**	連立内閣は coalition cabinet
⓫	世論調査	**opinion poll**	多数意見は majority opinion
⓬	憲法	**constitution**	改憲は constitutional revision
⓭	主権	**sovereignty**	国民主権は the sovereignty of the people
⓮	年金	**pension**	年金受給者は pensioner
⓯	社会保障	**social security**	社会福祉は social welfare
⓰	臓器移植	**organ transplant**	
⓱	原子力発電所	**nuclear power plant [station]**	
⓲	軍事介入	**military intervention**	軍事力は military strength
⓳	和平合意	**peace agreement**	
⓴	国際問題	**international affairs**	内政問題は internal affairs
㉑	失業率	**unemployment rate**	失業者（総称）は the unemployed
㉒	軍縮	**arms reduction**	核軍縮は nuclear disarmament

常識チェック！ 解答　1. 株式市場　2. 税率　3. 内需、需要　4. 高齢化社会

69 ビジネス英会話

常識チェック! ●空欄に入る語句は？ 解答は右ページ下▶

☐ どうかなさったんですか。

➡ **What's the matter ☐ you ?**

ランク A **必ず覚える! 常識問題** 　　　　　　　　　　解答・解説

●次の日本語の意味を表すように、英文中の ☐ に適切な語を補って英文を完成させなさい。

1 [電話で]お電話ありがとうございます。こちらはABC
カンパニー、受付の鈴木です。ご用件をお伺いいたします。
Thank you for calling ABC Company.
Suzuki speaking.　☐ can I help you?

How
商店で客に店員が声をかけるときには Can [May] I help you? と言う。

---

2 [電話で]XYZカンパニーの田中と申しますが、佐藤さん
をお願いできますか。
☐① is Tanaka from XYZ Company.　☐②
I speak to Mr. Sato?

①**This**
②**Can [May]**

---

3 [電話で]お名前をお願いできますか。
☐① I ☐② your name, please?

①**May [Can]**
②**have**

---

4 [電話で]折り返しお電話させましょうか。
Shall I have him call you ☐ ?

back
call backで「折り返し電話する」。

---

5 お願いがあるのですが。
Could you ☐ me a favor ?

do

---

6 [電話で]あいにく、伊東はただいま席を外しております。
I'm afraid Ito is not ☐ at the moment.

available
not available は「手があいていない」「忙しくて求めに応じられない」。

●次の日本語の意味を表すように、（　　　）内から適語を選びなさい。

❶ 疑問点がおありの場合はお気軽にわたくしまでお問い合わせください。

Please (**be, feel, stay**) free to contact me if you have any questions.

feel
feel free to do で
「遠慮なく～する」。

---

❷ 5,000円以上買ったので、送料はかからないはずなんですけれど。

You are not (**got, given, supposed**) to charge me for shipping because I bought more than 5,000 yen.

supposed
be supposed to do で
「(取り決めで) ～することに
なっている」。

---

❸ 私に関する限り、水曜日の午後が都合がよいです。

As far as I'm (**concern, concerned, concerning**), Wednesday afternoon is convenient.

関連 前半はAFAICと略記されることもある。

concerned
as far as～で
「～まで」、「～の限りは」。

---

❹ なるべく早くお返事いただければと思います。

I hope to have your response as soon as (**can, possible, back**).

関連 後半はASAPと略記されることもある。

possible
as soon as you canとして
も意味は変わらない。

---

❺ 年次報告書の全文につきましては、添付ファイルをご参照ください。

To read the rest of the annual report, please refer to the (**attached, included, added**) file.

attached
「添付ファイル」は、
attached fileまたは
attachmentという。

---

❻ 早速のご返信、ありがとうございます。

Thank you very much for your (**early, prompt, speedy**) reply.

prompt
a prompt reply で
「迅速な返答」「即答」。

㊟㊙㋕㋓㋞㋑❗ 解答　with

数学

70 四則の計算式

出題率 ★★★

常識チェック！ ●次の計算式の答えは？ 解答は右ページ下▶

□ 1. $12 \times (-5)$ □ 2. $a^5 \div a^2$ □ 3. $\sqrt{2} \times \sqrt{3}$

ランク A 必ず覚える！ 常識問題

解答・解説

●次の計算をしなさい。

□ ❶ $(-21) \div (-7)$

3 負÷負＝正、負÷正＝負

□ ❷ $8 - (5 + 1) \div 2$

5 （ ）内→除法→減法の順に計算する。

□ ❸ $(5x + 8y) - (2x + 4y)$

$3x + 4y$ 同類項をまとめる。

□ ❹ $3x^2y \times 2xy^2$

$6x^3y^3$ $a^m \times a^n = a^{m+n}$

□ ❺ 0.25×4

1 小数のかけ算はまず整数として計算。小数点の位置は、かけられる数とかける数の「小数以下のけた数の和」の数だけ左にずらす。与式の小数以下のけた数は「2」→$1.00.$→1

□ ❻ $\sqrt{12} \div \sqrt{3}$

2 与式 $= \sqrt{\dfrac{12}{3}} = \sqrt{4} = \sqrt{2^2} = 2$

□ ❼ $\sqrt{21} \times \sqrt{7}$

$7\sqrt{3}$

□ ❽ $\dfrac{1}{\sqrt{2}} + \dfrac{1}{2}$

ヒント 分母を有理化して計算。

$\dfrac{\sqrt{2} + 1}{2}$ 分母の有理化の方法 $\dfrac{1}{\sqrt{2}} = \dfrac{1 \times \sqrt{2}}{\sqrt{2} \times \sqrt{2}} = \dfrac{\sqrt{2}}{2}$

● 次の計算をしなさい。

❶ $31 - (8 - 28 \div 4)$

30

（　）内の除法→（　）内の減法→
減法の順に計算。

❷ $5.4 \div 0.06$

90

小数同士のわり算は、わる数が整数
になるようにわられる数の小数点の
位置を右にずらして計算。
与式 $= 5.40 \div 0.06 = 540 \div 6$

❸ $\dfrac{2}{3} + \dfrac{3}{8} \div \left(\dfrac{1}{2}\right)^2$

$\dfrac{13}{6}$

与式 $= \dfrac{2}{3} + \dfrac{3}{8} \div \dfrac{1}{4} = \dfrac{2}{3} + \dfrac{3}{2}$

$= \dfrac{2 \times 2 + 3 \times 3}{6}$

❹ $-\dfrac{3}{4} \div 1.25$

$-\dfrac{3}{5}$

$1.25 = \dfrac{5}{4}\ \left(= 1 + \dfrac{1}{4}\right)$

として計算する。

❺ $\dfrac{1}{5} + \dfrac{1}{2} \div \dfrac{1}{3} - \dfrac{3}{4}$

$\dfrac{19}{20}$

わり算から計算する。

❻ $8a^5b^2 \div (-2a^2b)$

$-4a^3b$

$a^m \div a^n = a^{m-n}$

❼ $(-3a^2b)^2 (-ab^2)^3$

$-9a^7b^8$

$(a^m)^{\ n} = a^{m \times n}$

❽ $(-2)^3 \times 2^2 \div 16$

-2

与式 $= -2^{3+2-4}$

ヒント $16 = 2^4$にして、指数法則で計算。

❾ $27 \div (-81) \times (-3)$

1

与式 $= 3^3 \div (-3^4) \times (-3^1)$
$= 3^{3-4+1}$
$3^0 = 1$

ヒント すべて$3^●$の形にして計算。

❿ $\dfrac{1}{\sqrt{3}} + \dfrac{\sqrt{3}}{2}$

$\dfrac{5\sqrt{3}}{6}$

$\dfrac{1}{\sqrt{3}} = \dfrac{1 \times \sqrt{3}}{\sqrt{3} \times \sqrt{3}} = \dfrac{\sqrt{3}}{3}$

与式 $= \dfrac{\sqrt{3}}{3} + \dfrac{\sqrt{3}}{2}$

$= \dfrac{2\sqrt{3} + 3\sqrt{3}}{6}$

ヒント 分母を有理化して計算。

数学

70
●
四則の計算式

常識チェック！ 解答　**1.** -60　**2.** a^3　**3.** $\sqrt{6}$

数学

71 展開・因数分解

出題率 ★★★

✏ 常識チェック！ ● □に入るのは？ 解答は右ページ下▶

☐ 1. $(x+5)^2$ 展開すると➡ $x^2+\square x+\square$

☐ 2. $2x^2-6xy$ 因数分解すると➡ $2x(\square-\square y)$

ランク A 必ず覚える！ 常識問題　　　　　　解答・解説

● 次の式を展開しなさい。

☐ **1** $2(x-5)$

$2x-10$
分配法則：$a(x+y)=ax+ay$

☐ **2** $(2a-b)^2$

$4a^2-4ab+b^2$
乗法公式：$(a-b)^2=a^2-2ab+b^2$

☐ **3** $(x-8)(x+8)$

x^2-64
乗法公式：$(a+b)(a-b)=a^2-b^2$

☐ **4** $(x-5)(x+3)$

$x^2-2x-15$
乗法公式：$(x+a)(x+b)=x^2+(a+b)x+ab$

☐ **5** $(a+b-8)(a+b+8)$
ヒント $a+b=A$として計算する。

$a^2+2ab+b^2-64$
与式$=(A-8)(A+8)=A^2-64$
$=(a+b)^2-64$

● 次の式を因数分解しなさい。

☐ **6** $-2x-10$

$-2(x+5)$
共通因数（ここでは-2）をくくり出す。

☐ **7** $x^2+2x-35$

$(x+7)(x-5)$
たすと2、かけると-35になる2つの数を探す。
因数分解：$x^2+(a+b)x+ab=(x+a)(x+b)$

☐ **8** x^2-4y^2

$(x+2y)(x-2y)$
因数分解：$a^2-b^2=(a+b)(a-b)$

☐ **9** $2x^2+7x-4$

$(2x-1)(x+4)$
因数分解：$acx^2+(ad+bc)x+bd$
$=(ax+b)(cx+d)$

$$\begin{array}{ccc} 2 & \diagdown & -1 & \longrightarrow & -1 \\ 1 & \diagup & 4 & \longrightarrow & 8 \\ \hline 2 & & -4 & & 7 \end{array}$$

● 次の式を因数分解しなさい。

☐ **1** $x^2 + 2xy + y^2$

$(x+y)^2$
$a^2+2ab+b^2=(a+b)^2$

☐ **2** $x^2 - y^2$

$(x+y)(x-y)$
$a^2-b^2=(a+b)(a-b)$

☐ **3** $(x+y)x^2-(x+y)y^2$

ヒント $(x+y)$ でくくる。

$(x+y)^2(x-y)$
$(x+y)$ でくくると、与式$=(x+y)(x^2-y^2)$
因数分解：$a^2-b^2=(a+b)(a-b)$

● 次の計算をしなさい。

☐ **4** 51^2

ヒント $51^2=(50+1)^2$ として計算。

2601
乗法公式：$(a+b)^2=a^2+2ab+b^2$
与式$=(50+1)^2=50^2+2\times50\times1+1^2$

☐ **5** $\dfrac{\sqrt{2.53^2-2.47^2}}{\sqrt{5.06^2-4.94^2}}$

$\dfrac{1}{2}$
分子・分母のルートの中を因数分解。
因数分解：$x^2-y^2=(x+y)(x-y)$
与式$=\sqrt{\dfrac{5\times0.06}{10\times0.12}}=\sqrt{\dfrac{1}{4}}=\dfrac{1}{2}$

● a＝$2\sqrt{2}$＋1、b＝$2\sqrt{2}$−1のとき、次の値を求めなさい。

☐ **6** $a+b$

$4\sqrt{2}$ 　　$(2\sqrt{2}+1)+(2\sqrt{2}-1)$

☐ **7** $a-b$

2 　　$(2\sqrt{2}+1)-(2\sqrt{2}-1)$

☐ **8** a^2-b^2

ヒント 因数分解を使う。

$8\sqrt{2}$
因数分解すると、
$a^2-b^2=(a-b)(a+b)$
これに、**6**、**7**を代入して計算する。

☐ **9** $a^2-2ab+b^2$

ヒント 因数分解を使う。

4
因数分解すると、
$a^2-2ab+b^2=(a-b)^2$
これに**7**を代入して計算する。

数学
71
●
展開・因数分解

常識チェック！ 解答　**1.** 10、25　**2.** x、3

72 方程式・不等式

常識チェック！ ● □に入るのは？ 解答は右ページ下 ▶

□ 1. $2x = 10$ を解くと→ $x = \boxed{}$

□ 2. $(x+4)^2 = 0$ を解くと→ $x = -\boxed{}$

ランク A **必ず覚える！ 常識問題** 解答・解説

● 次の方程式・不等式を解きなさい。

□ **1** $2x - 12 = 7x + 3$

$x = -3$
移項すると符号が変わることに注意。
xを左辺、数を右辺に集めると、$-5x = 15$

□ **2** $\dfrac{3x-1}{2} = x + 1$

$x = 3$
両辺を2倍すると、$3x - 1 = 2x + 2$

□ **3** $x^2 - 5x + 6 = 0$
ヒント 因数分解を使う。

$x = 2, 3$
2次方程式の解法：$(x-2)(x-3) = 0$

□ **4** $x + 3 = -x(x-5)$
ヒント 式を整理して、因数分解を使う。

$x = 1, 3$
展開して（ ）をはずし、左辺＝0の形にすると、
$x^2 - 4x + 3 = 0$
2次方程式の解法：$(x-1)(x-3) = 0$

□ **5** $x^2 + 3x - 2 = 0$
ヒント 解の公式を使う。

$x = \dfrac{-3 \pm \sqrt{17}}{2}$
2次方程式の解法：$x = \dfrac{-3 \pm \sqrt{3^2 - 4 \times 1 \times (-2)}}{2 \times 1}$

□ **6** $-5x - 23 < 7$

$x > -6$
1次不等式の解法：両辺をマイナスで割ると、不等号の向きが変わる。

□ **7** $x^2 - 2x - 3 < 0$
ヒント 因数分解を使う。

$-1 < x < 3$
2次不等式の解法：$(x+1)(x-3) < 0$

□ **8** $x^2 - x \geqq 20$
ヒント 移項して、因数分解を使う。

$x \leqq -4, 5 \leqq x$
2次不等式の解法：$(x+4)(x-5) \geqq 0$

● 次の方程式・不等式を解きなさい。

① $\dfrac{x-1}{2}=5x-14$

$x=3$　両辺を2倍すると、
$x-1=10x-28$

② $\dfrac{x-2}{4}=\dfrac{2x+1}{3}$

$x=-2$　両辺を12倍すると、
$(x-2)\times3=(2x+1)\times4$

③ $x^2-6x+8=0$

$x=2,4$　因数分解を使う。
$(x-2)(x-4)=0$

④ $9x^2<25$

$-\dfrac{5}{3}<x<\dfrac{5}{3}$　移項して、因数分解を使う。
$(3x-5)(3x+5)<0$

● 次の問題に答えなさい。

⑤ Aが1人でやると3時間、Bが1人でやると2時間かかる仕事がある。A、B、Cの3人でやると、1時間で終わった。この仕事をCが1人でやると何時間かかるか。

6時間　【仕事算】

全体の仕事量を1とし、Cだけでやるとx時間かかるとすると、1時間の仕事量は、

$C=\dfrac{1}{x}$、　$A=\dfrac{1}{3}$、　$B=\dfrac{1}{2}$　3人でやると1時

間で終わるので、3人の1時間の仕事量は、

$\dfrac{1}{3}+\dfrac{1}{2}+\dfrac{1}{x}=1$

⑥ xについての連立不等式
$6-x\leqq2x\leqq2a$ を満たす自然数がちょうど3個あるとき、aの値の範囲を求めなさい。

$4\leqq a<5$　【連立不等式】

$6-x\leqq2x\leqq2a$ は、$6-x\leqq2x$…①と$2x\leqq2a$…②に分けられるので、2式を満たす自然数が3個あると考える。
①式：$2\leqq x$、②式：$x\leqq a$となるので、3つの自然数は2、3、4。
②式より、$4\leqq a<4+1$となるので、$4\leqq a<5$。

⑦ 草の茂った牧場に馬を240頭放したら、75日で草を食べ尽くした。同じだけ茂ってから150頭放したら、200日で食べ尽くした。草が育つ量と馬が食べる量がつりあう、つまり草が減りも増えもしないようにするには、何頭の馬を放せばいいか。

96頭　【ニュートン算】

馬1頭が1日に食べる草の量を1山と考えると、240頭が75日で食べた草は240×75山。
150頭が200日で食べた草は150×200山。
最初に生えていた草の量をx山、1日に生える草の量をy山とすると、次の等式が成り立つ。

$$\begin{cases} x+75y=240\times75\cdots① \\ x+200y=150\times200\cdots② \end{cases}$$

②-①：$125y=30000-18000=12000$
$y=96$山
つまり、1日に生える草の量が96山。
草が減りも増えもしないようにするには、1日に生える分だけをすべて食べさせればよいので、96頭放せばよい。

数学

73 関数

出題率 ★★

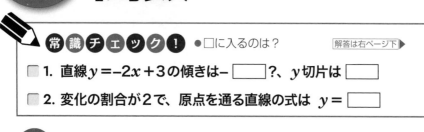

常 識 チ ェ ッ ク ！ ●□に入るのは？　解答は右ページ下▶

- [ ] **1. 直線 $y = -2x + 3$ の傾きは− [　]?、y切片は [　]**
- [ ] **2. 変化の割合が2で、原点を通る直線の式は $y =$ [　]**

ランク A　必ず覚える！常識問題　　　　　解答・解説

●次の問いに答えなさい。

- [ ] **❶ 傾きが3で、点 $(-1, -5)$ を通る直線の式を求めよ。**

  ヒント 直線→1次関数 $(y = ax + b)$

  $y = 3x - 2$
  $y = ax + b$ において、傾きが3とは $a = 3$。
  $y = 3x + b$ に、$x = -1$、$y = -5$ を代入して b を求める。

- [ ] **❷ y は x の2乗に比例し、$x = 2$ のとき $y = 12$ である。y を x の式で表せ。**

  ヒント yがx^2に比例→$y = ax^2$

  $y = 3x^2$
  $y = ax^2$ に $(2, 12)$ を代入して a を求める。
  $12 = a \times 2^2$

- [ ] **❸ 点 $(2, 1)$ を通り、直線 $y = 2x + 1$ に平行な直線の式を求めよ。**

  ヒント 平行→傾きが同じ。

  $y = 2x - 3$
  $y = 2x + 1$ に平行な直線なので、傾きは2。
  つまり、$y = ax + b$ において、傾き $a = 2$。
  $y = 2x + b$ に $(2, 1)$ を代入して b を求める。

- [ ] **❹ y は x に反比例し、$x = 6$ のとき $y = 3$ である。$y = 2$ のときの x の値を求めなさい。**

  ヒント yがxに反比例→$y = a / x(a ≠ 0)$

  9
  $y = a/x$ に $(6, 3)$ を代入すると、$a = 18$。
  よって反比例の式は、$y = 18/x$。
  これに、$y = 2$ を代入すると、
  $2 = 18/x$
  $x = 9$

212

⑤ 関数 $y = ax^2$ において、x の変域が $-2 \leqq x \leqq 1$ のとき、y の変域は $0 \leqq y \leqq 8$ である。a の値を求めよ。

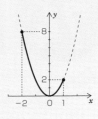

$a = 2$

$y = ax^2$ は原点を通る放物線。y が最大値8のとき、x は最小値 -2 になるので、$y = ax^2$ に $(-2, 8)$ を代入して a を求める。

---

⑥ 1次関数 $y = ax + b$ が、座標 $(2, 4)$ および $(-6, -2)$ を通るとき、a および b を求めよ。

$a = \dfrac{3}{4}$、 $b = \dfrac{5}{2}$

$y = ax + b$ に $(2, 4)$、$(-6, -2)$ を代入して連立方程式を立て、その解を求める。
$$\begin{cases} 4 = 2a + b \cdots ① \\ -2 = -6a + b \cdots ② \end{cases}$$
①−②：$8a = 6 \rightarrow a = \dfrac{3}{4}$、①に代入→$b = \dfrac{5}{2}$

---

⑦ $y = 2x^2 - 8x + 5$ の最大値または最小値を求めよ。

ヒント $y = 2x^2$ は下に凸のグラフ。

最小値：-3

2次関数のグラフ：$y = ax^2$ $(a \neq 0)$ で、$a > 0$ のとき、そのグラフは下に凸で、y は最小値を持つ。
与式を $y = a(x - p)^2 + q$ の形に変形する。
$y = 2(x^2 - 4x) + 5 = 2(x - 2)^2 - 8 + 5$
$\quad = 2(x - 2)^2 - 3$
よって頂点の座標は $(2, -3)$ で、y の最小値は -3。

---

⑧ 右の図で、l は関数 $y = ax^2$ $(a > 0)$ のグラフであり、m は関数 $y = x + 2$ のグラフである。l と m との交点の1つを A とし、点 A から x 軸にひいた垂線と x 軸との交点を B とする。点 B の x 座標が2であるとき、次の問いに答えよ。

① 点 A の座標を求めよ。

② a の値を求めよ。

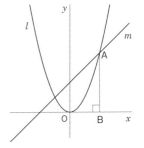

① $(2, 4)$

点 A の x 座標は、点 B と同じなので2。
関数 m に代入すると、$y = 2 + 2 = 4$

② $a = 1$

関数 l は点 A $(2, 4)$ を通ることから、関数 l に代入すると
$4 = a \times 2^2$
$a = 1$

数学

74 図形

出題率 ★★

常識チェック！ ●□に入るのは？　解答は右ページ下▶

☐ **1. 1つの角が60°の直角三角形は3辺の比＝1：2：□**

☐ **2. 三角形の内角の和は □°。**

ランク A 必ず覚える！ 常識問題　　　　　　**解答・解説**

●次の問いに答えなさい。

☐ **❶** 直角三角形で、直角をはさむ2辺の長さが3cmと4cmのとき、斜辺の長さは何cmか。

ヒント 三平方の定理を使う。

5cm

∠ABC＝90°である直角三角形ABCにおいて、
三平方の定理：$AC^2 = AB^2 + BC^2$
斜辺$^2 = 3^2 + 4^2 = 25$
斜辺$= \sqrt{25} = \sqrt{5^2} = 5$cm

☐ **❷** 次の直角三角形の3辺の比$a:b:c$を答えよ。

①

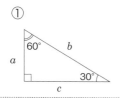

②

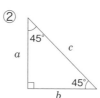

①$1:2:\sqrt{3}$

30°と60°の直角三角形の辺の比。

②$1:1:\sqrt{2}$

直角二等辺三角形の辺の比。

☐ **❸** 次の図のxの角度を求めよ。
　　// は平行を表す。

①l // m

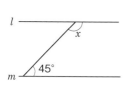

②

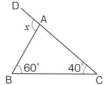

①$135°$

平行線と角の関係は次の通り。
対頂角は等しい▶∠a＝∠b
同位角は等しい▶∠a＝∠c
錯角は等しい　▶∠b＝∠c
$x = 180° - 45° = 135°$

②$100°$

三角形の外角は、それと隣り合わない2つの内角の和に等しい。

●次の図のxの角度を求めなさい。 // は平行を表す。

❶ l // m

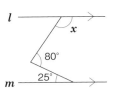

125°

80°の頂点に補助線を引く。錯角は等しいので、
$\angle a = 25°$　　$\angle b = 80° - \angle a = 55°$
錯角は等しいので、$\angle x = \angle c = 180° - 55°$

❷

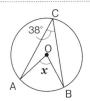

76°

中心角は、円周角の2倍。

❸ AB // ED
AE // BC

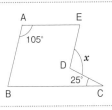

100°

平行四辺形の対角は等しい。
EDを下方に延長する補助線を引き、三角形の外角の性質を利用する。BCとの交点をFとすると、
$\angle DFB = 105°$
$\angle CDF = 105° - 25° = 80°$
$\angle x = 180° - 80° = 100°$

❹ ABは直径

35°

直径の円周角90°。

❺

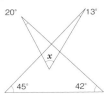

60°

三角形の内角の和＝180°より、
$\angle a = 180° - (45° + 42°) = 93°$
対頂角は等しいので、$\angle a = \angle b = 93°$
よって、○＋●＝180° － 93° ＝87°
△ABCの内角の和を考えると、
$\angle x + (○ + 20°) + (● + 13°) = 180°$
$\angle x = 60°$

下図のように
補助線を引く。

❻

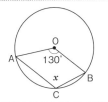

115°

円周角は、中心角（360° － 130°）の半分。

面積・体積・三角比

(常)(識)(チ)(エ)(ッ)(ク)(!) ● □に入るのは？　解答は右ページ下▶

☐ **1.** 底辺2cm、高さ1cmの三角形の面積は □ cm²。

☐ **2.** 半径2cmの円の面積は □ π cm²（円周率はπとする）。

ランク **A** 必ず覚える！ 常識問題　　　　　　　　　　解答・解説

● 次の問いに答えなさい。円周率はπとする。

☐ **①** 面積が28cm²で底辺が8cmの三角形の高さを求めよ。

ヒント 三角形の面積＝$\frac{1}{2}$×底辺×高さ

7cm
高さをxとすると、
面積＝$\frac{1}{2}$×8×x＝28

☐ **②** 底面の半径が3cm、高さが4cmの円柱の表面積を求めよ。

ヒント 円柱の表面積＝底面積×2＋側面積

42π cm²
円柱の表面積＝底面積×2＋側面積
底面積（円）＝π×3²＝9π cm²
円周＝直径×π＝3×2×π＝6π cm
側面積（長方形）＝円周×高さ

☐ **③** 底面の半径が5cm、高さが9cmの円すいの体積を求めよ。

ヒント 円錐の体積＝$\frac{1}{3}$×底面積×高さ

75π cm³
円錐の体積＝$\frac{1}{3}$×π×半径²×高さ
＝$\frac{1}{3}$×π×5²×9＝75π cm³

● 次の図の直角三角形ABCの各辺をa、b、cとするとき、次の値を求めなさい。

☐ **④** $\sin \theta$

$\dfrac{a}{c}$　これらは、三角比の定義である。

☐ **⑤** $\cos \theta$

$\dfrac{b}{c}$

☐ **⑥** $\tan \theta$

$\dfrac{a}{b}$

●次の問いに答えなさい。

☐ **①** △ＡＢＣ∽△ＤＥＦで、周の長さの比が
２：３のとき、２つの三角形の面積比を
求めよ。∽は相似を表す。

4：9

相似な図形では、面積比は相似比の２乗。

☐ **②** 点Ｏを中心とする円において、AB＝BC
＝CD＝2cmのとき、斜線部分の面積を
求めよ。ただし、円周率はπとする。

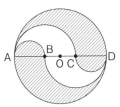

6π cm^2

AB＝BC＝CDなので、図は次のように
かき替えることができる。

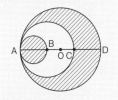

円の面積＝π×半径^2
斜線部分の面積は、

$3^2\pi - 2^2\pi + 1^2\pi = 6\pi$ cm^2

☐ **③** １辺が１cmの立方体を、使う立方体の
数が最大になるように、すき間なく積み
重ねて立体を作った。この立体を正面、
真横、真上から見ると、次のようになった。
このときの立方体の最大個数を求めよ。

正面　　　　真横　　　　真上

16個

誤答例のように積んでもシルエットは
同じだが、「使う立方体の数が最大」に
はならない。

【真上から見た図】

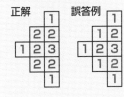

☐ **④** $\sin 30° + \cos 45°$

$$\frac{1+\sqrt{2}}{2}$$

$\sin 30° = \dfrac{1}{2}$,　$\cos 45° = \dfrac{1}{\sqrt{2}}$

☐ **⑤** $\sin^2 45° + \tan 60° + \cos^2 45°$
ヒント $\sin^2 45° + \cos^2 45° = 1$

$1+\sqrt{3}$

$\tan 60° = \sqrt{3}$
$\sin^2 45° + \cos^2 45° = 1$

76 確率

出題率 ★★★

●□に入るのは？　解答は右ページ下▶

□ 1. 3人の子どもを1列に並べるとき、並び方は□通り。

□ 2. 1〜5の異なる数字2個で2ケタの数を作る作り方は□通り。

ランク A　必ず覚える! 常識問題　　　　解答・解説

●次の問いに答えなさい。

□ **1** a、b、c、d、eの5つの文字から異なる3つを選んで順番に並べる方法は何通りあるか？

ヒント 順番に並べるので順列を求める。

60通り

$_5P_3 = 5 \times 4 \times 3 = 60$通り

□ **2** それぞれ番号のついた赤色の玉5個の中から異なる2個を選ぶ組み合わせは何通りあるか？

ヒント 並び方はどうでもよいので組み合わせを求める。

10通り

$_5C_2 = \dfrac{5 \times 4}{2 \times 1} = 10$通り

□ **3** a、b、c、d、eの5文字を一列に並べたとき、cとdが隣り合うように並ぶ確率を求めよ。

ヒント cとdをひとかたまりとして考える。

$\dfrac{2}{5}$

並び方は全部で5！通り。隣り合うc、dをひとかたまりと考えると、a、b、cd、eの4文字が並ぶ並び方は、4！。
　また、cdとdcの2通りの並び方があるので、4！×2通り。従って、

$$\dfrac{4! \times 2}{5!} = \dfrac{4! \times 2}{5 \times 4!} = \dfrac{2}{5}$$

□ **4** さいころを1回ふって、3が出ない確率を求めよ。

ヒント 余事象の確率を使う。

$\dfrac{5}{6}$

余事象の確率:Aが起きない確率
＝1−Aが起きる確率

3が出る確率＝$\dfrac{1}{6}$

3が出ない確率＝$1 - \dfrac{1}{6} = \dfrac{5}{6}$

● 2つのサイコロ X、Y を同時に振ったとき、次の各問いに答えなさい。

① 出た目の和が4になる確率を求めよ。

$\dfrac{1}{12}$　サイコロの目の出方は、
$6×6=36$ 通り。
和が4になるのは
(1、3)(2、2)(3、1)の3通り。

② 同じ目の出る確率を求めよ。

$\dfrac{1}{6}$　同じ目は1〜6の6通り。「1かつ1」
が出る確率は、
$\dfrac{1}{6}×\dfrac{1}{6}$。これの6倍。
【別解】X がどの目であれ、Y がそれと同じ目で
ある確率は $\dfrac{1}{6}$。　$1×\dfrac{1}{6}=\dfrac{1}{6}$

③ 片方だけが1の目である確率を求めよ。

$\dfrac{5}{18}$　「X が1かつ Y が1以外」
または「X が1以外かつ Y が1」の場合、
$\dfrac{1}{6}×\dfrac{5}{6}+\dfrac{5}{6}×\dfrac{1}{6}=\dfrac{10}{36}=\dfrac{5}{18}$

④ 少なくとも一方が3の目になる確率を求めよ。

$\dfrac{11}{36}$　すべての場合の確率1から、両方とも3
以外になる場合（X 3以外かつ Y 3以外）
（＝余事象）の確率をひく。
$1-\dfrac{5}{6}×\dfrac{5}{6}=1-\dfrac{25}{36}=\dfrac{11}{36}$

● 次の問いに答えなさい。

⑤ 赤玉7個と、白玉3個が入っている袋から3個の玉を同時にとり出すとき、2個が赤玉、1個が白玉である確率を求めよ。

ヒント 赤2白1の組み合わせ÷すべての組み合わせ

$\dfrac{21}{40}$　10個から3個とり出す組み合わせは、
${}_{10}C_3$ 通り。
赤2個、白1個の組み合わせは、
${}_7C_2×{}_3C_1$ 通りなので、求める確率は、
$=\dfrac{{}_7C_2×{}_3C_1}{{}_{10}C_3}$

⑥ A、B、C、D、E の5人が左右1列に並ぶとき、A と B が両端に並ぶ確率はどれだけか。

$\dfrac{1}{10}$　$\dfrac{2！×3！}{5！}$

⑦ 0、1、2、3、4、5の数字が書いてあるカードがある。3枚のカードを取り出し3ケタの整数を作るとき、奇数になる確率を求めよ。

$\dfrac{12}{25}$　100の位は0にならないので、3ケタ
の整数になるのは、$5×5×4=100$
通り。奇数になるのは、1の位が1、3、
5のとき。1の位が1のとき、$4×4=$
16通り。3、5のときにも16通りずつ。
奇数3ケタの整数は $16×3=48$ 通り。

常識チェック！ 解答　**1.** 6（＝ ${}_3P_3=3！$）　**2.** 20（＝ ${}_5P_2$）

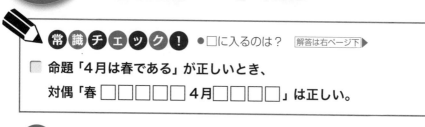

集合・命題

(常)(識)(チ)(エ)(ッ)(ク)! ●□に入るのは？ 解答は右ページ下▶

☐ 命題「4月は春である」が正しいとき、

対偶「春□□□□□4月□□□□」は正しい。

ランク A 必ず覚える! 常識問題	解答・解説

●次の集合を求めなさい。xは整数とする。A∩Bは、AとBの両方に属す要素全体の集合を表す。

☐ **①** $\{x : 1 \leqq x < 6\} \cap \{x : 3 < x < 8\}$

{4, 5}
$1 \leqq x < 6$の整数は $\{1, 2, 3, 4, 5\}$
$3 < x < 8$の整数は $\{4, 5, 6, 7\}$

☐ **②** $\{1, 5, 9\} \cap \{2, 6, 8\}$

φ
空集合はφで表す。

●次の問いに答えなさい。

☐ **③** 2ケタの自然数の中に、7の倍数でも3の倍数でもないものはいくつあるか。
ヒント 「7と3の公倍数」の個数も考える。

51個
1〜99中の7の倍数は、99÷7＝14余り1→14個 うち1個(7)は1ケタだから、2ケタは13個。
1〜99中の3の倍数は、99÷3＝33うち3個(3、6、9)は1ケタで30個。
7と3の最小公倍数は21。10〜99中の21の倍数は4個(21、42、63、84)。
2ケタの自然数は10〜99の90個。
90−(13＋30−4)＝51個

☐ **④** 「運動が好きな人は、読書が好きではない」という命題が正しいとき、確実に言えることは次のうちどれか。

　ア　読書が好きではない人は、
　　　運動が好きである

　イ　運動が好きでない人は、
　　　読書が好きである

　ウ　読書が好きな人は、運動が好きではない

ウ
アは逆。
イは裏。
アもイも、共に真とは限らない。
ウは対偶なので、必ず真になる。

※命題「AならばB」のとき
「BならばA」は逆。
「AでなければBではない」は裏。
「BでなければAではない」は対偶という。
命題が真ならば、対偶だけは必ず真。
逆と裏は、真であるとは限らない。

● 300人にアンケートをとったところ、イヌが好きな人は178人、ネコが好きな人は144人おり、両方とも好きではない人が50人いた。このとき次の問いに答えなさい。

❶ 両方とも好きと答えた人は何人か。

72人
両方とも好きな人は、
178＋144＋50－300＝72人

全体：300

イヌ　両方　ネコ
好き178　好き　好き144

両方好きではない：50

❷ イヌは好きだがネコは好きではないと答えた人は何人か。

106人
イヌだけが好きな人は、
178－72＝106人

❸ どちらか一方のみを好きと答えた人は何人か。

178人
どちらか一方のみを好きな人は、
300－50－72＝178人
【別解】
イヌだけが好きな人は❷より106人。
ネコだけが好きな人は、
144－72＝72人
これらを足して、106＋72＝178人

● 次の問いに答えなさい。

❹ 「研究心の強い人は独創的だ」という命題の対偶を答えよ。

独創的でない人は、研究心が強くない
命題「AならばB」のとき、
「BでなければAではない」が対偶となる。

❺ 「休日は宿泊料が高い」「元日は休日である」「8月は宿泊料が高い」という命題がすべて正しいとき、次の中でかならず正しいといえないものを1つ選べ。
　ア　元日は宿泊料が高い
　イ　宿泊料が高くなければ8月ではない
　ウ　宿泊料が高ければ8月である

ウ
命題の対偶は常に真であり、三段論法が成り立てば、それも真である。
「元日→休日」「休日→宿泊料高い」より、「元日→宿泊料高い」が成り立つので、アは真。
イは、「8月→宿泊料高い」の対偶で真。
ウは、「8月→宿泊料高い」の逆なので、かならず正しいとはいえない。

🈁🈁🈁チェック❶ 解答　でなければ、ではない

数学

78

出題率 ★★

n進法

常識チェック！ ● □に入るのは？　解答は右ページ下▶

☐ **1.** 0と1で表し1の次で繰り上がる位取り記数法は □ 進法。

☐ **2.** 10進法の3を3進法で表すと □。

ランク A 必ず覚える！ 常識問題　　　　　解答・解説

● 次の問いに答えなさい。ただし、n進法は［n］で表すこととする。

☐ **❶** 33[10]を3進法にするといくつか。

$1020_{[3]}$

```
3) 33
3) 11 … 0  ↑
3)  3 … 2
    1 … 0
```

☐ **❷** 1341[10]を11進法にするといくつか。
ただし、10番目の文字をAとする。

ヒント 余りが10のときはAと書く。

$100A_{[11]}$

```
11) 1341
11)  121 … 10＝A  ↑
11)   11 … 0
      1 … 0
```

☐ **❸** 1302[4]を10進法にするといくつか。

$114_{[10]}$
4進法の2ケタ目（0）は無視できる。
$(1×4^3)+(3×4^2)+(2×4^0)$
$＝64+48+2＝114$

☐ **❹** 109[12]を10進法にするといくつか。

$153_{[10]}$
12進法の2ケタ目（0）は無視できる。
$(1×12^2)+(9×12^0)$
$＝144+9＝153$

☐ **❺** 121[5]＋131[5]の答えを5進法で表すと
いくつか。

ヒント 位をそろえてたし、5になったら1繰り上げる。

$302_{[5]}$
5進法同士のたし算なので、そのままたせば
よい。ただし、たして5になったら0と書き、
1繰り上げること。

●次の問いに答えなさい。ただし、n進法は［n］で表すこととする。

☐ **1** 10進法の17を2進法にするといくつか。

$10001_{[2]}$

$$\begin{array}{r|l}2)\ 17 \\ 2)\ \ 8 \cdots 1 \\ 2)\ \ 4 \cdots 0 \\ 2)\ \ 2 \cdots 0 \\ \hline \ \ \ 1 \cdots 0 \end{array}$$

☐ **2** 2進法の101011を10進法にするといくつか。

$43_{[10]}$

3ケタ目、5ケタ目の0は無視できる。
$(1 \times 2^5) + (1 \times 2^3) + (1 \times 2^1) + (1 \times 2^0)$
$= 32 + 8 + 2 + 1 = 43$

☐ **3** 5進法の4002を10進法にするといくつか。

$502_{[10]}$

2ケタ目と3ケタ目の0は無視できる。
$(4 \times 5^3) + (2 \times 5^0)$
$= 500 + 2 = 502$

☐ **4** 4進法の121を8進法にするといくつか。

$31_{[8]}$

一度10進法に直してから、8進法に変換する。
$(1 \times 4^2) + (2 \times 4^1) + (1 \times 4^0)$
$= 16 + 8 + 1 = 25_{[10]}$

$$\begin{array}{r|l}8)\ 25 \\ \hline \ \ \ 3 \cdots 1 \end{array}$$

☐ **5** $10101_{[2]} + 11_{[3]}$ の答えを2進法で表すといくつか。

ヒント すべて2進法にそろえてから計算する。

$11001_{[2]}$

まず、$11_{[3]}$を10進法に直してから2進法にして計算する。
$11_{[3]} = (1 \times 3^1) + (1 \times 3^0) = 4_{[10]}$
これを2進法で表すと$100_{[2]}$。
$10101_{[2]} + 100_{[2]} = 11001_{[2]}$
このとき、たして2になったら0と書き、1繰り上げること。

☐ **6** $1011_{[3]} - 1001_{[3]}$ の答えを2進法で表すといくつか。

ヒント 3進法のまま計算し、答えを10進法に直してから2進法に変換する。

$11_{[2]}$

$1011_{[3]} - 1001_{[3]} = 10_{[3]}$
これを10進法で表すと、
$10_{[3]} = (1 \times 3^1) = 3_{[10]}$

$$\begin{array}{r|l}2)\ 3 \\ \hline \ \ 1 \cdots 1 \end{array}$$

数学

78
●
n
進
法

常識チェック！ 解答　1. 2　2. 10

数学

79 数列

出題率 ★★

常識チェック！ ●□に入るのは？ 解答は右ページ下▶

☐ **1.** **2, 4, 6, □, 10, 12, …**

☐ **2.** **3, 6, □, 24, 48, 96, …**

ランク **A** 必ず覚える！ 常識問題 　　　　　　解答・解説

●次の□に当てはまる数値を答えなさい。

☐ **❶** 1, 5, 9, □, 17, 21, …

13 公差4、初項1の等差数列。

☐ **❷** 2, 6, 18, 54, □, 486, …

162 公比3、初項2の等比数列。

☐ **❸** 1, 1, 2, 4, 7, □, 16, …

11 右隣との差（階差）の数列＝階差数列が、公差1、初項0の等差数列（0, 1, 2, 3, 4, …）になっている。

☐ **❹** 1, 4, 9, □, 25, 36, 49, …

16 「1^2, 2^2, 3^2, □, 5^2, 6^2, 7^2, …」のように、連続する自然数の2乗になっている。
□＝4^2＝16

●次の問いに答えなさい。

☐ **❺** 数列1, 4, 7, 10, 13, 16, …
の第17項を求めよ。

ヒント 隣り合う項の差を考える。

49 公差3、初項1の等差数列。
等差数列の一般項（a_n）は
初項＋（$n-1$）×公差
$a_{17}＝1＋（17-1）×3＝49$

☐ **❻** 数列1, 4, 7, 10, 13, 16, …
の初項から第17項までの和を求めよ。

425 ❺より、$a_{17}＝49$
等差数列の和＝$\frac{1}{2}n$（初項＋末項）
$\frac{1}{2}×17×（1＋49）＝425$

●次の問いに答えなさい。

☐ **1** 初項3、公比2である等比数列の第8項を求めよ。

384

等比数列の一般項（a_n）＝初項×公比$^{n-1}$
$a_8 = 3 \times 2^{8-1} = 3 \times 128 = 384$

☐ **2** 初項3、公比2である等比数列の初項から第8項までの和を求めよ。

765

等比数列の和（S_n）＝$\dfrac{初項 \times (公比^n - 1)}{公比 - 1}$

$S_8 = \dfrac{3 \times (2^8 - 1)}{2 - 1} = 765$

☐ **3** 15, 16, 17, 18, 19の数字のうち、次の□に当てはまる数値を答えよ。
　 1, 16, 27, □, 5

16

「1, 16, 27, □, 5」は
「1^5, 2^4, 3^3, □, 5^1」に変換できる。
□＝4^2＝16

☐ **4** 1から100までの数で、3で割り切れる数をたし合わせるといくつか。

1683

1から100までの数で、3で割り切れる数を
並べると、3, 6, 9, …, 93, 96, 99になる。
99÷3＝33より、項数は33。
つまり、初項3、公差3、項数33、末項99
の等差数列の和を求めればよい。
$\dfrac{1}{2} \times 33 \times (3 + 99) = 1683$

☐ **5** 毎日開館している図書館に、Aさんは3日ごと、Bさんは4日ごとに通っている。2人は9月1日に図書館で出会った。次に2人が図書館で出会えるのは何月何日か。

9月13日

Aさんは3日ごとなので、1日から3ずつ増え
ていく日（4、7、10、13…）、Bさんは4日
ごとなので、1日から4ずつ増えていく日（5、
9、13、17…）に図書館に行く。したがって、
次に出会えるのは9月13日。

☐ **6** ジョーカーを除いた1組のトランプ52枚から、何枚かのカードを抜き出した。10枚ずつ並べていくと2枚あまり、8枚ずつ並べていくと6枚余ったとき、カードは何枚あるか。

22枚

10枚ずつ並べて2枚余る数は、
12、22、32、42、52
8枚ずつ並べて6枚余る数は、
14、22、30、38、46
したがって、22枚

【別解】
10枚ずつ並べて2枚余る数は、
12、22、32、42、52
これを順に8で割って6余る数を探せばよい。

鶴亀算・年齢算・速度算・植木算

常識チェック！ ●□に入るのは？ 　解答は右ページ下▶

☐ **1. ツルとカメが全部で5匹、足が14本のとき、カメは☐匹。**

☐ **2. 距離＝速さ×☐**

ランク **A** 必ず覚える！ 常識問題 　　　　　　　　　　解答・解説

●次の問いに答えなさい。

☐ **❶** 1個50円のミカンと1個80円
のリンゴを合わせて20個買った。
合計で1240円だったとすると、
ミカンは何個買ったか。

ヒント 20個全部がリンゴだと仮定する。

12個　【鶴亀算】
20個全部がリンゴだと仮定すると、
合計で、80×20＝1600円。
実際との差は1600−1240＝360円。
これをミカンとリンゴの金額差でわると、ミカン
の数が求まる。
360÷(80−50)＝12個

☐ **❷** 現在、父の年齢は33歳、子の年
齢は1歳である。父の年齢が子の
年齢の5倍になるのは何年後か。

7年後　【年齢算】
父も子も、1年に1歳年をとる。
x年後に父の年齢が子の年齢の5倍になるとすると、
$33+x=5(1+x)$
$x＝7$年後

☐ **❸** 1周1.8kmの公園がある。Aさん
は分速80mで時計回りに、Bさん
は分速70mで反時計回りに、同じ
地点から同時に歩き出した。2人
が再び出会うのは何分後か。

ヒント 時間＝距離÷速さ

12分後　【速度算】
1.8km＝1800m
反対方向に歩くので、
出会う時間＝距離÷(A＋Bの速さ)
1800÷150＝12分後

☐ **❹** 1周300mの池の周りに木を植え
たい。6m間隔で植える場合、木
は何本必要か。

50本　【植木算】
木の数＝間隔の数
300÷6＝50本

● 次の問いに答えなさい。

① 500円玉、100円玉、50円玉を全種類使って、14枚で1300円を作るとき、50円玉は何枚必要か。

ヒント 500円玉の枚数から考える。

10枚　【鶴亀算】
500円玉は最大2枚。2枚だと残り300円を他の12枚で作るのは不可能なので、500円玉は1枚。残り800円を計1、3枚の100円玉と50円玉で作る。50円玉を x 枚とすると、
$50x + 100(13 - x) = 800$
$x = 10$ 枚

② 長さ720mの道路の片側に40m間隔で街灯を端から端まで設置するとき、街灯は何基必要か。ただし道路の両端にも設置する。

ヒント 両端に設置すると、街灯の数＝間隔の数＋1

19基　【植木算】
間隔の数は、720÷40＝18
街灯は道路の両端に設置するので、
街灯の数＝間隔の数＋1
18+1＝19基

③ 長さ120m、秒速36mの電車Aと、長さ184m、秒速40mの電車Bが出会ってからすれ違い終わるまでにかかる時間は何秒か。

4秒　【通過算】
すれ違う時間＝ $\dfrac{\text{電車の長さの和}}{\text{2台の速さの和}}$
$(120+184) \div (36+40) = 4$ 秒

④ ある船が10kmの川を上るのに2時間、下るのに1時間かかる。この船の速さを求めよ。

7.5km/時　【流水算】
10kmを2時間で上るということは、船の速さ－川の流れの速さ＝10km÷2時間＝5km/時
一方、1時間で下るということは、船の速さ＋川の流れの速さ＝10km÷1時間＝10km/時
船の速さ＝(上りの速さ＋下りの速さ)÷2
船の速さ＝(5+10)÷2＝7.5km/時
川の流れの速さ＝(下りの速さ－上りの速さ)÷2

⑤ 自宅から図書館へ徒歩で行くと、自転車で行くより1時間多くかかる。1km進むのに、自転車は5分、徒歩は15分かかるとき、自宅から図書館までは何kmあるか。

6km　【速度算】
5分＝ $\dfrac{5}{60} = \dfrac{1}{12}$ 時間　15分＝ $\dfrac{15}{60} = \dfrac{1}{4}$ 時間
1kmをこの時間で移動するので、
速さ＝距離÷時間より、
自転車の速さ：12km/時
徒歩の速さ：4km/時
自宅から図書館までの同じ距離の移動に、徒歩の方が1時間多くかかる。つまり、
徒歩の時間－1＝自転車の時間
距離を x kmとすると、時間＝距離÷速さ
$\dfrac{x}{4} - 1 = \dfrac{x}{12}$
$3x - 12 = x$ → $x = 6$ km

数学 **80** ● 鶴亀算・年齢算・速度算・植木算

81 割合·濃度算·損益算·仕事算

出題率 ★★

常識チェック！ ●□に入るのは？　解答は右ページ下▶

☐ **1.** 食塩8gを水192gに溶かしてできる食塩水の濃度は□%。

☐ **2.** 定価600円の1割引は□円。

ランク A　必ず覚える！ 常識問題

解答・解説

●次の空欄に当てはまる数値を答えなさい。

---

❶ 9人は、12人の□倍。

0.75　割合＝比べる量÷もとの量
9÷12＝0.75倍

---

❷ 320枚は、400枚の□%。

80　百分率＝比べる量÷もとの量×100
320÷400×100＝80%

---

❸ □kgは、90kgの1.2倍。

108　比べる量＝もとの量×割合
90×1.2＝108kg

---

❹ 200人の□%は、60人。

30　百分率＝比べる量÷もとの量×100
60÷200×100＝30%

---

❺ 食塩12gを水388gに溶かすと、□%の食塩水ができる。

3　濃度＝食塩の重さ÷食塩水（食塩＋水）の重さ
＝12÷（12＋388）＝0.03
百分率にするには100をかけて、3%。

---

❻ 5%の食塩水240gには、□gの食塩が溶けている。

12　百分率÷100＝割合
5%÷100＝0.05
食塩の重さ＝食塩水の重さ×濃度
＝240×0.05＝12g

---

❼ 500円の40%は、250円の□割引き。

2　500×0.4＝200円
250－200＝50円
→50÷250＝0.2＝2割

---

❽ 定価1200円に消費税8%を加えた代金は、□円。

1296　1200×1.08＝1296円

●次の問いに答えなさい。

❶ 原価が2300円の商品に、原価の2割の利益を見込んで定価をつけた。定価はいくらか。

2760円 【損益算】
2割の利益＝利益率0.2
定価＝原価×（1＋利益率）
2300×（1＋0.2）＝2760円

---

❷ Aが1人でやると4時間、Bが1人でやると2時間かかる仕事がある。この仕事をAとBが2人でやると、何時間何分かかるか。

ヒント 仕事全体を1と考える。

1時間20分 【仕事算】
仕事全体を1とすると、
Aは1時間に$\frac{1}{4}$、Bは1時間に$\frac{1}{2}$の仕事をする。
よって、AとBの2人では1時間に
$\frac{1}{4}+\frac{1}{2}=\frac{3}{4}$の仕事をする。
2人でやったときかかる時間は、
$1\div\frac{3}{4}=\frac{4}{3}$時間＝1時間20分

---

❸ ある商品を50個仕入れ、原価の20％の利益を見込んで30個売り、残った商品は原価の10％引きで売りきったところ、2880円の利益となった。原価はいくらか。

ヒント 利益＝原価×利益率

720円 【損益算】
原価をx円とする。20％の利益率なので、1個あたりの利益は0.2x円。
30個分の利益は0.2x×30＝6x円
残り20個は原価の10％引きで売ったので、1個あたりの利益は、－0.1x円。
つまり0.1x円の損である。
20個分の損は0.1x×20＝2x円
$6x-2x=2880$　→　$x=720$円

---

❹ 6％の食塩水100gから何gの水を蒸発させると、10％の食塩水になるか。

ヒント 溶けている食塩の量は変わらない。

40g 【濃度算】
食塩の重さ＝食塩水の重さ×濃度
100×0.06＝6g
食塩6gで10％になるときの食塩水の量は、
食塩の重さ÷濃度より、 6÷0.1＝60g
つまり、100gの食塩水の量が60gに減れば100％になる。100－60＝40g
食塩は蒸発しないので、40gはすべて水の蒸発した分と考えてよい。

---

❺ プールを満水にするのに、給水管Aだけでは30分、給水管Bだけでは20分かかる。給水管A、B、Cを同時に使うと10分で満水になる。Cだけを使うと、満水にするのに何分かかるか。

60分 【水槽算】
Cだけではx分で満水にできるとする。
1分間の水量＝$\dfrac{1}{満水までにかかる時間}$
A：$\frac{1}{30}$、B：$\frac{1}{20}$、C：$\frac{1}{x}$
A、B、Cを同時に使うと10分で満水なので、3本分の1分間の水量は$\frac{1}{10}$
$\frac{1}{30}+\frac{1}{20}+\frac{1}{x}=\frac{1}{10}$
これを解くと、x＝60分

常識チェック❶ 解答　1.4　　2. 540

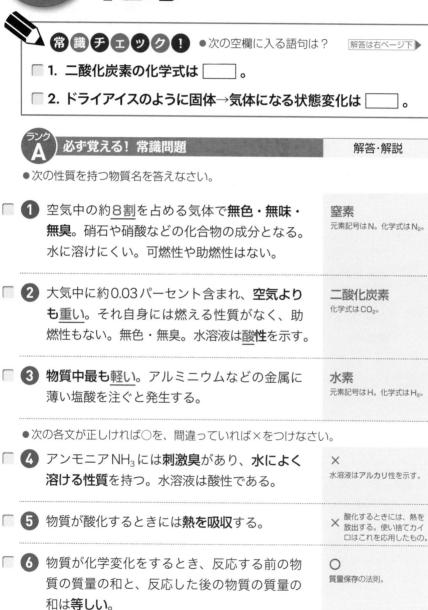

常識チェック！ ●次の空欄に入る語句は？　解答は右ページ下▶

☐ 1. 二酸化炭素の化学式は ☐ 。

☐ 2. ドライアイスのように固体→気体になる状態変化は ☐ 。

ランク A 必ず覚える！ 常識問題　　　　　解答・解説

●次の性質を持つ物質名を答えなさい。

☐ **①** 空気中の約**8割**を占める気体で**無色・無味・無臭**。硝石や硝酸などの化合物の成分となる。水に溶けにくい。可燃性や助燃性はない。

窒素
元素記号はN。化学式はN_2。

☐ **②** 大気中に約0.03パーセント含まれ、**空気よりも重い**。それ自身には燃える性質がなく、助燃性もない。無色・無臭。水溶液は**酸性**を示す。

二酸化炭素
化学式はCO_2。

☐ **③** **物質中最も軽い**。アルミニウムなどの金属に薄い塩酸を注ぐと発生する。

水素
元素記号はH。化学式はH_2。

●次の各文が正しければ○を、間違っていれば×をつけなさい。

☐ **④** アンモニアNH_3には**刺激臭**があり、**水によく溶ける性質**を持つ。水溶液は酸性である。

×
水溶液はアルカリ性を示す。

☐ **⑤** 物質が酸化するときには**熱を吸収**する。

× 酸化するときには、熱を放出する。使い捨てカイロはこれを応用したもの。

☐ **⑥** 物質が化学変化をするとき、反応する前の物質の質量の和と、反応した後の物質の質量の和は**等しい**。

○
質量保存の法則。

●次の空欄に適する語句を答えなさい。

❶ 同温、同圧、同体積の下では、いかなる気体でも、含まれる □ の数はすべて同じである。

分子
アボガドロの法則。

❷ □ を含む化合物を有機化合物という（ただし、二酸化炭素など構造が簡単なものを除く）。

炭素（C）

❸ HCl、NaCl、H_2SO_4、NaOHのうち、青色リトマス紙を赤く変えるものはHClと □ である。

H_2SO_4
青色リトマス紙を赤く変えるのは酸性。

❹ 酸性の水溶液に共通して含まれるイオンをイオン式で表すと □ 。

H^+
塩基性（アルカリ性）の水溶液に含まれるイオンは、OH^-。

❺ 薄い過酸化水素水に二酸化マンガンを入れたとき、発生する気体は □ 。

酸素
二酸化マンガンは変化せず、解媒として働く。

❻ ある物質が酸素と結合する（水素を失う／電子を失う）ことを □ という。

酸化
酸素と離れる（水素を得る／電子を得る）ことを還元という。

●次の化学変化を化学反応式で示しなさい。

❼ 石灰石に塩酸を反応させると、塩化カルシウムと水ができ、二酸化炭素を発生する。

$CaCO_3+2HCl$
$\rightarrow CaCl_2+H_2O+CO_2$

❽ 亜鉛と薄い塩酸を反応させると塩化亜鉛ができ、水素が発生する。

$Zn+2HCl$
$\rightarrow ZnCl_2+H_2$
酸性の水溶液に金属を入れると発生する。

●次の物質の分子量を計算しなさい。ただし原子量は、H＝1、C＝12、O＝16とする。

❾ ① H_2O　　　② C_2H_5OH

①18【水】
②46【エタノール】

ヒント 原子の数に合わせて掛け算し、足せばOK。

理科
82
●
化学

常識チェック❶ 解答　**1.** CO_2　**2.** 昇華

231

✏

常識チェック！　●次の空欄に入る語句は？　解答は右ページ下▶

☐ **1.** 細胞分裂のときに核内で凝縮してひも状になる物質は ☐ 。

☐ **2.** 糖をグリコーゲンとして貯蔵するヒトの器官は ☐ 。

ランク **A** 必ず覚える！ 常識問題　　　　　　解答・解説

●次の空欄に適する語句を答えなさい。

☐ **1** 植物が太陽の光エネルギーを使って、**水と二酸化炭素**から<u>有機物</u>と**酸素**を作るはたらきを ☐ という。

光合成
昼間は光合成がさかんなため二酸化炭素を吸収し、酸素を放出する。

☐ **2** 炭水化物を酸素と反応させ、**エネルギーと水**と<u>二酸化炭素</u>を作るはたらきを ☐ という。

呼吸
夜は呼吸のみで、酸素を吸収し二酸化炭素を放出する。

☐ **3** 植物細胞と動物細胞を比べたとき、植物細胞のみにある構造は、<u>細胞壁</u>、葉緑体、☐ 。

液胞
核、細胞質、細胞膜などはどちらにもある。

☐ **4** ☐ 類の心臓のつくりは、**ほ乳類**と同じ、<u>2心房2心室</u>である。

鳥

☐ **5** 遺伝子は生物の細胞の**染色体上にある遺伝物質**で、☐ と<u>DNA</u>で構成される。

タンパク質
DNA（デオキシリボ核酸）の構造はワトソンとクリックが提唱。

☐ **6** DNAは ☐ 構造で形成されている。

二重らせん

☐ **7** 血液の成分のうち ☐ は、<u>血液の凝固</u>に役立つ。

血小板
赤血球は酸素を運ぶ。白血球は細菌を殺す。血しょうは液体成分。

● 次の空欄に適する語句を答えなさい。

① 1 ヒトの**消化管**は、口→**食道**→**胃**→**十二指腸**→
① → ② →**直腸**→**肛門**と続く。

①小腸　②大腸
唾液に含まれる消化酵素のアミラーゼはデンプン、胃液のペプシンはタンパク質を、膵液のリパーゼは脂肪をそれぞれ分解。

② 2 小腸内壁の輪状のひだを□□といい、食物の**消化と吸収**を行う。

柔毛
表面積を大きくして効率よく栄養分を吸収する。

③ 3 小腸の□□からは**糖質・タンパク質**が、リンパ管からは**脂質・グリセリン**が吸収される。

毛細血管

④ 4 **自律神経**には、興奮を促す ① **神経**と、安静を保とうとする ② **神経**がある。

①交感
②副交感

⑤ 5 **セキツイ動物**である**コイ、イモリ、ヤモリ**のうち、陸上に卵をうむのは□□である。

ヤモリ
コイは魚類、イモリ（井守）は両生類、ヤモリ（家守）はは虫類。

⑥ 6 血液型が**A型**の父親と**O型**の母親から生まれる子の血液型として考えられるのは ① 型と ② 型である。

①A　②O（順不同）
各血液型の遺伝子型は、A型…AA・AO、B型…BB・BO、O型…OO、AB型…AB。父はAAまたはAO。母はOO。子はAOまたはOO。

⑦ 7 **メンデルの法則**は□□の法則・分離の法則・**独立の法則**の3つの法則から成り立っている。

優性
異なる形質の親を持つとき、孫の代では親の顕性の形質と潜性の形質が3：1の割合で現れる。

● 次の各文が正しければ○を、間違っていれば×をつけなさい。

⑧ 8 五大栄養素とは、**炭水化物、脂質、タンパク質、ビタミン、ミネラル**をいう。

○

⑨ 9 生物の食物連鎖において、緑色植物を**生産者**、動物を**分解者**、菌類・細菌類を**消費者**という。

×
生産者→緑色植物
消費者→動物
分解者→菌類・細菌類

理科
83
●
生物

常識チェック！ 解答　**1.** 染色体　**2.** 肝臓

233

常識チェック！ ●次の空欄に入る語句は？ 解答は右ページ下▶

☐ **1. 一直線上を一定の速さで進む運動を ☐☐☐☐ という。**

☐ **2. 負の電気を帯びた粒子を ☐☐☐☐ という。**

ランク **A** 必ず覚える！ 常識問題　　　　　　　解答・解説

●次の各文が正しければ○を、間違っていれば×をつけなさい。

☐ **①** 質量の異なる２つの物体にはたらく<u>重力</u>**の大きさは同じ**である。

×

重力の法則。
（重力＝質量×重力加速度）

☐ **②** 水中で、**重力とは反対の方向**にはたらく力を<u>浮力</u>という。

○

体積が同じであれば、別の物質であっても、浮力の大きさは同じ。

☐ **③** **等速直線運動**とは、**初速度**<u>0</u>の等加速度直線運動である。

×

等速直線運動ではなく自由落下運動の説明である。

☐ **④** 単位面積当たりにかかる力を<u>圧力</u>という。

○

単位は〔Pa（パスカル）〕

☐ **⑤** **振り子**の周期を短くするには、糸の長さを<u>短く</u>する。

○

振り子が１往復する時間を振り子の周期という。

☐ **⑥** ２Ωの抵抗と３Ωの抵抗を**直列**につないだ場合、**合成抵抗**は<u>5</u>Ωである。

○

直列の場合は単純な足し算で、
$R = R_1 + R_2$
$→2 + 3 = 5〔Ω〕$

☐ **⑦** 100V用600Wの電熱器をつけたときに流れる**電流**は<u>60A</u>である。

×

仕事量〔W〕＝電流〔A〕×電圧〔V〕より、電流は6A。

● 次の空欄に適する語句、数字を答えなさい。

☐ **❶** <u>ニュートン</u>の運動の3法則とは、☐ **の法則**、**運動の法則**、**作用・反作用の法則**である。

慣性
外から力が作用しなければ、物体は静止または等速度運動を続けるという法則。

☐ **❷** 秒速2mの車が4秒後に同じ向きに秒速14mになったときの**加速度の大きさ**は☐ m/s²。

3
速度：$v = v_0 + at$
（v：速度、v_0：初速度、a：加速度、t：時間）

☐ **❸** **重力加速度**が10m/s²とするとき、物体を静かに落とすと、8秒間で☐ m落ちる。

320
自由落下：$y = \frac{1}{2}gt^2$
（y：落下距離、g：重力加速度、t：時間）

☐ **❹** **重力加速度**が10m/s²とするとき、初速25m/sで物体を鉛直上方に投げると、2秒後には☐ m/sの速さになる。

5
垂直投げ上げ
：$v = v_0 - gt$
（v：速度、v_0：初速度、g：重力加速度、t：時間）

☐ **❺** 5Ωの抵抗の両端に100Vの電圧をかけると、☐ **A**の**電流**が流れる。

20
オームの法則
：$V = IR$
（V：電圧、I：電流、R：抵抗）

☐ **❻** 2Ωと8Ωの抵抗を**並列**につなぐと、**合成抵抗**は☐ Ωである。

1.6
並列回路の合成抵抗
：$\frac{1}{R} = \frac{1}{R_1} + \frac{1}{R_2}$（$R$：抵抗）

● 次の「波」に関する各文が正しければ○を、間違っていれば×をつけなさい。

☐ **❼** <u>可視光線</u>は電波の一種である。

×
電磁波の一種。電波も電磁波の一種である。

☐ **❽** 地震が起きると**P波**に続いて<u>S波</u>が到達する。

○
P波は縦波。
S波は横波。

☐ **❾** 赤外線は可視光線より**周波数**が<u>低く**波長**</u>が<u>長い</u>。

○
紫外線は、周波数が高く、波長が短い。

☐ **❿** **音波**が真空中を伝わる速さは毎秒約**340m**。

×
媒質のない真空中では音波や地震波は伝わらない。

☐ **⓫** 電子レンジで加熱に使うのは<u>マイクロ波</u>である。

○
光波や電磁波、マイクロ波は真空中でも伝わる。

気象・地学・天文学

☐ **1.** 太陽系の惑星で、地球と木星の間にある星は ☐ 星。

☐ **2.** 地震の規模を表す数値を ☐ という。

ランク		
A	必ず覚える！ 常識問題	解答・解説

●次の問いに答えなさい。

☐ **1** 地層または岩石が断ち切られ、その面に沿って**両側にずれが生じた現象**を ☐ という。

断層
地震が起きる要因にもなる。

☐ **2** 雲の種類のうちで、雨天に多く現れ、一般に<u>雨雲</u>と呼ばれる雲は ☐ である。

乱層雲
夕立や雷を伴うのは積乱雲
（入道雲とも呼ばれる）。

☐ **3** 次の図の前線の名称を答えよ。

① ●────●────● ② ▼────▼────▼

①**温暖前線**

②**寒冷前線**

☐ **4** 月が太陽と地球の間に入り、地球から見ると**太陽が月によって隠される現象**を ☐ という。

日食
地球が太陽と月の間に入って、月が欠けて見える現象は月食。

●宇宙に関する次の記述の正誤を答えなさい。

☐ **5** 太陽の**表面温度**は約600度である。

✕ 正しくは、約6,000度。

☐ **6** 地球が持っている**唯一の衛星**は<u>月</u>である。

◯ 太陽系内の惑星のうち、水星と金星以外は衛星を持つ。

☐ **7** <u>惑星</u>は自ら光らない。

◯ 自ら光を発するのは、恒星。

☐ **8** **太陽を回る惑星は8個**である。

◯ 水星・金星・地球・火星・木星・土星・天王星・海王星。

☐ **9** 月は地球のまわりを約半月かけて**公転**する。

✕ 正しくは1か月。

ココで差をつける! 必修問題 　　　　　解答・解説

●右の天気図に関する問いに答えなさい。

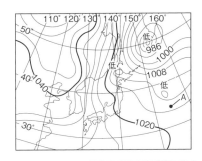

❶ この天気図の**季節**は □ と考えられる。

冬 西高東低型の気圧配置。夏は南高北低型になる。

❷ A地点の**気圧**は □ hPa。

ヒント この図では、等圧線は4hPaごと。

1016
hPa（ヘクトパスカル）は、Paの100倍。
1気圧＝1013hPa

❸ この季節の日本の天気に大きな影響を及ぼす気団を □ **気団**という。

シベリア
主に冬に訪れる寒冷・乾燥な気団。そのほか日本付近の大きな気団には、小笠原気団（主に夏、高温・湿潤）、オホーツク海気団（主に梅雨・秋雨期、低温・湿潤）、揚子江気団（主に春・秋、温暖・乾燥）がある。

●次の各文が正しければ○を、間違っていれば×をつけなさい。

❹ 地震発生後、最初に到達するゆれを主要動という。

× 最初に到達する小さなゆれは初期微動、またはP波という。主要動はS波。

❺ 地軸は地球の**北極**と**南極**を結ぶ**自転軸**である。

○ 公転軌道面に立てた垂線に対して、約23.4度傾いている。

❻ **高気圧**は、中心に近づくほど気圧が低く、中心付近は上昇気流である。

× これは、低気圧の説明。高気圧は、中心に近づくほど気圧が高く、中心付近は下降気流。

❼ 北半球では反時計回りに風が吹き出している。

× 北半球では時計回りに風が吹き出している。

❽ ほぼ1年を通じて亜熱帯高圧帯から赤道低圧帯に向けて吹いている風を**貿易風**という。

○ 一方、中緯度においてほぼ1年中吹いている西寄りの風が偏西風。

常識チェック! 解答　**1.** 火　**2.** マグニチュード

科学史・ノーベル賞

✏️ **常 識 チ ェ ッ ク !** ●次の空欄に入る語句は？ 解答は右ページ下▶

☐ **1.** 人類が初めて月面着陸に成功した飛行船の名前は、[　　　]。

☐ **2.** 1946年に開発された世界初の電子式コンピューターは、[　　　]。

ランク **A** 必ず覚える！ 常識問題　　　　　　　　解答・解説

●次の事柄に関係の深い人物の名前を答えなさい。

☐ ❶	浮力、てこの原理。	アルキメデス	紀元前250年頃
☐ ❷	地動説を提唱。	コペルニクス	1543年
☐ ❸	惑星の運動の3法則。	ケプラー	1609−19年
☐ ❹	気体の体積が圧力に反比例する法則。	ボイル	1662年
☐ ❺	万有引力の法則、運動の3法則。	ニュートン	1687年
☐ ❻	原子説を提唱。倍数比例の法則。	ドルトン	1803年、1804年
☐ ❼	ベンゼンの発見。電気分解の法則。	ファラデー	1825年、1833年
☐ ❽	絶対温度の概念の導入。	ケルビン	1848年
☐ ❾	振り子による地球自転の証明。	フーコー	1851年
☐ ❿	ダイナマイトを発明。	ノーベル	1866年
☐ ⓫	X線を発見。	レントゲン	1895年
☐ ⓬	ラジウム・ポロニウムを発見。	キュリー夫妻	1898年
☐ ⓭	原子モデルを提唱。	ボーア	1913年
☐ ⓮	一般相対性理論。	アインシュタイン	1915年

●次の理由により、ノーベル賞を受賞した日本人科学者の名前を答えなさい。

❶ 未知の**素粒子**「中間子」の存在を予想。
湯川秀樹
1949年 物理学賞

❷ 量子電気力学分野における基礎的研究。
朝永振一郎
1965年 物理学賞

❸ 「フロンティア電子軌道理論」を開拓。
福井謙一
1981年 化学賞

❹ 多様な抗体を生成する遺伝的原理の解明。
利根川進
1987年 生理学・医学賞

❺ 導電性高分子材料の発見と開発。
白川英樹
2000年 化学賞

❻ キラル触媒を用いる不斉合成反応の研究による「不斉合成」の開発。
野依良治
2001年 化学賞

❼ 天体物理学において、特に**宇宙ニュートリノ**の検出に成功。
小柴昌俊
2002年 物理学賞。素粒子理論に対するパイオニア的貢献。

❽ 自発的対称性の破れの発見。受賞時米国籍。
南部陽一郎
2008年 物理学賞

❾ 緑色蛍光タンパク質（GFP）の発見とその開発。
下村脩
2008年 化学賞

❿ 成熟細胞が初期化され多能性を持つことを発見。
山中伸弥
2012年 生理学・医学賞

⓫ 線虫の寄生によって引き起こされる感染症に対する新たな治療法に関する発見。
大村智
2015年 生理学・医学賞

●次の科学に関する現象や法則などと、最も関係の深い人物を答えなさい。

⓬ 音源や観測者の運動で音が変化し観測される現象。　　ドップラー

⓭ 静止している流体に加わる圧力は等しいことを発見。　　パスカル

⓮ イヌを使った実験で条件反射を発見。　　パブロフ

⓯ 膨張宇宙モデルの基礎となる法則を発見。　　ハッブル

⓰ 摂氏温度を提唱。　　セルシウス

●著者プロフィール

オフィス海（おふぃす かい）

「わかりにくいことをわかりやすく」がモットーの企画制作事務所。1989年設立。
学習参考書・問題集、就職対策本、資格試験対策本、実用書、辞典類の企画・執筆・制作
を行っている。

本書に関するお問い合わせは、書名・発行日・該当ページを明記の上、下記のいずれかの
方法にてお送りください。電話でのお問い合わせはお受けしておりません。
・ナツメ社webサイトの問い合わせフォーム
　https://www.natsume.co.jp/contact
・FAX（03-3291-1305）
・郵送（下記、ナツメ出版企画株式会社宛て）
なお、回答までに日にちをいただく場合があります。正誤のお問い合わせ以外の書籍内容
に関する解説・受験指導は、一切行っておりません。あらかじめご了承ください。

ナツメ社Webサイト
https://www.natsume.co.jp
書籍の最新情報（正誤情報を含む）は
ナツメ社Webサイトをご覧ください。

史上最強 一般常識+時事 [一問一答] 問題集

著　者　オフィス海　　　　　　　　　　　　　　　　　　　©office kai
発行者　田村正隆
発行所　株式会社ナツメ社
　　　　東京都千代田区神田神保町1-52　ナツメ社ビル1F（〒101-0051）
　　　　電話　03(3291)1257（代表）　FAX 03(3291)5761
　　　　振替　00130-1-58661
制　作　ナツメ出版企画株式会社
　　　　東京都千代田区神田神保町1-52　ナツメ社ビル3F（〒101-0051）
　　　　電話　03(3295)3921（代表）
印刷所　ラン印刷社

<定価はカバーに表示しています>　　　　　　　　Printed in Japan
<落丁・乱丁本はお取り替えします>

2026 最新版

最新時事
問題&重要項目

▶最新 時事問題

▶最新 重要項目

最新時事問題 政治・経済

■ 次の空欄に適した語句を答えなさい。

● 問題　　　　　　　　　　　　　　　　　　　　　　　　　　● 解答

☑	問題	解答
1	2024年度予算案で国の歳出は約112兆円で、歳入は税収が約 ①□ 円、公債金(国の借金)が約 ②□ 円である。	①70兆 ②35兆
2	第二次岸田再改造内閣では、①□ 外相、②□ 経済安全保障担当相ほか、女性議員は過去最多の5人が入閣した。	①上川陽子 ②高市早苗
3	自民党派閥の □ をめぐる収入の裏金疑惑が発覚し、2024年1月、派閥解散など岸田政権に激震が走った。	政治資金パーティー
4	参議院の定数は各選挙区が ①□ 人、比例代表が ②□ 人、合わせて ③□ 人で、3年ごとに半数が改選される。	①148　②100 ③248
5	2022年7月の参議院選で「□」が最大3.03倍となったが、2023年10月に最高裁大法廷は「合憲」との判断を示した。	一票の格差
6	2024年2月現在、衆議院の最大野党は ①□ 、次に ②□ 、公明党は4番手、共産党が5番手となっている。	①立憲民主党 ②日本維新の会
7	改正公職選挙法によって、選挙権を持つ年齢が引き下げられたのと同時に、□ 歳以上の選挙運動も可能となった。	18
8	2023年4月1日より、子どもに関連した政策の司令塔となり、子どもに関する福祉行政を担う省庁「□」が創設。	こども家庭庁
9	政府は2024年6月より、国民1人当たり4万円(所得税3万円+住民税1万円)の □ を実施する。	定額減税
10	特定の区域内に建設される先端技術を活用した未来創生プロジェクトとは □ である。	スーパーシティ構想
11	女性の活躍を促すため、企業における女性の活躍の見える化を図った法律が □ である。	女性活躍推進法
12	2023年度の最低賃金の全国平均は、前年より43円引き上げられ、過去最高の「□円」となった。	1,004
13	総合型 ①□ のもと、日本初のカジノ開業候補地として認定されているのは、現在、大阪市の ②□ だけである。	①リゾート(IR)実施法 ②夢洲

	問題	解答
14	デジタル庁の□□(ウェブサイト)とは、子育てや介護などの行政手続きのオンライン窓口で、スマートフォンにも対応。	マイナポータル
15	原則、武器の輸出を禁じた「武器輸出三原則」を改め、新たな武器輸出の方針を示したものが「□□」である。	防衛装備移転三原則
16	□□(日本版NSC)のメンバーには、議長の内閣総理大臣ほか、防衛大臣、外務大臣などが含まれる。	国家安全保障会議
17	□□は、楽天やサイバーエージェントなどインターネット関連の企業が参加する経済団体である。	新経済連盟
18	2023年12月施行の「改正□□」により、不法滞在などの違法対象となる外国人の送還ルールが強化された。	入管法(出入国管理及び難民認定法)
19	参院選の一票の格差是正のため、複数の都道府県を1つの選挙区とすることを□□という。	合区
20	2024年度日本の財政に占める国民負担率(租税負担＋社会保障負担の国民所得に対する比率)は□□%となる見通し。	46.1 (財務省2024年2月時点)
21	2024年発行の新札は、千円札には①、五千円札には②、一万円札には渋沢栄一が描かれている。	①北里柴三郎 ②津田梅子
22	東京証券取引所は、①、②、グロース市場の3つに市場区分されている。	①プライム市場 ②スタンダード市場
23	□□とは、金融(Finance)と技術(Technology)を組み合わせた造語で、スマホ決済や暗号資産などがその一例である。	フィンテック
24	政府が全国民に対して、一定額を定期的に支給する制度を□□といい、最低限の生活費用を賄うことが可能とされる。	ベーシックインカム
25	2023年3月、日本郵政は保有する□□を1株1,131円で売却し、売り出し価格の総額は最大約1.2兆円となった。	ゆうちょ銀行株
26	2024年1月から、非課税保有限度額が①万円、保有期間が無期限となる②(少額投資非課税制度)が開始された。	①1,800 ②新しいNISA
27	□□とは、戦争・テロ、大規模自然災害などの非常事態に対処するため、一時的に政府の権力を強める規定のこと。	緊急事態条項

	問題	解答
☑ 28	2023年4月に就任した□日銀総裁は、2024年1月、現在のマイナス金利政策を継続すると発表した。	植田和男
☑ 29	2023年10月の日銀による「長短金利操作の撤廃」発表により、□は1.21〜1.75%程度に上昇する可能性が出てきた。	長期金利
☑ 30	暗号資産の一種で、法定通貨などと連動して価格が安定するように設計された電子決済手段を□という。	ステーブルコイン
☑ 31	消費税の仕入税額控除を受けるための「□制度(適格請求書等保存方式)」が2023年10月からスタートした。	インボイス
☑ 32	2023年10月、文科省は不当な高額献金を集めたなどとして、□(旧統一教会)の解散命令を東京地裁に請求した。	世界平和統一家庭連合
☑ 33	脱炭素投資を促すため、資金調達手段として政府が掲げる新たな国債を□といい、2023年度から発行された。	GX(グリーントランスフォーメーション)経済移行債
☑ 34	2024年度予算案で最多歳出は、少子高齢化に伴い過去最大の37.7兆円と、全体の約3分の1を占める□である。	社会保障費
☑ 35	2024年度予算案の歳出で、□は過去最大を更新する7.9兆円。財源確保に向けた増税時期は不明である。	防衛費
☑ 36	□とは、東証プライム市場の中でも資本効率の高い150銘柄を選び、2023年7月から算出を開始した株価指数。	JPXプライム150指数
☑ 37	国内に支店や工場などを持たない外国企業への課税が可能になる仕組みを□といい、2025年の発効を目指す。	デジタル課税
☑ 38	租税回避に対抗し、多国籍企業の法人税の最低税率を15%にする国際合意を□といい、2024年度から導入開始。	グローバル・ミニマム課税
☑ 39	加入要件が緩和され、企業型確定拠出年金の加入者でも利用可能になった制度を□という。	iDeCo (個人型確定拠出年金)
☑ 40	一般ドライバーが自家用車を使って有料で顧客を送迎する□が2024年4月から部分的に解禁となる。	ライドシェア
☑ 41	2023年4月末より新型コロナウイルス感染対策の入国制限が解除され、訪日外国人客の増加で「□消費」がV字回復した。	インバウンド

	問題	解答
☑ 42	将来、業務で必要となるスキルを会社に在籍したまま再教育して習得させる「□」を強化する企業が増えている。	リスキリング
☑ 43	2024年12月以降は健康保険証の新規発行が廃止されて、マイナンバーカードと一体の「□」へ移行される。	マイナ保険証
☑ 44	2023年5月に広島で開催された主要国による国際会議の□では、ウクライナ支援の継続が確認された。	G7広島サミット
☑ 45	政府は□政策を転換し、原発の新設や建て替え、運転期間の延長などを検討する方向性を打ち出している。	エネルギー
☑ 46	米軍・①□飛行場の②□移設を巡る訴訟で沖縄県が敗訴し、2023年12月、地盤改良工事承認を国が代執行した。	①普天間 ②辺野古
☑ 47	応援したい自治体に寄付すると税額控除される「□」が年々伸び、2023年度は1兆円を突破する見込み。	ふるさと納税
☑ 48	2023年12月の□は前年同月比2.3%の上昇で18か月ぶりの低水準となり、物価高も一服感と見られている。	消費者物価指数
☑ 49	日米の金利差で一時1ドル152円に迫る歴史的な□となった（2023年11月）。今後もこの動きは進むと見られている。	円安
☑ 50	個人に「貯蓄から投資」を促し、中間層の資産形成を後押しする岸田政権の計画を□という。	資産所得倍増プラン（計画）
☑ 51	コロナ禍で業績悪化した中小企業へ政府が無利子・無担保で融資した□制度の返済が企業を圧迫している。	ゼロゼロ融資
☑ 52	米中関係の悪化を表す言葉としても使われる□とは、両国の経済や市場が分断して連動していない状態を指す。	デカップリング
☑ 53	2024年度の予算案では、歳入に占める国債の割合を示す□は31.5%で、国債発行残高は1,105兆円の見通し。	公債依存度（2024年1月政府案）
☑ 54	政府は2025年度に□（基礎的財政収支）の黒字化を目標にしているが、達成は難しいとされている。	プライマリーバランス
☑ 55	2023年4月、企業が従業員のキャッシュレス決済サービス口座に電子マネーを振り込む「□」が解禁された。	給与デジタル（払い）

最新時事問題 国際

■次の空欄に適した語句を答えなさい。

	問題	解答
☑ 1	米国議会は2023年1月より上院では ① 、下院では ② がそれぞれ多数派を占める「ねじれ議会」となっている。	①民主党 ②共和党
☑ 2	2024年11月の米大統領選を前に、□元大統領の立候補資格をめぐり複数の州で訴訟が提起されている。	ドナルド・トランプ
☑ 3	TPP11(CPTPP)の11カ国目の批准国となったのは□(2023年7月発効)である。	ブルネイ
☑ 4	国連によると、2023年の世界人口は80億4,500万人となり、□が中国を抜いて人口最多国となった。	インド
☑ 5	アフガニスタンのイスラム原理主義暫定政権の□による女性抑圧が国際社会で問題視されている。	タリバン
☑ 6	ミャンマー西部に住むイスラム少数民族□は、武力弾圧を逃れ、インドネシアへの漂着が急増している。	ロヒンギャ
☑ 7	日本は2023年1月から2年間の任期で、12回目となる国連安全保障理事会の□を務めている。	非常任理事国
☑ 8	2023年10月、イスラム組織ハマスの奇襲攻撃を受け、□軍はパレスチナのガザ地区への侵攻を開始した。	イスラエル
☑ 9	パレスチナ自治区は、自治政府が統治するヨルダン川西岸地区と、□が実効支配するガザ地区に分断されている。	ハマス
☑ 10	□とは、インドやブラジルなど、アジアやアフリカ、中南米地域の新興国の総称で、近年、存在感を増している。	グローバルサウス
☑ 11	□(日米豪印戦略対話)は、日本が中国を念頭に提唱する「自由で開かれたインド太平洋」のための枠組みのことである。	QUAD(クアッド)
☑ 12	米国主導で日本やEUも参加する□とは、月面探査や月面基地の建設などを目指す国際プロジェクトである。	アルテミス計画
☑ 13	中国系の動画アプリ「□」を介した情報流出の懸念から、各国の公用端末で利用禁止する動きが広がっている。	TikTok(ティックトック)

	問題	解答
☑ **14**	15カ国が加盟し、世界最大の人口を擁する自由貿易圏は□（地域的な包括的経済連携）である。	アールセップ RCEP
☑ **15**	2023年3月、韓国の□大統領が12年ぶりに単独来日し、岸田総理大臣と会談を行った。	ユンソンニョル 尹錫悦
☑ **16**	2023年3月、中国の首相に習近平国家主席に近い□氏が就任。前首相の李克強氏は同年10月に急死した。	リーチャン 李強
☑ **17**	2024年1月、台湾の総統選挙で、中国と距離を置く与党・民進党の□氏が当選した（5月就任）。	ライセイトク 頼清徳
☑ **18**	2023年2月6日、シリア国境に近い□南東部で発生した2度の大地震による死者は合わせて5万6,000人を超えた。	トルコ
☑ **19**	2023年5月、イギリスの①□前女王から王位継承した②□国王の70年ぶりとなる戴冠式が執り行われた。	①エリザベス ②チャールズ
☑ **20**	2023年5月、世界保健機関（WHO）は、約692万人が死亡した□の緊急事態宣言を終了すると表明した。	新型コロナウイルス感染症
☑ **21**	2024年3月のロシア大統領選において、対抗する有力候補もなく、現職の□氏が圧倒的な得票率で再選された。	プーチン
☑ **22**	ロシアの軍事侵攻が長期化するなか、ウクライナの□大統領は2023年5月のG7広島サミットに電撃参加した。	ゼレンスキー
☑ **23**	欧州連合（EU）は□禁止の方針を転換し、2035年以降も合成燃料を使用する車両の販売を容認した。	ガソリン車
☑ **24**	2023年4月、北欧の①□がNATO（②□）への正式加盟を発表。スウェーデンも2024年2月以降に加盟する見通し。	①フィンランド ②北大西洋条約機構
☑ **25**	2023年11月、□の総選挙で、新政権となる中道右派・国民党のラクソン氏が首相に就任した。	ニュージーランド
☑ **26**	一党独裁体制の□国家主席のトゥオン氏は、2023年11月に来日して岸田首相と会談。両国関係を深めた。	ベトナム
☑ **27**	2023年秋から続く□国軍と小数民族武装勢力との戦闘は、2024年1月、中国の仲介により一時停戦で合意。	ミャンマー

	問題	解答
28	中国・新疆□□自治区での人権侵害が問題視され、2023年5月、米・バイデン政権が「ジェノサイド」と非難した。	ウイグル
29	2023年7月、□□のフン・セン首相は38年続けた首相を辞任し、翌月に長男のフン・マネット氏に政権を移譲した。	カンボジア
30	軍政が続いていた□□の総選挙で、2023年9月に親軍政党と反軍政党の連立政権が発足。新首相はセター氏。	タイ
31	2023年5月、トルコの大統領選挙決選投票で現職の□□氏が野党候補を破って再選された。	エルドアン
32	世界の発展継続のために、国連が採択した2030年までに取り組むべき17の目標を□□（持続可能な開発目標）という。	SDGs
33	ロシア極東の石油・天然ガス開発事業「□□2」から外国企業が撤退する中、日本企業は権益を維持している。	サハリン
34	オーストラリア(AU)、イギリス(UK)、アメリカ(US)の3カ国で構成される安全保障の新枠組みを「□□」という。	AUKUS
35	正規戦にサイバー攻撃や情報戦や心理戦、外交攻勢などを複合した軍事戦略を「□□戦争」という。	ハイブリッド
36	□□とは、各国の中央銀行が発行している「中央銀行デジタル通貨」の略称である。	CBDC
37	イスラム組織ハマスを支持するイエメンの反政府勢力「□□」は、紅海を航行する船舶への攻撃を繰り返している。	フーシ派
38	脱炭素化など、気候変動対策のために行う政策によって価格高騰が続く状態（インフレーション）を□□という。	グリーンフレーション
39	インドネシアは、首都をジャカルタからカリマンタン島へ移転、新首都名を□□として計画都市を建設する予定である。	ヌサンタラ
40	□□(UNHCR)は、紛争や迫害などによる難民や国内避難民は2023年10月で1億1400万人に達したと発表。	国連難民高等弁務官事務所
41	記録的インフレにあえぐアルゼンチンの大統領選で、2023年11月、過激な主張で注目された□□氏が当選した。	ハビエル・ミレイ

	問題	解答
☑ 42	◻︎の第2回締約国会議が2023年11月に開かれたが、日本は米国の「核の傘」の下で前回に続き、参加しなかった。	核兵器禁止条約
☑ 43	2023年4月、アフリカの◻︎では国軍と傘下の準軍事組織との間で武力衝突が発生し、内戦状態が続いている。	スーダン
☑ 44	◻①◻が実効支配を強める◻②◻の南沙(スプラトリー)諸島海域では、周辺諸国との軍事的な緊張が続いている。	①中国 ②南シナ海
☑ 45	イスラエルは、国連の◻︎が「イスラエルのガザ地区攻撃は国際人道法違反だ」としたことに反発し、彼の辞任を要求した。	グテーレス事務総長
☑ 46	金正恩政権下の◻︎は、2023年11月、軍事偵察衛星を発射して周回軌道投入を成功させ、正式な運用を開始した。	北朝鮮
☑ 47	2023年1月、「日米◻︎(日米安全保障協議委員会)」で、安全保障条約が宇宙空間でも適用可能であると確認された。	2+2
☑ 48	ロシアと欧州を結ぶ天然ガスの海底パイプライン「◻︎」の破損と修理を理由に、ロシアは供給の停止延長を発表した。	ノルドストリーム
☑ 49	米・バイデン政権が主導する経済圏構想「◻︎」は、2023年現在、14カ国が参加し、世界のGDPの約4割を占める。	IPEF(インド太平洋経済枠組み)
☑ 50	中国が提唱する広域経済圏構想「◻︎」に参加していたイタリアが、2023年12月、離脱することを正式に通知した。	一帯一路
☑ 51	対中政策において、デカップリング(分断)ではなく、過度な依存を減らし関係を維持する◻︎の概念が注目されている。	デリスキング(リスク低減)
☑ 52	中国は2023年3月、全国人民代表大会(全人代)において、国家主席に◻︎中国共産党総書記を選出した。	習近平
☑ 53	◻①◻政権と反体制派との長期内戦で、国際的に孤立していた◻②◻が2023年5月、地域機構のアラブ連盟に復帰した。	①アサド ②シリア
☑ 54	2023年12月開催のCOP28で、パリ協定の温室効果ガス削減目標の達成状況を評価する◻︎が初めて実施された。	グローバル・ストックテイク (GST)
☑ 55	「国を持たない最大の民族」と呼ばれる中東の◻︎人は、迫害されて各国に難民として逃れている。	クルド

■次の空欄に適した語句を答えなさい。

● 問題 | ● 解答

☑ 1	OpenAI社のChatGPTのように、学習した情報から新たに文章や画像などを生み出す人工知能技術を□□□という。	生成AI
☑ 2	2024年1月、JAXAが打ち上げた小型無人探査機「□□□」が世界初のピンポイント月面着陸を成功させた。	スリム SLIM
☑ 3	遺伝子を特定の部分で切ることで置き換えたりする技術で生産された食品を□□□という。	ゲノム編集食品
☑ 4	□□□とは、大豆ミート(代替肉)や牛乳代わりのアーモンドミルクなど、植物由来の原材料を使った食品の総称である。	プラントベースフード
☑ 5	2023年11月、理化学研究所と富士通が共同開発する□□□は、処理性能など2部門で8期連続世界1位を獲得した。	スーパーコンピュータ(スパコン)富岳
☑ 6	□□□は、スパコンを遥かに超える計算能力を持つ次世代コンピュータとされ、国産機が次々に稼働を開始している。	量子コンピュータ
☑ 7	トヨタやNTTなど日本企業8社の出資で設立した「□□□」は、微細化技術による次世代ロジック半導体の量産を目指す。	ラピダス(Rapidus)
☑ 8	水素とCO_2からメタン(天然ガスの主成分)を合成する技術を□□□といい、脱炭素化の手段として期待されている。	メタネーション
☑ 9	2023年4月の道交法改正で、特定の条件下で運転操作を自動化する自動運転「□□□」での公道走行が解禁された。	レベル4
☑ 10	ソフトウェアで自動車の性能や機能を制御・更新できる車のことを□□□といい、アップデート前提で設計・開発される。	SDV (Software Defined Vehicle)
☑ 11	□□□が掲げる気温上昇の抑制目標の1つは、世界平均気温上昇を産業革命以前に比べて2度未満に保つこととされる。	パリ協定
☑ 12	□□□は、液体の電解質を固体化したもので、安全性や航続可能距離で電気自動車向け次世代電池と注目されている。	全固体電池
☑ 13	海洋汚染対策として世界で規制が強まりつつある、ビニール袋などから生じるゴミを□□□という。	マイクロプラスチック

	問題	解答
☑ 14	国際宇宙ステーション（ISS）内にある、日本の宇宙実験棟の愛称を「□」という。	きぼう
☑ 15	政府は2050年までに温室効果ガスの排出を全体としてゼロにする、□を目指すことを宣言している。	カーボンニュートラル
☑ 16	2023年8月より、東電・福島第1原発の処理水の□を開始した。中国は抗議のため、日本の水産物の輸入を停止。	海洋放出
☑ 17	薄くて軽く、折り曲げられる、次世代の太陽光パネルとして期待されているのが「□太陽電池」である。	ペロブスカイト
☑ 18	2024年4月以降、海上に浮かべた太陽光パネルで発電する□の実証実験が東京湾で開始される。	洋上太陽光発電
☑ 19	X（旧Twitter）に対抗して、米・メタ社も短文投稿型のSNSサービス「□」を2023年7月より開始した。	Threads スレッズ
☑ 20	気候関連財務情報開示タスクフォース（□）とは、企業による気候変動対策の情報開示を促す国際機関である。	TCFD (Task Force on Climate-related Financial Disclosures)
☑ 21	世界各国から機密情報を盗み出す、中国を背景とするサイバー攻撃グループを□という。	ブラックテック
☑ 22	通信障害などの非常時に、他社の通信網を使って一般通話やデータ通信ができる仕組みを□方式という。	フルローミング
☑ 23	□とは、暗号資産（仮想通貨）などの金融以外にも幅広い分野で活用が期待される分散型台帳技術である。	ブロックチェーン
☑ 24	「ビッグテック」とも呼ばれる、世界経済に多大な影響を及ぼすアメリカの5大IT企業の頭文字を使った総称が□。	GAFAM ガーファム
☑ 25	収集した膨大なデータを目的に応じて分析し、客観的な意思決定・行動に活用することを□という。	データドリブン
☑ 26	医療の現場で、AIを活用した診断や治療を支援するソフトウェアや治療アプリなどのことを□という。	プログラム医療機器（SaMD） サムディー
☑ 27	ブロックチェーン技術の活用で、特定の管理者を介さずにユーザーが情報を所有・共有する新概念を□という。	Web3.0 ウェブスリー

■次の空欄に適した語句を答えなさい。

● 問題 ● 解答

	問題	解答
☑ 1	2023年、日本人の人口は約□□人で、調査開始以降初めて全都道府県で前年より減少した。	1億2,400万 (2024年1月総務省統計局)
☑ 2	2023年、世界各国の男女格差を数値にした□□指数では、日本は146カ国中125位(G7で最下位)であった。	ジェンダーギャップ
☑ 3	企業内で必要な職務内容に対して、その職務に適した人材を雇用する欧米型の雇用方法を□□という。	ジョブ型雇用
☑ 4	政府は、観光立国推進基本法のもと、2030年までに訪日外国人を□□人に増やす目標を立てている。	6,000万
☑ 5	企業が多様な人材を登用し、その能力を生かすことで、企業としての競争力を高めようとする考え方を□□という。	ダイバーシティ
☑ 6	中高年のひきこもりとその高齢の親に象徴される社会問題を□□という。	はちまるごーまるもんだい 8050問題
☑ 7	イスラム教の戒律に則って製造・調理された商品であることを認証する制度を□□という。	ハラール認証
☑ 8	インターネット上の誹謗中傷による被害に対して、刑法改正で「名誉棄損罪」や「□□」が厳罰化された。	侮辱罪
☑ 9	映画の内容を10分程度にまとめ、無断で動画サイトに投稿する□□が急増。損害賠償5億円を命じられた例も。	ファスト映画
☑ 10	政府は2023年5月8日から新型コロナウイルスの感染症法上の分類をインフルエンザ等と同じ□□に引き下げた。	5類
☑ 11	子どもの権利を保障する総合的な法律「□□」の施行(2023年4月)と同時に、「こども家庭庁」も創設された。	こども基本法
☑ 12	□□(労働施策総合推進法)の全面施行により、中小企業にも職場での嫌がらせなどへの防止措置が義務付けられた。	パワハラ防止法
☑ 13	罪を犯した18歳と19歳の少年は「□□」として成人と同じ刑に科せられ、2024年1月、初の死刑判決が出された。	特定少年

	問題	解答
☑ 14	2024年3月、□□は石川県・金沢駅～福井県・敦賀駅の区間が開業。東京から福井まで延伸された。	北陸新幹線
☑ 15	特に消費量が多く、国民生活に重要な国の「指定野菜」に□□が約半世紀ぶりに追加された。2026年度から適用。	ブロッコリー
☑ 16	観光客が集中して、交通機関の混雑やゴミの散乱など、地元住民の生活に悪影響を与えることを□□という。	オーバーツーリズム
☑ 17	日本の□□（性的マイノリティ）は、全人口に対して約10％の割合で存在し、微増傾向にある（2023年・電通調べ）。	エルジービーティキューブラス ＬＧＢＴＱ＋
☑ 18	ケアが必要な家族がいる家庭内で、家事や介護を大人に代わって行っている18歳未満を□□という。	ヤングケアラー
☑ 19	政府や防災関連機関から発信される情報を「Ｊアラート」、地元の自治体や関係機関からの情報は「□□」という。	Ｌアラート
☑ 20	2023年4月、日本で初めて人工妊娠中絶のための飲み薬（□□）が承認され、特定の医療機関で処方される。	経口中絶薬
☑ 21	保護者の休暇に合わせて子どもが学校を休み、家族で活動する機会をつくる新制度を□□という。愛知県で初導入。	ラーケーション
☑ 22	男性労働者が子どもの出生後8週間以内に4週間までの休業を取得できる制度を□□という。	出生時育児休業 （産後パパ育休）
☑ 23	□□とは、複数の企業での合計労働時間が一定要件を満たせば、65歳以上の労働者も雇用保険に加入できる制度。	雇用保険マルチジョブホルダー制度
☑ 24	2021年度から小学校の学級編制標準の ① 人を引き下げ、2025年度には全学年で「 ② 人学級」化が実現する予定。	①40 ②35
☑ 25	子どもに接する仕事をする人に性犯罪歴がないかを確認できる制度（□□）の導入が政府内で検討されている。	日本版DBS
☑ 26	□□とは、公の情報を入手し利用する権利や、マスメディアに対して一般人が送り手として参加・利用する権利のこと。	アクセス権
☑ 27	2024年度の国民健康保険料は上限が□□引き上げられ、介護保険を含め保険料全体の上限は年間106万円となった。	2万円

■次の空欄に適した語句を答えなさい。

●問題 / ●解答

	問題	解答
☑ 1	日本漢字能力検定協会が発表した2023年の漢字は◻️である。	税
☑ 2	2023年のユーキャン新語・流行語大賞において、年間大賞に◻️が選ばれた。	アレ（A.R.E.）
☑ 3	2025年に開かれる大阪・関西万博の開催地は大阪ベイエリアに位置する◻️である。	夢洲
☑ 4	2023年10月、史上最年少で将棋の8大タイトルを独占したのは◻️八冠である。	藤井聡太
☑ 5	朝日新聞主催の「手塚治虫文化賞」で2023年第27回の受賞作品（マンガ大賞）は『①』、作者は②である。	①ゆりあ先生の赤い糸 ②入江喜和
☑ 6	アニメ『【推しの子】』の主題歌『アイドル』で、米・ビルボードのランキング1位を獲得したアーティストは◻️である。	YOASOBI
☑ 7	日販調べによる、2023年年間ベストセラー（コミック部門）1位は、芥見下々著『◻️』である。	呪術廻戦
☑ 8	日本映画製作者連盟調べによる、2023年度年間総合興行収入ランキング1位は、①監督・脚本の『②』である。	①井上雄彦 ②THE FIRST SLAM DUNK
☑ 9	スマートフォンなどを利用して、書籍やテキストを読み上げるオンライン上の音声コンテンツを◻️という。	オーディオブック
☑ 10	◻️（時間対効果）とは、費やした時間に対する満足度を表す言葉である。	タイムパフォーマンス（タイパ）
☑ 11	2023年6月、佐賀県の◻️遺跡で、邪馬台国が存在したとされる弥生時代後期の石棺墓が発見された。	吉野ヶ里
☑ 12	「#XTrendAward」（旧＃Twitterトレンド大賞）の2023年トレンドワードTOP3は「①」「②」「水星の魔女」であった。	①Twitter ②WBC優勝
☑ 13	2023年、J1リーグにおける優勝チームは、リーグ参入27年目で悲願の初優勝を遂げた◻️である。	ヴィッセル神戸

	問題	解答
☑ 14	2023年のプロ野球SMBC日本シリーズを制したチームは、阪神甲子園球場を本拠地とする□□□である。	阪神タイガース
☑ 15	2024年1月に行われた第100回箱根駅伝（東京箱根間往復大学駅伝競走）では□□が総合優勝となった。	青山学院大学
☑ 16	FIFAワールドカップカタール大会での優勝国は①、ゴールデンボール（大会最優秀選手）は②が選ばれた。	①アルゼンチン ②リオネル・メッシ （アルゼンチン）
☑ 17	2023年3月、フィギュアスケート世界選手権男子シングルで、□□選手が優勝し大会2連覇を達成した。	宇野昌磨
☑ 18	日本女子プロサッカーのリーグ戦（WEリーグカップ）で、2023-24年シーズンの優勝チームは□□である。	サンフレッチェ広島 レジーナ
☑ 19	2023年、メジャーリーグの□□選手がベーブ・ルースを超える2年連続「2桁勝利・2桁本塁打」の偉業を果たした。	大谷翔平
☑ 20	2023年、2年連続ノーヒットノーラン達成の□□選手は、メジャー投手として史上最高額でドジャースと契約した。	山本由伸
☑ 21	車いすテニス男子の□□選手が、全仏・全英に続き2024年1月の全豪オープンでも優勝。世界1位（史上最年少）を奪還。	小田凱人
☑ 22	プロボクシングの□□選手は、日本人初の2階級（バンタム級・スーパーバンタム級）での4団体統一王者となっ。	井上尚弥
☑ 23	ろう者、難聴者のためのオリンピックである□□が、2025年に東京で開催される。	デフリンピック
☑ 24	2026年冬季五輪開催都市は、イタリアの□□とコルティナダンペッツォの共同開催となった。	ミラノ
☑ 25	ラグビーワールドカップ2023がフランスで開催され、歴代最多となる4回目の優勝を飾った国は□□である。	南アフリカ
☑ 26	2028年のロサンゼルス五輪の追加種目は、①、②、ラクロス、スカッシュ、フラッグフットボールの5競技である。	①野球・ソフトボール ②クリケット
☑ 27	ロサンゼルス五輪から、人気番組「SASUKE」を基に考案された□□を加えた近代五種競技が正式採用された。	障害物レース

●世界の主な経済組織・機構

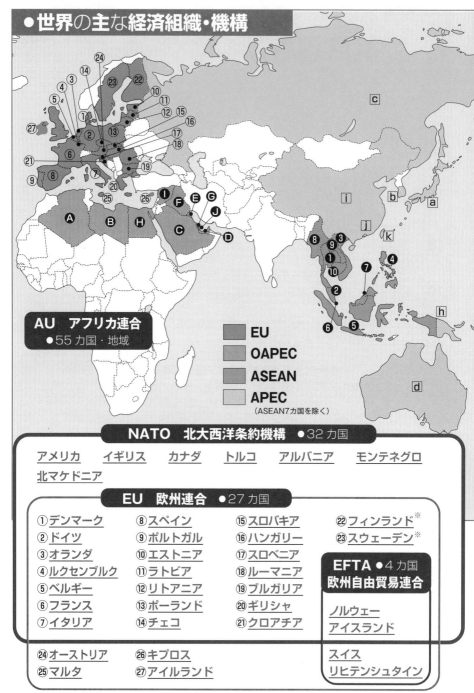

AU　アフリカ連合
●55 カ国・地域

- EU
- OAPEC
- ASEAN
- APEC

（ASEAN7カ国を除く）

NATO　北大西洋条約機構 ●32 カ国

アメリカ　　イギリス　　カナダ　　トルコ　　アルバニア　　モンテネグロ
北マケドニア

EU　欧州連合 ●27 カ国

①デンマーク	⑧スペイン	⑮スロバキア	㉒フィンランド※
②ドイツ	⑨ポルトガル	⑯ハンガリー	㉓スウェーデン※
③オランダ	⑩エストニア	⑰スロベニア	
④ルクセンブルク	⑪ラトビア	⑱ルーマニア	**EFTA** ●4 カ国 **欧州自由貿易連合**
⑤ベルギー	⑫リトアニア	⑲ブルガリア	
⑥フランス	⑬ポーランド	⑳ギリシャ	ノルウェー
⑦イタリア	⑭チェコ	㉑クロアチア	アイスランド

㉔オーストリア	㉖キプロス	スイス
㉕マルタ	㉗アイルランド	リヒテンシュタイン

※フィンランドが2023年4月に正式加盟。スウェーデンは2024年内に正式に加盟となる予定。

OECD 経済協力開発機構 ●38カ国

日本	イギリス	イタリア
アメリカ	フランス	※以上のサミット参
カナダ	ドイツ	加国ほか31カ国

APEC アジア太平洋経済協力会議 ●21カ国・地域

- a 日本
- b 韓国
- c ロシア
- d オーストラリア
- e チリ
- f ニュージーランド
- g ペルー
- h パプアニューギニア
- i 中国
- j 香港（ホンコン・チャイナ）
- k 台湾（チャイニーズ・タイペイ）

NAFTA 北米自由貿易協定 ●3カ国

- l アメリカ
- m カナダ
- n メキシコ

ASEAN 東南アジア諸国連合 ●10カ国

- ❶ タイ
- ❷ マレーシア
- ❸ ベトナム
- ❹ フィリピン
- ❺ インドネシア
- ❻ シンガポール
- ❼ ブルネイ
- ❽ ミャンマー
- ❾ ラオス
- ❿ カンボジア

OPECプラス ●OPEC加盟13カ国 ＋非加盟10カ国

ロシア	マレーシア
カザフスタン	バーレーン
メキシコ	ブルネイ
オマーン	南スーダン
アゼルバイジャン	スーダン

OPEC 石油輸出国機構 ●13カ国

ガボン	アンゴラ
ベネズエラ	コンゴ共和国
ナイジェリア	赤道ギニア
イラン	

- Ⓐ アルジェリア
- Ⓑ リビア
- Ⓒ サウジアラビア
- Ⓓ アラブ首長国連邦
- Ⓔ クウェート
- Ⓕ イラク

OAPEC アラブ石油輸出国機構 ●10カ国

- Ⓖ バーレーン
- Ⓗ エジプト
- Ⓘ シリア
- Ⓙ カタール

最新重要項目 ▼世界の主な経済組織・機構

☐	AIIB	アジアインフラ投資銀行	Asian Infrastructure Investment Bank
☐	APEC（エイペック）	アジア太平洋経済協力	Asia-Pacific Economic Cooperation Conference
☐	ASEAN（アセアン）	東南アジア諸国連合	Association of Southeast Asian Nations
☐	ASEM（アセム）	アジア欧州会合	Asia-Europe Meeting
☐	AU	アフリカ連合	African Union
☐	BIS（ビス）	国際決済銀行	Bank for International Settlements
☐	CIA	アメリカ中央情報局	Central Intelligence Agency
☐	CIS	独立国家共同体	Commonwealth of Independent States
☐	CTBT	包括的核実験禁止条約	Comprehensive Nuclear Test Ban Treaty
☐	ECB	欧州中央銀行	European Central Bank
☐	EEZ	排他的経済水域	Exclusive Economic Zone
☐	ESM	欧州安定メカニズム	European Stability Mechanism
☐	EPA	経済連携協定	Economic Partnership Agreement
☐	EU	欧州連合	European Union
☐	FAO	国連食糧農業機関	Food and Agriculture Organization
☐	FBI	アメリカ連邦捜査局	Federal Bureau of Investigation
☐	FRB	アメリカ連邦準備制度理事会	Federal Reserve Board
☐	FTA	自由貿易協定	Free Trade Agreement
☐	FTAAT（エフターブ）	アジア太平洋自由貿易圏	Free Trade Area of the Asia-Pacific
☐	GATT（ガット）	関税および貿易に関する一般協定	General Agreement for Tariffs and Trade
☐	IAEA	国際原子力機関	International Atomic Energy Agency
☐	IBRD	国際復興開発銀行	International Bank for Reconstruction and Development
☐	ICBM	大陸間弾道ミサイル	Intercontinental Ballistic Missile
☐	ICJ	国際司法裁判所	International Court of Justice
☐	ICPO	国際刑事警察機構	International Criminal Police Organization
☐	IEA	国際エネルギー機関	International Energy Agency
☐	IFRS	国際財務報告基準	International Financial Reporting Standards
☐	ILO	国際労働機関	International Labour Organization
☐	IMF	国際通貨基金	International Monetary Fund
☐	NAFTA（ナフタ）	北米自由貿易協定	North American Free Trade Agreement
☐	NASA（ナサ）	アメリカ航空宇宙局	National Aeronautics and Space Administration

☐	NATO（ナトー）	北大西洋条約機構	North Atlantic Treaty Organization
☐	NGO	非政府組織	Non-Governmental Organization
☐	NIES（ニーズ）	新興工業経済地域	Newly Industrializing Economies
☐	NPO	民間非営利団体	Non-Profit Organization
☐	NPT	核拡散防止条約	Nuclear non-Proliferation Treaty
☐	NYSE（ナイス）	ニューヨーク証券取引所	New York Stock Exchange
☐	ODA	政府開発援助	Official Development Assistance
☐	OECD	経済協力開発機構	Organization for Economic Cooperation and Development
☐	OPCW	化学兵器禁止機関	Organisation for the Prohibition of Chemical Weapons
☐	OPEC（オペック）	石油輸出国機構	Organization of Petroleum Exporting Countries
☐	PKF	国連平和維持軍	Peace Keeping Force
☐	PKO	国連平和維持活動	Peace Keeping Operations
☐	PLO	パレスチナ解放機構	Palestine Liberation Organization
☐	RCEP（アールセップ）	地域的な包括的経済連携	Regional Comprehensive Economic Partnership
☐	SCO	上海協力機構	Shanghai Cooperation Organization
☐	SDI	戦略防衛構想	Strategic Defence Initiative
☐	SEC	アメリカ証券取引委員会	Securities and Exchange Commission
☐	START（スタート）	戦略兵器削減条約	Strategic Arms Reduction Treaty
☐	UNCTAD（アンクタッド）	国連貿易開発会議	United Nations Conference on Trade And Development
☐	UNESCO（ユネスコ）	国連教育科学文化機関	United Nations Educational, Scientific and Cultural Organization
☐	UNHCR	国連難民高等弁務官事務所	United Nations High Commissioner for Refugees
☐	UNICEF（ユニセフ）	国連児童基金	United Nations Children's Fund
☐	UNSC	国連安全保障理事会	United Nations Security Counsil
☐	USTR	アメリカ通商代表部	Office of the United States Trade Representative
☐	WB	世界銀行	The world bank
☐	WHO	世界保健機関	World Health Organization
☐	WIPO（ワイポ）	世界知的所有権機関	World Intellectual Property Organization
☐	WMD	大量破壊兵器	Weapons of Mass Destruction
☐	WTO	世界貿易機関	World Trade Organization

●外来語の言い換え （ビジネスに役立つ108項目）

外来語	言い換え（日本語）	スペル
アーカイブ	保存記録、記録保存館	archive
アウトソーシング	外部委託	outsourcing
アカウンタビリティー	説明責任	accountability
アクションプログラム	実行計画	action program
アクセシビリティー	使いやすさ、利用しやすさ	accessibility
アジェンダ	検討課題	agenda
アナリスト	分析家	analyst
アメニティ	快適環境、快適さ	amenity
イノベーション	技術革新	innovation
インキュベーション	起業支援	incubation
インサイダー	内部関係者	insider
インセンティブ	意欲刺激、動機付け	incentive
インフラ	社会基盤	infrastructure
エンパワーメント	能力開化、権限付与	empowerment
エンフォースメント	法執行	enforcement
オピニオンリーダー	世論形成者	opinion leader
オブザーバー	陪席者、監視員	observer
オンデマンド	注文対応	on demand
ガイドライン	指針	guideline
カスタムメード	特注生産	custom-made
ガバナンス	統治	governance
キャッチアップ	追い上げ	catch-up
キャピタル・ゲイン	資産益	capital gain
グローバル	地球規模、世界規模	global
ケーススタディー	事例研究	case study
コア	中核	core
コージェネレーション	熱電併給	cogeneration
コミットメント	関与、確約	commitment
コミュニケ	公式声明、共同声明	communiqué
コンセプト	基本概念	concept
コンセンサス	合意	consensus
コンソーシアム	共同事業体	consortium
コンテンツ	情報内容	contents
コ（カ）ンファレンス	会議	conference

☐	コンプライアンス	法令遵守	compliance
☐	サーベイランス	調査監視	surveillance
☐	サプライサイド	供給側	supply-side
☐	サマリー	要約	summary
☐	シェア	共有、分配、市場占有率	share
☐	シフト	移行	shift
☐	シンクタンク	政策研究機関	think tank
☐	スキーム	計画	scheme
☐	スキル	技能	skill
☐	スクリーニング	ふるい分け	screening
☐	ステレオタイプ	紋切り型	stereotype
☐	セーフガード	緊急輸入制限	safeguard
☐	セーフティーネット	安全網	safety net
☐	セカンドオピニオン	第二診断	second opinion
☐	セクター	部門	sector
☐	ゼロエミッション	排出ゼロ	zero-emission
☐	ソフトランディング	軟着陸	soft landing
☐	ソリューション	問題解決	solution
☐	タイムラグ	時間差	time lag
☐	タスク	作業課題	task
☐	ダンピング	不当廉売	dumping
☐	デジタルデバイド	情報格差	digital divide
☐	デフォルト	債務不履行、初期設定	default
☐	デポジット	預かり金	deposit
☐	トレーサビリティ	履歴管理	traceability
☐	トレンド	傾向	trend
☐	ナノテクノロジー	超微細技術	nanotechnology
☐	ネグレクト	育児放棄、無視	neglect
☐	ノーマライゼーション	等生化、等しく生きる社会の実現	normalization
☐	バーチャル	仮想	virtual
☐	パートナーシップ	協力関係	partnership
☐	ハーモナイゼーション	協調	harmonization
☐	バイオマス	生物由来資源	biomass
☐	ハイブリッド	複合型	hybrid
☐	ハザードマップ	防災地図	hazard map
☐	バックオフィス	事務管理部門	back office
☐	パブリックコメント	意見公募	public comment

☐	ビジョン	展望	vision
☐	フィルタリング	選別	filtering
☐	フェローシップ	研究奨学金	fellowship
☐	フォローアップ	追跡調査	follow-up
☐	プライオリティー	優先順位	priority
☐	ブレークスルー	突破	breakthrough
☐	フレームワーク	枠組み	framework
☐	プレゼンス	存在感	presence
☐	プロトタイプ	原型	prototype
☐	フロンティア	新分野	frontier
☐	ポートフォリオ	資産構成、作品集	portfolio
☐	ポテンシャル	潜在能力	potential
☐	ボトルネック	障害、支障	bottleneck
☐	マーケティング	市場戦略	marketing
☐	マネジメント	経営管理	management
☐	マンパワー	人的資源	manpower
☐	メンタルヘルス	心の健康	mental health
☐	モータリゼーション	車社会化、自動車化	motorization
☐	モチベーション	動機付け	motivation
☐	モニタリング	継続監視	monitoring
☐	モラトリアム	猶予	moratorium
☐	モラルハザード	倫理崩壊	moral hazard
☐	ユニバーサルサービス	全国一律サービス	universal service
☐	ライフサイクル	生涯過程	life cycle
☐	ライフライン	生命線、補給路	lifeline
☐	リードタイム	事前所要時間	lead time
☐	リターナブル	回収再使用	returnable
☐	リテラシー	読み書き能力、活用能力	literacy
☐	リニューアル	刷新	renewal
☐	リバウンド	揺り戻し	rebound
☐	リユース	再使用	reuse
☐	リリース	発表	release
☐	レシピエント	移植患者	recipient
☐	ログイン	接続開始	log-in
☐	ワーキンググループ	作業部会	working group
☐	ワークショップ	研究集会	workshop
☐	ワンストップ	一箇所	one-stop

☐ AIDMA（アイドマ）の法則	消費者が商品に着目して購入するまでの心理的なプロセスを分類した法則。
☐ BtoB	消費者を顧客とする「BtoC」に対して、法人を顧客とする商取引。
☐ KGI ［Key Goal Indicator］	「重要目標達成」の意。企業目標が達成されているかを計測する指標。
☐ KPI ［Key Performance Indicator］	「重要業績評価指標」の意。企業目標の達成過程での業績を計測する指標。
☐ O2O ［Online to Offline］	ネット上の店舗などで情報を得た顧客を、実際の店舗へ誘導する手法。
☐ OEM	自社ではなく、発注元企業のブランドで販売される製品を製造すること。
☐ PDCAサイクル	計画(Plan)→実行(Do)→評価(Check)→改善(Act)の反復で業務改善する手法。
☐ QC ［Quality Control］	「品質管理」の意。製品の品質を安定させ、向上させるために管理すること。
☐ R&D	「研究開発」のこと。researchと、designならびにdevelopmentの略。
☐ アンテナショップ	消費者のトレンドを探るため、新商品を試験的に売り出す店舗のこと。
☐ エブリデーロープライス	特売期間を設けず、年間を通して低価格で商品を販売する低価格戦略。
☐ オムニチャネル	多様な販売・流通経路を通じて顧客との繋がりを持ち流通環境を作ること。
☐ コアコンピタンス	他社には真似できない、優位性のある技術や中核となる事業のこと。
☐ サプライチェーン	原材料の調達から生産・販売・配送と、製品が消費者に届くまでの仕組み。
☐ シェアリングエコノミー	物やサービス、場所を多くの人と交換・共有して利用する社会の仕組み。
☐ シナジー効果	異なる会社を結合することにより、企業価値がより大きくなる相乗効果。
☐ ジャストインタイム（JIT）	「必要な物を、必要な時に、必要な量だけ」生産・調達する考え方や仕組み。
☐ スーパーバイザー	「管理者」、「監督者」のこと。
☐ ソリューションビジネス	ITなどを活用し、顧客の問題点などの解決策を提案し実現化する事業。
☐ タイム・マネジメント	ビジネスや人生における「時間管理」の意。
☐ デファクトスタンダード	「事実上の標準」の意。市場で標準規格として通用すること。
☐ ドミナント出店	特定の地域に集中的に店舗を出し、同業他社の駆逐を狙う商業戦略。
☐ ニッチ戦略	競合他社のいない分野・新しいマーケットを狙って進出する戦略。
☐ フリークエント・ショッパーズ・プログラム	FSPが略称。会員カードや割引券などを使って、顧客の囲い込みを狙う手法。
☐ プロダクト・ライフサイクル	商品が市場に出てから姿を消すまでのサイクル。主に5段階で表される。
☐ マーケティング・ミックス	製品、価格、場所、プロモーションの4つの手段を組み合わせること。
☐ マーチャンダイジング	「商品化計画」の意。一般に商品の仕入れから販売までの活動を指す。
☐ リスクヘッジ	将来起こりうるリスク（危険）を予測して、対応策を講じておくこと。
☐ リストラクチュアリング	不採算部門を切り、新規事業に進出するなど、企業を再構築すること。
☐ ロングテール	マイナー商品でも幅広く取り揃えて売り上げを伸ばす販売手法や概念。
☐ 営業利益	売上高から、人件費、原価、広告宣伝費などのコストを差し引いた利益。
☐ 感性消費	「好き・嫌い」という感覚や気分を基準にして物・サービスを消費する状態。
☐ 経常利益	営業利益に、営業活動以外の活動で派生した金額を加えた利益。
☐ 財務諸表	企業が株主などに対して経済活動の成果を報告するための書類。
☐ 上代（じょうだい）	商取引の用語で、「販売価格」（定価）のこと。下代は「仕入れ価格」（卸値）。
☐ 損益分岐点	損失と利益の分かれ目。売上と費用が等しく、収益がゼロになる売上高のこと。
☐ 費用対効果（対費用効果）	支出した費用によって得られる成果のこと。「コストパフォーマンス」とも。

最新重要項目 ▼外来語の言い換え／基礎ビジネス用語

●主要国・地域の首脳一覧 （2024年3月現在）

☐	❶アメリカ合衆国	ジョセフ（ジョー）・バイデン大統領
☐	❷カナダ	ジャスティン・ピエール・トルドー首相
☐	❸イギリス	リシ・スナク首相 （2022年10月就任）
☐	❹ドイツ	オラフ・ショルツ首相
☐	❺フランス	エマニュエル・マクロン大統領 （2022年5月再任）
☐	❻イタリア	ジョルジャ・メローニ首相 （2022年10月就任）
☐	❼日本	岸田文雄 （きしだ ふみお） 首相
☐	ロシア	ウラジーミル・ウラジーミロヴィチ・プーチン大統領
☐	インド	ナレンドラ・モディ首相
☐	インドネシア	ジョコ・ウィドド大統領
☐	パキスタン	アリフ・アルビ大統領
☐	タイ	セター・タウィーシン首相 （2023年8月就任）
☐	フィリピン	フェルディナンド・マルコス大統領 （2022年6月就任）
☐	マレーシア	アンワル・イブラヒム首相 （2022年11月就任）
☐	シンガポール	リー・シェンロン首相
☐	ベトナム	ヴォー・ヴァン・トゥオン国家主席 （2023年3月就任）
☐	韓国 （大韓民国）	尹錫悦 （ユン・ソンニョル） 大統領 （2022年5月就任）
☐	中国 （中華人民共和国）	習近平 （シーチンピン） 国家主席
☐	北朝鮮 （朝鮮民主主義人民共和国）	金正恩 （キム・ジョンウン） 朝鮮労働党総書記
☐	台湾	頼清徳 （らいせいとく） 総統 （2024年5月就任）
☐	イスラエル	ビンヤミン・ネタニヤフ首相 （2022年12月再任）
☐	イラク	アブドゥルラティーフ・ラシード大統領 （2022年10月就任）
☐	イラン	セイエド・エブラヒーム・ライースィ大統領
☐	サウジアラビア	サルマン・ビン・アブドルアジーズ・アール・サウード国王
☐	キューバ	ミゲル・ディアスカネル・ベルムデス大統領
☐	オーストラリア	アンソニー・アルバニージー首相 （2022年5月就任）
☐	ブラジル	ルイス・イナシオ・ルーラ・ダ・シルヴァ大統領 （2023年1月就任）

❶～❼＝G7（主要国首脳会議）参加国　　　参考：外務省（2024年3月現在）

●戦後日本の主な首相 （在任期間と主な出来事）

首相	在任期間	主な出来事
東久邇宮稔彦王	1945～45	連合軍占領下
吉田茂(1)	1946～47	新憲法制定。GHQ占領時代
片山哲	1947～48	社会党内閣
吉田茂(2)	1948～54	サンフランシスコ平和条約、日米安保条約の締結
鳩山一郎	1954～56	55年体制の確立。日ソ国交回復。国連加盟
岸信介	1957～60	新安保条約に調印。60年安保闘争
池田勇人	1960～64	所得倍増計画。初の女性大臣起用
佐藤栄作	1964～72	日韓基本条約締結。沖縄返還。核兵器不拡散条約
田中角栄	1972～74	日中国交正常化。日本列島改造論。ロッキード事件
三木武夫	1974～76	ロッキード事件の究明
福田赳夫	1976～78	日中平和友好条約。福田ドクトリン
大平正芳	1978～80	第2次オイル・ショック
中曽根康弘	1982～87	行財政改革
竹下登	1987～89	消費税導入。リクルート事件
宮澤喜一	1991～93	PKO協力法成立。55年体制崩壊
細川護煕	1993～94	非自民8党派の連立政権
村山富市	1994～96	自民・社会・さきがけ連立政権
橋本龍太郎	1996～98	日本版金融ビッグバン
小渕恵三	1998～2000	地域振興券。国旗・国家法成立
小泉純一郎	2001～06	郵政民営化関連法案。北朝鮮訪問
麻生太郎	2008～09	定額給付金制度
鳩山由紀夫	2009～10	行政刷新会議の設置。普天間基地問題
菅直人	2010～11	事業仕分け。東日本大震災
野田佳彦	2011～12	復興庁創設。
安倍晋三	2006～07、2012～20	教育基本法改正、税制改正、働き方改革
菅義偉	2020～21	新型インフルエンザ等対策特別措置法改正
岸田文雄	2021～	新型コロナウイルス感染者数が過去最多

●戦後、在任期間の長い首相ベスト3

1位 安倍内閣（通算約8年7カ月）

2位 佐藤内閣（通算約7年8カ月）

　　　吉田内閣（通算約7年2カ月）

●戦後の最短内閣

東久邇宮内閣（通算54日）

※2022年2月末現在

㉕

●日本の世界遺産 （自然・文化・無形文化・暫定リスト記載遺産）

自然遺産

- ☐ ①知床（北海道）
- ☐ ②白神山地（青森県、秋田県）
- ☐ ③小笠原諸島（東京都）
- ☐ ④屋久島（鹿児島県）
- ☐ ⑤奄美大島、徳之島、沖縄島北部及び西表島（鹿児島県・沖縄県）

文化遺産

- ☐ ❶平泉—仏国土（浄土）を表す建築・庭園及び考古学的遺跡群（岩手県）
- ☐ ❷日光の社寺（栃木県）
- ☐ ❸富岡製糸場と絹産業遺産群（群馬県）
- ☐ ❹ル・コルビュジエの建築作品－近代建築運動への顕著な貢献－（国立西洋美術館本館）（東京都）
- ☐ ❺富士山—信仰の対象と芸術の源泉（静岡県、山梨県）
- ☐ ❻古都奈良の文化財（奈良県）
- ☐ ❼法隆寺地域の仏教建造物（奈良県）
- ☐ ❽紀伊山地の霊場と参詣道（奈良県、和歌山県、三重県）
- ☐ ❾白川郷・五箇山の合掌造り集落（富山県、岐阜県）
- ☐ ❿古都京都の文化財（京都府、滋賀県）
- ☐ ⓫姫路城（兵庫県）
- ☐ ⓬石見銀山遺跡とその文化的景観（島根県）
- ☐ ⓭『神宿る島』宗像・沖ノ島と関連遺産群（福岡県）
- ☐ ⓮原爆ドーム（広島県）
- ☐ ⓯嚴島神社（広島県）
- ☐ ⓰明治日本の産業革命遺産 製鉄・製鋼、造船、石炭産業（山口県ほか7県）
- ☐ ⓱琉球王国のグスク及び関連遺産群（沖縄県）
- ☐ ⓲長崎と天草地方の潜伏キリシタン関連遺産（長崎県）
- ☐ ⓳百舌鳥・古市古墳群(大阪府)
- ☐ ⓴北海道・北東北の縄文遺跡群(北海道、青森県、岩手県、秋田県)

無形文化遺産

能楽／人形浄瑠璃文楽／歌舞伎／雅楽／小千谷縮・越後上布／山・鉾・屋台行事／甑島（こしきじま）のトシドン／奥能登のあえのこと／早池峰神楽／秋保の田植踊／チャッキラコ／大日堂舞楽／題目立／アイヌ古式舞踊／組踊／結城紬／佐陀神能／壬生の花田植／那智の田楽／和食－日本の伝統的な食文化／和紙－日本の手漉（てすき）和紙技術
※計21件

〈暫定リスト記載遺産〉

古都鎌倉の寺院・神社ほか（神奈川県）／彦根城（滋賀県）／飛鳥・藤原の宮都とその関連資産群（奈良県）／金を中心とする佐渡鉱山の遺産群（推薦中・新潟県）／平泉－仏国土（浄土）を表す建築・庭園及び考古学的遺跡群（拡張申請・岩手県）

2024年1月（資料：文化庁）

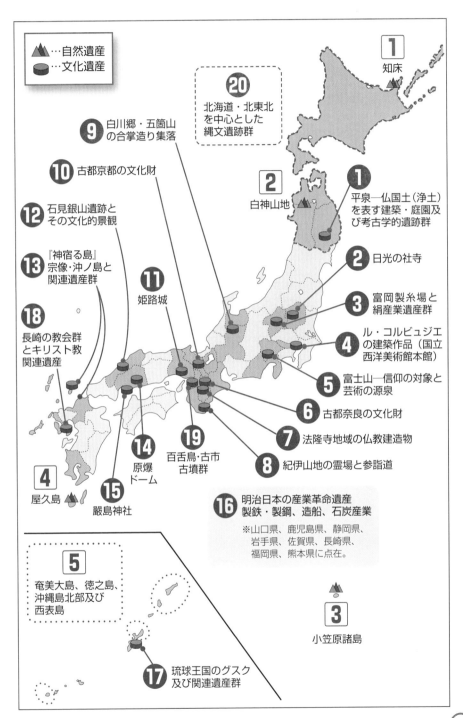

凡例
- ▲▲…自然遺産
- ▬…文化遺産

1 知床

20 北海道・北東北を中心とした縄文遺跡群

9 白川郷・五箇山の合掌造り集落

10 古都京都の文化財

2 白神山地

1 平泉―仏国土（浄土）を表す建築・庭園及び考古学的遺跡群

12 石見銀山遺跡とその文化的景観

13 『神宿る島』宗像・沖ノ島と関連遺産群

11 姫路城

2 日光の社寺

3 富岡製糸場と絹産業遺産群

4 ル・コルビュジエの建築作品（国立西洋美術館本館）

18 長崎の教会群とキリスト教関連遺産

5 富士山―信仰の対象と芸術の源泉

6 古都奈良の文化財

7 法隆寺地域の仏教建造物

14 原爆ドーム

19 百舌鳥・古市古墳群

8 紀伊山地の霊場と参詣道

4 屋久島

15 嚴島神社

16 明治日本の産業革命遺産 製鉄・製鋼、造船、石炭産業
※山口県、鹿児島県、静岡県、岩手県、佐賀県、長崎県、福岡県、熊本県に点在。

5 奄美大島、徳之島、沖縄島北部及び西表島

3 小笠原諸島

17 琉球王国のグスク及び関連遺産群

最新重要項目 ▼日本の世界遺産

●ノーベル賞 （近年の主な受賞者と受賞事由）

平和賞（主な受賞安泰・受賞者）	1997年	地雷禁止国際キャンペーン／ジョディ・ウィリアムズ（初代コーディネーター）
	2009年	バラク・オバマ（アメリカ第44代大統領）
	2016年	フアン・マヌエル・サントス・カルデロン（コロンビア大統領）
	2017年	ICAN＝核兵器廃絶国際キャンペーン
	2018年	デニ・ムクウェゲ（コンゴ・医師）／ナディア・ムラド（イラク・人権活動家）
	2019年	アビー・アハメド（エチオピア首相）
	2020年	WFP＝世界食糧計画（食糧支援を行う国連機関）
	2021年	ドミトリー・ムラトフ（ロシア・独立系新聞編集長）
		マリア・レッサ（フィリピン・ジャーナリスト）
	2022年	アレシ・ビャリャツキ（ベラルーシ・人権活動家）
		メモリアル（ロシアの人権団体）、市民自由センター（ウクライナの人権団体）
	2023年	ナルゲス・モハンマディ（イラン・人権活動家）

日本人受賞者一覧（日本出身者含む）

物理学賞

湯川秀樹	1949年【中間子】の存在を予言。
朝永振一郎	1965年【くりこみ理論】による量子電磁力学の発展。
江崎玲於奈	1973年　半導体内での【トンネル効果】の実験的発見。
小柴昌俊	2002年【ニュートリノ】検出への先駆的な貢献。
小林誠・益川敏英	2008年【CP対称性の破れ】を説明した理論を提唱。
南部陽一郎※1	2008年【自発的対称性の破れ】の発見。
赤崎勇・天野浩	2014年【青色発光ダイオード】（LED）の発明。
中村修二※1	2014年【青色発光ダイオード】（LED）の製造方法を発明。
梶田隆章	2015年【ニュートリノ振動】を初観測。
真鍋淑郎※1	2021年【地球温暖化】の予測法を開発。

化学賞

福井謙一	1981年【フロンティア電子軌道理論】の樹立。
白川英樹	2000年【導電性プラスチック】の発見と発展。
野依良治	2001年【キラル触媒】による不斉反応の研究。
田中耕一	2002年【生体高分子】の質量分析装置の開発。
下村脩	2008年【緑色蛍光たんぱく質】（GFP）の発見。
鈴木章・根岸英一	2010年【クロスカップリング】技術の開発。
吉野彰	2019年【リチウムイオン電池】の開発。

医学・生理学賞

利根川進	1987年【抗体を生成する遺伝子】の構造を解明。
山中伸弥	2012年【iPS細胞】（人工多能性幹細胞）の作製。
大村智	2015年　寄生虫や【マラリア】などの感染症の研究。
大隅良典	2016年【オートファジー】の仕組みの解明。
本庶佑	2018年　タンパク質【PD-1】を発見しガン免疫療法の発展に貢献。

文学賞

川端康成	1968年　主な作品『伊豆の踊子』『雪国』
大江健三郎	1994年　主な作品『個人的な体験』『万延元年のフットボール』
カズオ・イシグロ※2	2017年　主な作品『遠い山なみの光』『日の名残り』

平和賞

佐藤栄作	1974年【非核三原則】の提唱。

※1受賞時は米国籍。　※2英国籍

●20世紀・21世紀の偉人

☐	アイルトン・セナ	ブラジル出身のF1ドライバー。「音速の貴公子」の愛称で親しまれた。
☐	アルベルト・アインシュタイン	物理学者。「相対性理論」が特に有名。1991年ノーベル物理学賞受賞。
☐	アレクサンダー・フレミング	イギリスの細菌学者。世界初の抗生物質ペニシリンを発見。
☐	アンディ・ウォーホル	画家。ポップアートの旗手。有名人の顔のシルクスクリーン作品が有名。
☐	ヴァーツラフ・ニジンスキー	不世出の舞踊家と称され、『牧神の午後』『春の祭典』の振付師としても活躍。
☐	エドモンド・ヒラリー	登山家。1953年、シェルパのテンジンと共にエベレスト初登頂成功。
☐	エルヴィス・プレスリー	「キング・オブ・ロックンロール」と呼ばれた歌手。『Heartbreak Hotel』が大ヒット。
☐	ココ・シャネル	ファッションデザイナー。画期的なスーツや香水などで一世を風靡。
☐	スティーブ・ジョブズ	米アップル社の共同設立者の1人で前CEO。「マッキントッシュ」生みの親。
☐	スティーヴン・ホーキング	理論物理学者。量子重力理論。著書に科学啓蒙書『ホーキング、宇宙を語る』。
☐	チャールズ・チャップリン	映画監督・コメディアン。映画『黄金狂時代』『モダン・タイムス』『独裁者』。
☐	チャールズ・リンドバーグ	、
☐	パブロ・ピカソ	画家。キュビスムの創始者。『アヴィニョンの娘たち』『ゲルニカ』など。
☐	フローレンス・ナイチンゲール	イギリスの看護師・統計学者・看護教育学者。「近代看護教育の母」と称される。
☐	ベーブ・ルース	米大リーグ選手。1927年に記録した1シーズン60のホームランで有名。
☐	ヘルベルト・フォン・カラヤン	指揮者。長年、ベルリン・フィルハーモニー管弦楽団の首席指揮者を務めた。
☐	ペレ（エドソン・アランテス・ド・ナシメント）	ブラジル元サッカー選手。FIFAワールドカップで母国を3度の優勝に導いた。
☐	マーティン・ルーサー・キング・Jr	アフリカ系アメリカ人の公民権運動の指導者。牧師。ノーベル平和賞受賞者。
☐	ヘレン・ケラー	作家、政治活動家。自らも視力と聴力を失い、障害者権利の擁護者として活動。
☐	マハトマ・ガンディー	インド独立運動の指導者。非暴力・不服従を唱えた「インド独立の父」。
☐	モハメド・アリ	「世紀のボクサー」と呼ばれた元ヘビー級チャンピオン。ローマ五輪金メダリスト。
☐	ライト兄弟	アメリカ出身の飛行機開発者・パイロット。世界初の有人動力飛行に成功。
☐	ル・コルビュジエ	建築家。近代建築の三大巨匠の1人。「サヴォア邸」「ロンシャンの礼拝堂」。
☐	レオ・ベークランド	化学者。世界初の合成樹脂「ベークライト」を発明。「プラスチックの父」。
☐	ロバート・キャパ	報道カメラマン。スペイン内戦など、戦場を取材した数々の写真を残す。
☐	杉原千畝	外交官。迫害を受けるユダヤ系避難民に対し、命のビザを発行し、救った。
☐	松下幸之助	パナソニック（旧・松下電器）創業者。「経営の神様」と称される。
☐	植村直己	登山家・冒険家。世界初の五大陸最高峰登頂や犬ぞりでの北極点到達など。
☐	盛田昭夫	ソニー共同創業者。携帯カセットテーププレーヤー「ウォークマン」発案者。

●日本の主な文学賞 （近年の受賞者と作品）

◆芥川賞 ▶純文学短編作品で、無名・新進作家が対象（比較的キャリアの浅い作家）

石沢麻依	『貝に続く場所にて』	165回（2021年・上）
李琴峰	『彼岸花が咲く島』	
砂川文次	『ブラックボックス』	166回（2021年・下）
高瀬隼子	『おいしいごはんが食べられますように』	167回（2022年・上）
井戸川射子	『この世の喜びよ』	168回（2022年・下）
佐藤厚志	『荒地の家族』	
市川沙央	『ハンチバック』	169回（2023年・上）
九段理江	『東京都同情塔』	170回（2023年・下）

◆直木賞 ▶短編〜長編の大衆文芸作品で、無名・新進、比較的キャリアの浅い中堅作家が対象

佐藤究	『テスカトリポカ』	165回（2021年・上）
澤田瞳子	『星落ちて、なお』	
今村翔吾	『塞王の楯』	166回（2021年・下）
米澤穂信	『黒牢城』	
窪美澄	『夜に星を放つ』	167回（2022年・上）
小川哲	『地図と拳』	168回（2022年・下）
千早茜	『しろがねの葉』	
垣根涼介	『極楽征夷大将軍』	169回（2023年・上）
永井紗耶子	『木挽町のあだ討ち』	
万城目学	『八月の御所グラウンド』	170回（2023年・下）
河﨑秋子	『ともぐい』	

◆大宅壮一ノンフィクション賞 ▶ノンフィクション作品対象

| 伊澤理江 | 『黒い海　船は突然、深海へ消えた』 | 54回（2023年） |

◆本屋大賞 ▶新刊書の書店（オンライン書店も含む）で働く書店員の投票で選考

| 凪良ゆう | 『汝、星のごとく』 | 20回（2023年） |

◆年間ベストセラー（総合）2023年

（日販調べ）

1位	『小学生がたった1日で19×19までかんぺきに暗算できる本』	小杉拓也
2位	『大ピンチずかん』	鈴木のりたけ
3位	『変な家』	雨穴
4位	『変な絵』	雨穴
5位	『街とその不確かな壁』	村上春樹

● 世界の映画賞 （主な日本人受賞者と作品）

◆ アカデミー賞 （※日本公開年に基づく。科学技術賞等は除く）

1950年	名誉賞	黒澤明監督	『羅生門』
1953年	名誉賞	衣笠貞之助監督	『地獄門』
	衣装デザイン賞	和田三造	
1954年	名誉賞	稲垣浩監督	『宮本武蔵』
1957年	助演女優賞	ナンシー梅木	『サヨナラ』
1985年	衣装デザイン賞	ワダエミ	『乱』
1988年	作曲賞	坂本龍一	『ラストエンペラー』
1992年	衣装デザイン賞	石岡瑛子	『ドラキュラ』
1998年	短編ドキュメンタリー映画賞	伊比恵子監督	『ザ・パーソナルズ 黄昏のロマンス』
2001年	長編アニメーション賞	宮崎駿監督	『千と千尋の神隠し』
2008年	短編アニメーション賞	加藤久仁生監督	『つみきのいえ』
2009年	外国語映画賞	滝田洋二郎監督	『おくりびと』
2017年	メイクアップ&ヘアスタイリング賞	辻一弘	『ウィンストン・チャーチル／ヒトラーから世界を救った男』
2020年	メイクアップ&ヘアスタイリング賞	カズ・ヒロ（辻一弘）	『スキャンダル』
2021年	国際長編映画賞	濱口竜介監督	『ドライブ・マイ・カー』
2023年	視覚効果賞	山崎貴監督	『ゴジラ －1.0』
2023年	長編アニメーション賞	宮崎駿監督	『君たちはどう生きるか』

◆ その他の映画祭 （近年の主な日本人受賞者と作品）

カンヌ 国際映画祭	2018年	パルムドール	是枝裕和監督	「万引き家族」
	2021年	脚本賞ほか	濱口竜介監督	「ドライブ・マイ・カー」
	2022年	特別表彰（ある視点部門）	早川千絵監督	「PLAN 75」
	2023年	最優秀脚本賞ほか	坂元裕二	「怪物」
	2023年	最優秀主演男優賞	役所広司	「PERFECT DAYS」
ヴェネチア 国際映画祭	2011年	マルチェロ・マストロヤンニ賞(新人賞)	染谷将太、二階堂ふみ	「ヒミズ」
	2020年	監督賞（銀獅子賞）	黒沢清監督	「スパイの妻」
	2022年	最優秀復元映画賞	鈴木清順監督	「殺しの刻印」
	2023年	銀獅子賞	濱口竜介監督	「悪は存在しない」
モントリオール 世界映画祭	2008年	最優秀作品賞	滝田洋二郎監督	「おくりびと」
	2008年	最優秀脚本賞	君塚良一監督/脚本	「誰も守ってくれない」
	2010年	最優秀女優賞	深津絵里	「悪人」
	2014年	最優秀監督賞	呉美保監督	「そこのみにて光輝く」
	2016年	最優秀芸術賞※	錦織良成監督	「たたら侍」
ベルリン 国際映画祭	2010年	最優秀女優賞	寺島しのぶ	「キャタピラー」
	2012年	銀熊賞（短編部門）	和田淳監督	「グレートラビット」
	2014年	最優秀女優賞	黒木華	「小さいおうち」
	2021年	銀熊賞	濱口竜介監督	「偶然と想像」
	2022年	特別賞（短編部門）	和田淳監督	「半島の鳥」

※ワールドコンペティション部門

●ニュースに見る**注目の数字**

3万6,200円台
日経平均株価
バブル期以来、33年11カ
月ぶりの高値水準
（2024年1月東京株式市場）

1,275兆円
日本の借金
6月よりやや減少
（2023年9月末　財務省）

2.6%
完全失業率

（2023年平均　総務省統計局）

591.4兆円
2023年名目GDP
ドイツに抜かれ世界第4位に。
55年ぶりに日独が逆転。
（2024年2月 内閣府発表）

46%
温室効果ガス削減目標

（2030年度に2013年度比。
環境省　2030年目標）

輸出**100**兆円
輸入**110**兆円
年間輸出・輸入総額
（2023年　財務省）

104年ぶり
米大リーグ・大谷翔平
2桁勝利、2桁本塁打達成
（1918年のベーブ・ルー
ス達成以来）

1.5℃
2030年までの
気温上昇抑制目標
（2021年4月
気候サミット合意文書）

112.7兆円
一般会計予算総額（歳出）
2024年度予算案
政府（2023年12月閣議決定。
2年連続の110兆円超え）

2,110米億ドル
生成AI
（2030年の世界需要額
見通し。日本は現在の
15倍になる予想）

31.5%
公債依存度
（2024年度政府案。
財務省主計局）

158.7億円
2023年度国内映画興行
収入第1位『THE FIRST
SLAM DANK』
※2024年1月発表時
（一社）日本映画製作者連盟

3,310万人
2024年の訪日客数
（1981年の調査開始以
来過去最高の見通し）

約**38%**
日本の食料自給率
（カロリーベース）
（2022年度 農林水産省。生産
額ベースでは58%で過去最低）

36%
国内における
キャッシュレス決済比率
（2022年 経済産業省。キャ
ッシュレス決済額は111兆円）